글로벌 이슈를 둘러싼 윤리적 논쟁

전쟁, 난민, 원조, 미래 세대

손철성

경북대학교 윤리교육과 교수. 서울대학교 철학과를 졸업하고, 같은 대학원에서 철학박사학위를 받았다. 사회철학 및 사회윤리를 연구하고 있으며 근래에는 응용윤리학에도 관심을 갖고 있다. 주요 관심 주제는 비판적 사회이론, 유토피아, 분배적 정의, 평등, 인권, 세계시민주의, 해외 원조, 난민, 국제적 간섭, 미래 세대 등이다. 지은 책으로 『유토피아, 희망의 원리』(철학과현실사), 『고전과 논리적 글쓰기』(이제이북스), 『허버트 마르쿠제: 마르크스와 프로이트를 결합시키다』(살림), 『자본론: 자본의 감추어진 진실 혹은 거짓』(풀빛), 『헤겔 & 마르크스: 역사를 움직이는 힘』(김영사), 『베이컨의 신기관: 근대를 위한 새로운 생각의 틀』(EBS), 『프랑크푸르트학파의 테제들』(공저/옹기쟁이), 『인간에 대한 철학적 성찰』(공저/문예출판사), 『멀티플 팬데믹』(공저/이매진) 등이 있다. 옮긴 책으로 『자유주의』(이후), 『테러 시대의 철학: 하버마스, 데리다와의 대화』(공역/문학과지성사) 등이 있다.

경북대학교 학술총서 27

글로벌 이슈를 둘러싼 윤리적 논쟁

전쟁, 난민, 원조, 미래 세대

찍은 날 2026년 1월 21일 · **펴낸 날** 2026년 2월 6일
지은이 손철성 · **펴낸이** 허영우 · **펴낸 곳** 경북대학교출판부
출판등록 1973년 10월 10일 ㉶97호 · **주소** 대구광역시 북구 대학로 80 · **전화** 053-950-3830
팩스 053-953-4692 · **이메일** press@knu.ac.kr · **홈페이지** knupress.com
ISBN 978-89-7180-670-8 93190

정가는 뒤표지에 있습니다. 파본은 바꾸어 드립니다.

이 저서는 〈2025년 경북대학교 학술총서 집필 및 출간지원사업〉의 재원으로 출간되었습니다.

글로벌 이슈를 둘러싼 윤리적 논쟁

전쟁, 난민, 원조, 미래 세대

손철성 지음

경북대학교출판부

서문

최근에 벌어지고 있는 러시아·우크라이나 전쟁, 이스라엘·팔레스타인 전쟁 등으로 안타까운 희생과 파괴가 이어지고 있다. 매스컴을 통해 그러한 비참한 장면을 목도하면서 우리는 다음과 같은 질문을 던져 본다. 자국이 위협을 받는다면 먼저 침공해도 되는가? 다른 나라의 전쟁에 대한 국제적 군사 개입은 언제 정당한가? 정의로운 전쟁을 벌이고 있는 국가라면 마땅히 도와야 하는가? 이러한 질문에 답하기 위해서는 정의로운 전쟁이나 국제적 개입의 정당성에 대한 윤리적 판단이 요구되며, 국내적 정의 원칙을 넘어서는 국제적 정의 원칙이 요구된다.

전쟁뿐 아니라 난민, 원조, 미래 세대와 같은 글로벌 이슈는 더 이상 남의 문제가 아니라 우리 자신의 문제가 되고 있다. 지구적 차원의 긴밀한 상호작용이 이루어지고 있는 시대이기 때문이다. 더욱이 근래에 들어 우리나라는 높아진 국제적 위상에 걸맞은 역할과 책임을 요구받고 있다. 따라서 글로벌 이슈에 관심을 가지고 이에 적극적으로 대응할 필요가 있다. 그런데 글로벌 이슈에 대한 이해는 윤리적 입장에 따라 서로 다를 수 있다. 예를 들어 난민 수용 문제와 관련하여 공리주의적 입장은 인류의 이익 증진이라는 측면에서 적극적인 태도를 보이지만, 공동체주의적 입장은 공동체의 정체성 보존이라는 측면에서 소극적인 태도를 보인다. 따라서 이러한 글로벌 이슈를 둘러싼 윤리적 논쟁에서는 현대의 주요 사상들이 어떠한 입장을 보이고 있는지를 제대로 이해할 필요가 있다.

필자는 전통적인 국내적 정의 문제뿐만 아니라 글로벌 이슈와 관련된 국제적 정의 문제에도 관심이 많아서 이러한 주제를 지속적으로 연구해 왔고, 이제 그간의 성과를 한 권의 책으로 묶어 세상에 내보이려 한다. 글로벌 이슈 및 국제적 정의와 관련된 주제들을 전체적으로 조망하면서 주요 쟁점과 윤리적 정당화의 근거를 검토하고, 나아가 각각의 입장이 갖고 있는 이론적 한계나 문제점 등을 비판하여 체계적으로 정리하려고 시도하였다. 하지만 글로벌 이슈와 이를 둘러싼 윤리적 논쟁은 매우 복잡하고 방대하여 한 권의 책에 모두 담는 데는 한계가 있을 수밖에 없다. 또한 이 책에는 필자의 역량 부족으로 오해나 편견이 들어 있을지도 모른다. 그럼에도 독자들이 글로벌 이슈를 둘러싼 윤리적 논쟁에 관심을 가지는 데 조금이라도 도움이 된다면 이 책의 임무는 충분히 수행되었다고 본다.

2026년 1월
손철성

목차

제1장

글로벌 이슈와 정의

1. 글로벌 이슈에 대한 윤리적 접근

지구적 차원에서 국제적 교류가 활성화되고 전쟁, 난민, 해외 원조, 미래 세대와 같은 글로벌 이슈가 우리 삶의 중요한 관심사가 된 세계화 시대에 정의의 원칙을 확립하고 이에 대한 윤리적 정당화의 근거를 제시하는 것은 매우 중요하다. 전통적으로 사회 윤리는 분배적 정의, 시민불복종, 권력의 정당성, 형벌과 사형 제도 등과 같은 국내적 정의 문제를 주로 다루었지만, 세계화 시대에는 글로벌 이슈와 관련된 정의의 문제도 적극적으로 다룰 필요가 있다. 이 저술에서는 국제적 분쟁과 관련하여 전쟁 및 국제적인 군사 개입의 정당성 문제, 난민과 관련하여 피난권 및 국제적 이주의 권리 문제, 지구적 불평등과 관련하여 해외 원조의 정당성 및 수준의 문제, 미래 세대에 대한 책임과 관련하여 정의로운 저축 및 출산의 의무 문제 등을 다루려고 한다.

글로벌 이슈와 관련된 중요한 논쟁점 중 하나는 국내적 정의에 적용되는 기본 원칙을 글로벌 이슈에 그대로 적용해도 되는지이다. 해외 원조나 난민의 문제에서 세계시민주의적 입장은 국가의 경계선은 중요하지 않다고 본다. 따라서 한 국가 내부에 적용되는 정의의 원칙이 다른 국가나 이방인에게도 그대로 적용되어야 한다고 주장한다. 하지만 국제주의적 입장은 이와 차이가 있다. 이 입장은 국가나 정치 공동체의 경계선이 중요하기 때문에 국내적 정의 원칙과 국제적 정의 원칙은 서로 다를 수밖에 없다고 주장한다.

해외 원조의 문제를 예로 들어 살펴보자. 우리는 사회 구성원들이 빈곤으로 기아 상태에서 비참한 삶을 살고 있다면 마땅히 그들을 도와야 한다고 생각한다. 하지만 논의를 확장하여 다른 사회나 다른 국가의 가난한 사람들도 도와야 할 의무가 있는지를 묻는다면, 선뜻 동의하지 않는 사람들도 분명히 있다. 과연 외국의 가난한 사람에 대한 원조의 의무가 우리에게 있는가? 물론 자국의 빈곤 계층에 대한 부조의 의무를 인정하지 않는다면, 타국의 빈곤 계층에 대한 원조의 의무도 인정하기가 어려울 것이다. 그런데 자국의 빈곤 계층에 대한 부조의 의무는 인정하지만, 타국의 빈곤 계층에 대한 원조의 의무는 인정하지 않는 경우도 있다. 이것은 과연 정당화될 수 있을까? 사회나 국가의 경계선을 기준으로 부조나 원조의 의무에서 차이가 발생해도 되는가? 만약 해외 원조의 의무를 인정한다면, 그 수준은 국내 부조의 수준과 같아야 하는가? 아니면 서로 달라도 되는가?

난민이나 국제적 이주의 문제에서도 이와 같은 논란거리가 발생한다. 특정 공동체의 구성원이 되려면 어떤 자격을 갖추고 있어야 하는가? 그러한 성원권을 부여하는 주체는 누구인가? 국제적인 이주의 자유는 기본적인 권리로 인정되어야 하는가? 우리에게는 국경선을 개방해야 할 도덕적 의무가 있는가? 만약 그러한 의무가 있다면 국경선 개방의 수준은 어떠해야 하는가?

글로벌 이슈가 되고 있는 전쟁, 난민, 원조, 미래 세대 등을 둘러싼 문제에 적절히 대응하고 정의로운 국제 관계를 확립하기 위해서는 윤리적 쟁점들을 제대로 파악하여 이에 대한 올바른 입장을 정립하는 것이 중요하다. 그동안 우리나라는 국제 관계나 지구적 문제에 적극적인 관심을 기울이지 못하였고, 국제적 갈등의 해결 과정에서도 주도적인 역할을 하지 못하였다. 하지만 정치적·경제적 위상이 높아진 근래에는 우리나라도 국격에 걸맞은 역할과 책임을 요구받고 있고, 이에 대한 우리의 관심도 점차 커지고 있다.

최근 우리나라는 해외 원조에 활발하게 나서고 있으며, 국제 분쟁 지역에 유엔 평화유지군을 파견하는 데도 참여하고 있다. 또한 난민이나 외국인 노동자와 관련하여 난민 인정, 시민권 부여와 같은 성원권 문제에 대한 관심이 증가하고 있고, 저축이나 출생과 같은 미래 세대에 대한 책임의 문제도 사회적 논란이 되고 있다. 이러한 글로벌 이슈에 대한 사회적 관심과 실천적 참여의 증가는 고무적이다. 하지만 중요한 것은 그것이 정의의 원칙에 근거하여 올바른 방향으로 나아가고 있는가이다.

이 책에서는 이러한 글로벌 이슈에 관한 주요 이론의 정당화 근거·한계·문제점 등을 윤리적 관점에서 접근하여 고찰하려고 한다.

2. 글로벌 이슈를 둘러싼 윤리적 쟁점

이 책에서는 글로벌 이슈와 관련하여 제기되는 여러 문제에 대해 자유주의, 공동체주의, 공리주의와 같은 현대의 주요 사상이 어떤 입장을 취하고 있고, 핵심적인 논쟁점은 무엇인지를 검토한 후, 각 사상의 문제점이나 한계를 비판적으로 살펴본다. 또 여기서 한 걸음 더 나아가 세계시민주의적 입장을 강화하는 방향에서 새로운 이론적 틀을 모색하려고 한다.

1) 전쟁: 정의로운 전쟁과 국제적 개입

여기서는 전쟁과 관련하여 제기되는 다음과 같은 논쟁점을 다루려고 한다.

- 모든 전쟁은 나쁜 것인가? 아니면 정의로운 전쟁도 존재하는가?
- 정의로운 전쟁이 되기 위한 조건은 무엇인가?
- 다른 국가에 대한 국제적 개입은 정당화될 수 있는가?
- 전쟁을 막고 국제 평화를 유지하기 위한 방안은 무엇인가?

근래에 들어 국경 분쟁, 분리 독립 투쟁, 대량 학살, 인종 청소와 같은 국제적 전쟁이나 국내적 갈등이 지속적으로 발생하고 있다. 이러한 갈등은 당사자들에 의해 자체적으로 해결되기도 하지만, 그렇지 않은 경우가 더 많다. 그래서 이러한 갈등 해결을 위해 인접 국가, 동맹 국가, 국제 기구 등 외부 세력이 개입하기도 한다. 그렇다면 이러한 분쟁이나 갈등을 해결하기 위한 국제적 개입은 어느 경우에, 어떤 근거로 정당화될 수 있는가?

롤스(J. Rawls)와 왈처(M. Walzer)는 모든 전쟁을 허용하는 현실주의나 모든 전쟁을 금지하는 이상주의를 비판했다. 그들은 정당한 전쟁과 부당한 전쟁에 대한 구분을 바탕으로 정전론, 즉 정의로운 전쟁 이론을 전개한다. 롤스와 왈처 모두 전통적인 국가의 주권이나 자율성 원칙은 제한적으로 인정되어야 한다고 본다. 국가는 주권과 자율성을 바탕으로 외세의 침략에 대응하여 자국을 방어할 수 있는 권리가 있으며, 따라서 방어 전쟁과 이에 대한 국제적 지원은 정당하다는 것이다. 반면 구성원들의 인권을 심각하게 침해하는 경우라면 그 국가의 주권과 자율성이 제한되어야 하며, 그러한 인권 침해를 저지하기 위한 국제적 개입은 정당하다고 본다. 전통적인 내정 불간섭의 원칙은 절대적인 것은 아니며, 때로는 내정 간섭이 허용될 수도 있다는 것이다.

하지만 롤스와 왈처가 국제적 개입을 정당화하는 근거나 방식에서는 차이가 있다. 롤스는 기본적으로 자유주의적 입장에서 계약론적 방식을 통해 국제적 정의의 원칙을 이끌어 낸다. 롤스가 국제적 개입의 정당성을 주장하는 핵심 근거는 '인권'의 보호이다.

이에 비해 왈처는 기본적으로 공동체주의적 입장에서 역사와 전통, 관행을 바탕으로 국제적 정의 원칙을 이끌어 낸다. 왈처가 침략에 대한 방어 전쟁, 분리와 독립 투쟁, 간섭에 대응하는 개입에 대한 국제적 지원의 정당성을 주장하는 핵심 근거는 '정치 공동체'의 보존이다.

2) 난민: 피난권과 국제적 이주의 권리

여기서는 난민 및 국제적 이주와 관련하여 다음과 같은 논쟁점을 다루려고 한다.

- 난민이란 무엇인가? 경제적 난민, 기후 난민도 난민으로 인정되는가?
- 난민을 수용해야 할 도덕적 의무가 있는가?
- 난민 수용의 의무가 있다면, 어느 정도까지 수용해야 하는가?
- 난민 문제를 해결하기 위한 방안은 무엇인가?

국제적 갈등이 심화하면서 전쟁 문제와 더불어 난민 문제가 중요한 글로벌 이슈로 부상했다. 또한 난민 문제와 깊이 관련된 성원권의 문제도 인적 자원의 국제적 교류 확대, 국제적 불평등의 심화와 같은 시대적 배경을 바탕으로 근래에 중요한 문제로 부각되고 있다. 이러한 문제에 적절하게 대응하기 위해서는 난민이나 국제적 이주와 같은 성원권의 문제에 대한 체계적인 고찰이 요구된다. 과연 특정 공동체의 구성원이 되려면 어떤 자격을 갖추고 있어야 하는가? 그러한 성원권을 부여하는 주체는 누구인가? 난민을 수용해야 할 도덕적 의무가 있는가? 만일 그러한 도덕적 의무가 있다면, 어느 수준까지 난민을 수용해야 하는가? 국제적인 이주의 자유는 기본적 권리로 인정되어야 하는가?

왈처는 정치 공동체가 존재하는 한 성원권은 핵심 문제가 될 수밖에 없다고 보면서 공동체주의의 관점에서 국경선 폐쇄나 국경선의 부분적 개방 권리를 주장한다. 이에 반해 싱어(P. Singer)는 공리주의적 관점에서 난민들의 고통을 덜어주기 위해 국경선을 적극적으로 개방해야 한다고 주장한다. 캐런스(J. H. Carens)와 구딘(R. E. Goodin)은 평등주의적 자유주의의 관점에서 국제적인 이주의 권리를 내세워 국경선의 개방을 강하게 요구한다.

3) 원조: 해외 원조의 의무와 수준

여기서는 국제적 빈곤 및 해외 원조와 관련하여 다음과 같은 논쟁점을 다루려고 한다.

- 국내의 가난한 사람에 대한 부조의 의무가 있는가?
- 다른 국가의 가난한 사람에 대한 해외 원조의 의무가 있는가?
- 해외 원조의 의무가 있다면 어느 정도까지 원조를 해야 하는가?
- 지구적 빈곤 문제를 해결할 방안은 무엇인가?

해외 원조의 문제는 의무론, 공리주의, 공동체주의, 평등주의적 자유주의 등 여러 윤리적 관점에서 다루어질 수 있다. 동일한 사회의 구성원에 대한 부조의 의무를 부정하는 자유지상주의적 자유주의의 관점을 제외한 대부분의 다른 윤리적 관점은 해외 원조의 의무를 인정하고 있거나, 그것을 정당화할 수 있는 근거를 갖고 있다. 동일한 사회의 구성원에 대한 부조의 의무를 인정한다면, 그러한 의무를 다른 사회의 구성원에 대한 부조나 원조의 의무로 확대하는 것을 거부하기는 어렵기 때문이다.

그런데 해외 원조의 의무를 인정하는 입장이라고 해도, 그 목적이나 수준에 대해서는 윤리적 관점에 따라 차이가 있다. 예를 들면 공동체주의자들은 자신이 속한 공동체의 구성원들에 대한 공적 부조의 의무는 강하게 인정하지만, 다른 사회의 구성원들에 대한 원조의 의무는 약하게 인정한다. 반면에 공리주의자들은 인류 전체 이익의 최대화라는 관점에서 매우 적극적이면서도 강하게 해외 원조를 주장한다. 또 평등주의적 자유주의자인 롤스와 공리주의자인 싱어는 둘 다 해외 원조의 의무를 인정하고 있지만, 해외 원조의 목적이나 수준에 대해서는 서로 다른 입장을 취하고 있다. 따라서 입장 차이의 근거를 구체적으로 검토하면서 그 타당성을 검토해 보아야 한다.

4) 미래 세대: 정의로운 저축과 출산의 의무

여기서는 미래 세대에 대한 책임의 문제와 관련하여 다음과 같은 논쟁점을 다루려고 한다.

- 미래 세대를 위한 저축의 의무가 있는가?
- 미래 세대를 위한 정의로운 저축의 수준은 어느 정도인가?
- 미래 세대의 존속과 관련하여 출산의 의무가 있는가?
- 출산에 대해 부정적인 반출산주의의 논변은 타당한가?

우리는 미래 세대를 위해 자원을 낭비하지 말고 절약해야 할 의무가 있는가? 우리는 생태계를 어느 정도까지 보존하여 미래 세대에게 물려주어야 하는가? 이것은 세대 내부의 정의 문제가 아니라 세대 간의 정의 문제라고 할 수 있다.

공리주의의 경우에는 어떤 입장을 취하는지에 따라 요구되는 저축 수준의 차이가 발생한다. 여러 공리주의적 입장이 지닌 논리적 함축을 고려한다면, 각각의 입장에 따라 기대되는 미래 세대의 인구 수가 서로 다르기 때문이다. 그런데 미래에도 어차피 사람들이 태어나서 존재하게 되고 출산율도 일정하게 유지된다고 가정한다면, 어떤 공리주의적 입장이든지 간에 시간적으로 아주 먼 미래 세대까지 도덕적 고려의 대상에 포함시켜야 하므로 저축의 부담이 커진다는 문제점이 있다.

롤스는 공리주의적 입장이 과도한 저축의 부담을 준다고 비판하면서 계약론적 입장을 바탕으로 세대 간 합의 방식을 제시한다. 계약 당사자들이 어느 세대에 속하는지 모른다고 가정하는 무지의 베일과 정의로운 제도의 유지라는 저축의 목표를 수용한다면 적절한 저축 수준을 요구하는 정의로운 저축의 원칙이 도출된다고 그는 주장한다.

그런데 이러한 미래 세대를 위한 저축의 의무 논변은 미래 세대가 존재하거나 존재할 것이라는 전제하에서 이루어진 것이며, 만약 미래 세대가 존재하지 않게 된다면 이러한 논변은 무의미한 것이 된다. 그렇다면 우리에게는 미래 세대를 존재하도록 해야 할 의무가 있는가? 우리에게는 미래 세대를 출산할 의무가 부여되는가? 이것은 '새로운 존재자를 만드는 것'과 관련된 문제이며, '기존의 존재자'나 앞으로 '존재할 수밖에 없는 존재자'에 대한 도덕적 의무와는 별개의 문제이다.

출산의 의무와 관련해서는 (1) 출산은 좋은 것이기에 도덕적 의무라는 출산주의적 입장, (2) 출산은 해악이라는 반출산주의적 입장, (3) 출산은 좋은 것도 아니고 나쁜 것도 아니라는 중도주의적 입장 등이 제시될 수 있다. 그런데 근래에 들어 베너타(D. Benatar)는 고통과 쾌락의 비대칭성 논변을 토대로 출산을 해악으로 간주하면서 반출산주의(anti-natalism)를 강력하게 옹호하는 주장을 펼쳐 큰 논쟁을 불러일으켰다. 파피트(D. Parfit)는 미래 세대와 출산의 문제를 다루고 있는 기존의 윤리 이론들이 '비동일성 문제'(non-identity problem)나 '당혹스러운 결론', '불합리한 결론', '단순 추가 패러독스'(mere addition paradox) 등의 문제점을 노출하고 있다고 비판하면서 출산의 의무를 정당화하는 이론에 회의적인 입장을 보인다.

제2장

전쟁: 정의로운 전쟁과 국제적 개입

1. 전쟁 문제의 기본 쟁점

칸트(I. Kant)는 인류의 평화를 위해 전쟁을 포함한 모든 적대 행위를 종식시켜야 한다고 자신의 책 『영원한 평화』에서 주장한 바 있다. 그는 인류가 이성적 능력을 발휘하여 더 나은 상태로 진보하면 전쟁이 점차 사라지고 지구상에 평화가 정착될 것으로 보았다. 하지만 그의 낙관적 전망에도 불구하고 국제적 전쟁이나 국내적 갈등이 지속적으로 발생하고 있다. 그렇다면 이러한 분쟁이나 갈등을 해결하기 위한 국제적인 개입은 어느 경우에, 어떤 근거로 정당화될 수 있는가?

지구상의 중대한 갈등을 해결하기 위한 국제적 개입 방식으로는 외교 단절, 경제 제재, 국경 봉쇄, 군사적 위협, 전쟁 등과 같은 다양한 형태의 외교적·경제적·군사적 조치가 있다. 하지만 이 장에서는 그중 직접적 파급 효과가 가장 큰 국제적 군사 개입의 정당성 문제를 살펴보기로 한다.

국제적 군사 개입의 정당성과 관련해서는 전쟁의 정당성 여부를 평가하는 일이 무엇보다 중요하다. 정의로운 전쟁을 지원하기 위한 국제적 개입은 정당하지만, 부정의한 전쟁을 지원하기 위한 국제적 개입은 정당하지 않기 때문이다. 이러한 점들을 고려할 때 전쟁 문제와 관련하여 우리는 다음과 같은 문제를 제기할 수 있다. 모든 전쟁은 나쁜 것인가? 아니면 정의로운 전쟁도 존재하는가? 정의로운 전쟁이 되기 위해서는 어떤 조건을 갖추어야 하는가? 특정 국가의 내부 문제에 다른 국가가 개입하는 것은 정당한가? 아니면 내정 불간섭의 원칙에 따라 그 나라의 자율적 결정에 내맡겨야 하는가?

아래에서는 이러한 문제와 관련하여 자유주의적 입장을 대표하는 롤스(J. Rawls)와 공동체주의적 입장을 대표하는 왈처(M. Walzer)의 견해를 중심으로 정의로운 전쟁과 국제적 개입의 정당성에 대해 살펴보겠다.

2. 정의로운 전쟁과 부정의한 전쟁

롤스와 왈처는 전쟁의 정당성 문제에 대한 현실주의와 평화주의의 입장 모두를 비판한다. 현실주의(realism)는 전쟁에는 법과 도덕이 들어설 여지가 없으며, 거기서는 모든 것이 허용된다고 주장한다.[1] '사랑과 전쟁에서는 모든 것이 허용된다.'는 말에서 볼 수 있듯이 사랑할 때는 모든 거짓이 허용되고, 전시에는 모든 폭력이 허용된다는 것이다. 하지만 왈처는 우리가 사랑이나 전쟁에 대해 모든 것을 허용하면서 침묵을 지키는 것은 잘못이라고 말한다. 우리가 사랑과 관련해서는 헌신, 순결, 배반 등의 용어를 사용하고, 전쟁과 관련해서는 잔혹, 무모, 대량 학살 등의 용어를 사용하고 있는 데서 알 수 있듯이 사랑이나 전쟁에 대해서도 이미 도덕적 판단을 하고 있다는 것이다.

반면에 평화주의(pacifism)는 모든 전쟁을 죄악으로 간주하면서 어떠한 전쟁도 허용될 수 없다고 주장한다. 롤스는 『정의론』에서 평화주의자를 '일반적 평화주의자'와 '조건부 평화주의자'로 구분한 후, 그중 전자를 비판한다.[2] '일반적 평화주의자'는 모든 전쟁을 거부하는 태도를 보이고 있기에 정의로운 전쟁의 가능성을 부정한다는 점에서 문제가 있다는 것이

1 M. Walzer, 권영근 외 공역, 『마르스의 두 얼굴: 정당한 전쟁과 부당한 전쟁』, 연경문화사, 2007, 61-62쪽; M. Walzer, 유홍림 외 공역, 『전쟁과 정의』, 인간사랑, 2009, 11-15쪽.

2 J. Rawls, 황경식 역, 『정의론』, 이학사, 2006, 491-497쪽.

다. 반면에 '조건부 평화주의자'는 전쟁의 목적이나 전쟁 수행 과정과 관련하여 부정의한 전쟁만 거부하기 때문에 타당하다고 본다. 그는 『만민법』에서 "전쟁은 지옥이다.", "우리 모두가 죄인이다."라는 표현에 나타난 허무주의적 입장도 비판한다.[3] 모든 전쟁을 나쁜 것으로 보거나, 모든 전쟁 참가자를 죄인으로 간주하는 것은 옳지 않으며, 정의로운 전쟁과 부정의한 전쟁을 규범적으로 구분해야 하고, 전쟁 범죄도 그 정도에서 차이가 있음을 인정해야 한다는 것이다.

롤스와 왈처는 모든 전쟁을 허용하거나 모든 전쟁을 금지하는 현실주의나 평화주의의 입장을 비판하면서 정당한 전쟁과 부당한 전쟁에 대한 구분을 바탕으로 정전론(just war theory), 즉 '정의로운 전쟁' 이론을 전개한다. 왈처에 따르면 어떤 전쟁이 정의로운 전쟁이 되기 위해서는 다음과 같은 세 가지 조건을 충족해야 한다.

첫째, 전쟁의 목적이 정당성을 지녀야 한다. 이를 '전쟁 개시의 정의'(jus ad bellum)라고 부른다.[4] 정의로운 전쟁이 되기 위해서는 전쟁을 일으킨 목적이나 명분이 정당성을 갖고 있어야 한다. 전쟁을 일으킬 때는 그에 합당한 이유가 있거나 충분한 조건을 갖추고 있어야 한다는 것이다. 예를 들어 전쟁의 목적이 영토 확장인지 아니면 영토 방어인지에 따라 그 전쟁의 정당성 판단은 달라질 수 있다. 제국주의적 국가가 영토 확장을 위해 다른 국가를 침략하여 식민지로 삼으려는 전쟁은 정당하지 않다. 반면에 이러한 제국주의적 침략에 대항하여 자국의 영토를 방어하기 위

3 J. Rawls, 장동진 외 공역, 『만민법』, 이끌리오, 2000, 160-165쪽.

4 정의로운 전쟁의 세 가지 측면에 대한 라틴어 명칭은 박정순의 번역을 따른다. 박정순, 「마이클 왈처의 정의전쟁론」, 『철학연구』 68집, 철학연구회, 2005, 91-103쪽.

한 전쟁은 정의로운 것이다.

둘째, 전쟁 수단이 정당성을 지녀야 하는데, 이를 '전쟁 수행의 정의'(jus in bello)라고 부른다. 정의로운 전쟁이 되기 위해서는 전쟁에 사용되는 수단이나 방법이 정당해야 한다. 예를 들어 전쟁의 목적이 정당하다고 할지라도 전쟁을 수행하는 과정에서 무고한 민간인을 학살하거나 비례성의 원칙에 어긋나게 군사력을 과도하게 사용하여 상대에게 지나치게 큰 피해를 입힌다면, 이는 정당하지 않다. 따라서 전쟁 수행 과정에서 교전 규칙 등을 준수하는 것이 중요하다.[5]

셋째, 전후 처리가 정당성을 지녀야 하는데, 이를 '전쟁 종결의 정의'(jus post bellum)라고 부른다. 정의로운 전쟁이 되기 위해서는 전쟁이 끝난 후에 적절한 조치를 취해야 한다. 전쟁 후에 영토 복원·전범 처벌·피해 배상·평화 구축·정권 교체 등의 문제가 남는데, 이를 정당하게 처리해야 한다는 것이다.[6] 예를 들어 전쟁이 끝난 후에 승전국이 패전국에 과도한 피해 배상을 요구하거나 패전국의 영토를 점령하여 자국 영토로 편입시킨다면, 이는 정당하지 않다.

종래의 정의로운 전쟁론에서는 주로 첫째와 둘째 측면—그중에서도 특히 교전 규칙 등 전쟁 수행과 관련된 둘째 측면—이 많이 다루어졌다. 롤스도 『정의론』과 『만민법』에서 전쟁의 권리가 어떻게 정당화되는지, 그리고 전쟁 수행의 과정에서 지켜야 할 원칙이 무엇인지에 대해 언급하고 있다. 그런데 왈처는 셋째 측면에도 관심을 기울일 필요가 있다고 말한

5 M. Walzer, 『마르스의 두 얼굴: 정당한 전쟁과 부당한 전쟁』, 95-96쪽.

6 M. Walzer, 『전쟁과 정의』, 16-17쪽.

다. 분쟁을 종식하고 전쟁의 재발을 막기 위해서는 전쟁이 끝난 후 그 마무리를 올바르게 하는 것이 중요하다고 생각했기 때문이다. 그래서 그의 책 『전쟁과 정의』에서 전후 처리 문제와 관련된 전쟁 종결의 정의가 본격적으로 다루어지고 있는 것이다. 하지만 여기서는 국제적 개입의 정당성과 관련하여 첫째 측면, 즉 전쟁 목적의 정당성을 주로 검토할 것이다.

3. 자유주의에 기반한 국제적 개입의 정당화

롤스는 자유주의 사상, 특히 자유주의적인 인권 개념을 바탕으로 정의로운 전쟁과 부당한 전쟁을 구분하고, 나아가 국제 사회가 그러한 전쟁에 개입하는 것이 정당한지에 대해 논한다. 따라서 롤스의 정의로운 전쟁 이론을 제대로 이해하려면 우선 그의 인권 개념을 살펴볼 필요가 있다.

1) 롤스의 인권 개념

(1) 인권 개념의 계약론적 정당화

인권 개념은 17세기 이후 유럽에서 등장한 개념이라고 할 수 있다. 로크나 루소와 같은 근대의 사회 계약론자들은 선험적인 자연권 사상을 바탕으로 근대적인 인권 개념을 확립하는 데 크게 기여했다. 자연권 사상은 인간의 권리가 신에 의해 부여되거나 자연의 이법에 따라 주어진 것으로 보았다. 하지만 요즘에는 자연권이라는 용어가 더 이상 선호되지 않고 있다. 자연권 개념이 전제하고 있는 형이상학적 가정이 세속화되고 다원화된 현대 사회와 부합하지 않기 때문이다. 그럼에도 불구하고 '자연권'이라는 용어 대신 오늘날 널리 사용되고 있는 '인권'이라는 용어에는—20세기 중반의 「세계인권선언」에서 볼 수 있듯이—자연권 개념이 갖고 있는 자연성이나 보편성 등의 특징이 여전히 담겨 있다.[7] 인권 개념이 근대의 자연권 이론가들의 관점 즉 인권은 모든 인간이 원래부터 갖고 있는 기본적인 도덕적 권리라는 관점을 여전히 가지고 있다는 말이다. 그래서 미국 「독립 선언문」에도 "우리는 이 진리를 자명하다고 여긴다."와 같은 문구가 들어가 있는 것이다.

하지만 권리의 평등이 그렇게 자명하다면 굳이 그러한 자명성을 주장할 이유가 있겠는가? 그리고 왜 특정한 시공간에서만 그러한 인권 주장이 등장했겠는가? 헌트(L. Hunt)는 논증을 요구하는 주장은 자명하지 않다고 비판한다. 인권의 역사에서는 자명성의 요구가 핵심적인 문제인데, 그러한 확신은 18세기에 와서야 생겨났다는 것이다.[8]

『인권의 발명』을 쓴 탤벗(W. J. Talbott)도 자연권 이론의 전통을 계승한 인권의 자명성 주장이나 이를 증명하기 위한 패러다임은 문제가 있다고 본다.[9] 미국 「독립 선언문」 작성자들이 "우리는 이러한 진리가 자명하다고 생각한다."라고 썼을 때 그들은 선언문의 정당화를 위해 증명 패러다임에 의존하고 있다는 것이다. 이 증명 패러다임은 수학의 증명 모델을 인식의 정당화를 위한 틀로 간주한다. 이것은 자명한 전제에서 출발하여 추론을 통해 여러 규칙을 정당화하는 것이다. 하지만 여기에는 자명한 도덕적 전제를 입증해야 하는 부담이 따른다. 「독립 선언문」의 작성자들은 보편적 인권이 그 자체로 자명하기 때문에 증명할 필요가 없다고 보았겠

7 김비환, 「현대 인권 담론의 쟁점과 전망」, 『인권의 정치사상』, 이학사, 2010, 25-28쪽.

8 L. Hunt, 전진성 역, 『인권의 발명』, 돌베개, 2009, 24-25쪽.

9 W. J. Talbott, 은우근 역, 『인권의 발견』, 한길사, 2011, 62-63쪽.

지만, 이러한 정당화 방식은 이에 대한 단순 부정을 통해 오히려 인권을 반대하는 일을 훨씬 더 쉽게 만들 수도 있다. 따라서 인권의 보편성과 관련된 자명성 주장 대신에 이를 정당화하기 위한 새로운 방식이 요구된다.

자연법 사상가들은 인권이 어디서 비롯되었는가를 설명할 때, 그 원천을 대체로 신에게서 찾고 있다. 하지만 롤스는 이와 다른 방식으로 권리를 정당화하고 있다. 그는 공적 이성을 바탕으로 반성적 평형(equilibrium)의 과정을 통해 도덕적 원리를 구성하는 탈형이상학적 방식을 추구한다.[10] 그는 정치적 정의관을 채택한다는 것은 "지금 여기에 있는 너와 내가 합당하고 합리적인 것으로 간주하고 최선의 이유로 지지할 수 있는 관점"이며, 이와 관련하여 우리가 옳다는 것을 '선험적으로' 보장할 길은 없다고 말한다.[11]

롤스는 인권 개념을 주로 '만민법'의 구성과 관련하여 본격적으로 다루고 있다. 인권은 만민법의 여러 정의 원칙 중 하나다. 만민법은 국제법 및 국가들 사이의 관계에 적용되는 정의에 관한 정치적 이념인데, 그는 만민법의 정의 원칙들을 도출할 때 신의 권위나 자연법에 의존하는 방식을 비판한다. 또한 직관주의나 공리주의처럼 인간의 이성이나 독립적인 도덕적 가치와 같은 권위에 의존하는 방식도 비판한다.[12] 그는 '공정으로서 정의'나 '자유주의적인 정치적 정의'에서 사용했던 것과 마찬가지로 구성주의적 방식을 활용하여 만민법의 정의 원칙을 도출하려고 한다. 구성주의적 관점은 권위를 갖는 보편적인 제1원리로부터 출발하지 않으며,

---

10 W. J. Talbott, 『인권의 발견』, 78-86쪽.

11 J. Rawls, 『만민법』, 55쪽.

12 J. Rawls, 정태욱 역, 「만민법」, 『현대 사상과 인권』, 사람생각, 2000, 54-59쪽.

합리적인 당사자들이 합당한 절차에 따라 정의의 원칙들을 구성하는 것이다. 즉 그는 자신의 대표 저서인 『정의론』에서 사용했던 계약론의 구성주의적 관점을 활용하여 만민법의 정의 개념을 이끌어 내고 있는 것이다.

이러한 구성주의적 원리는 폐쇄적이고 자족적인 민주 사회의 정의 원칙에서 출발하여 미래 세대의 요구와 관련된 원칙으로 확장되고, 나아가 만민법에 관한 원칙으로 확장되는데, 롤스는 이러한 구성주의적 절차가 각각의 경우마다 주제나 문제에 따라 수정된다고 주장한다. 또 구성주의적 원리가 국내뿐만 아니라 국제 사회의 정의 원칙에까지 확대 적용된다는 점에서 보편성을 갖고 있다고 주장한다. 이러한 정의의 원칙은 합리적인 행위자들의 적절한 숙고와 합의를 통해 도출된다.[13] 국내적 차원에서 무지의 베일 상태의 원초적 입장에서 합의를 통해 정의의 원칙을 도출하였듯이, 다음 단계인 국제적 차원에도 그러한 원초적 입장의 이념이 적용된다. 따라서 국내적 정의와 만민법의 원칙을 구성하기 위한 절차와 과정이 대체로 일치한다는 것이다. 둘 다 합당한 구성의 절차라는 근본 이념을 사용하여 상호 공정한 조건에 놓인 합리적 행위자들이 각각의 주제에 대한 정의의 원칙을 선택하게 된다. 당사자들이 적절한 숙고를 통해 그러한 원칙에 동의하면, 그것은 정당화된다.[14]

이처럼 양자는 구성주의적 방식을 사용한다는 점에서 공통점을 갖고 있지만, 차이점도 있다. 만민법은 『정의론』에서 제시된 '공정으로서의 정의' 개념을 활용하고 있긴 하지만, 그것보다는 '더 자유스러운 자유주의

---

13 J. Rawls, 「만민법」, 59-60쪽.

14 J. Rawls, 「만민법」, 88-89쪽.

적 정의관'으로부터 정의 원칙을 이끌어 내고 있다. 즉 『정의론』의 '공정으로서의 정의'가 아니라, 『정치적 자유주의』의 '자유주의적인 정치적 정의'를 바탕으로 만민법의 정의 원칙을 이끌어 내고 있다. 그리고 합의의 당사자들은 시민들을 대표하는 것이 아니라, 이미 특정한 정의 원칙을 갖고 있는 국가들을 대표한다. 즉 특정 조건들을 충족시킨 질서정연한 사회에서 출발하여 국가들 사이의 정의 원칙을 도출한다.[15]

(2) 인권 개념의 구체적 항목

인권 개념은 시민권 개념과 밀접하게 연관되어 있다. 시민권(civil rights)은 시민의 자격으로 갖게 되는 권리로서 특정한 정치 공동체의 삶을 전제로 한다면, 인권(human rights)은 인간으로서 갖게 되는 보편적 권리이다.[16] 시민권은 시민적 권리, 정치적 권리, 사회적 권리 등으로 구분될 수 있다. 시민권의 역사를 살펴보면 권리의 형태가 시민적 권리에서 점차 정치적 권리와 사회적 권리로 확장되었고, 그것의 적용 대상도 계속 확장되어 왔음을 알 수 있다. 재산을 소유한 백인 신교도들에게만 한정되었던 시민적·정치적 권리가 여성, 노동자, 유대인과 구교도, 흑인, 그리고 다른 집단들에게도 점진적으로 부여되었다. 이러한 시민권은 자격 부여와 관련된 것으로, '권리들을 가질 권리'(the right to have the rights)라고 할 수 있다.[17]

---

15 J. Rawls, 「만민법」, 81쪽.

16 유홍림, 「현대 자유주의와 인권의 보편성」, 『인권의 정치사상』, 이학사, 2010, 17쪽.

17 W. Kymlicka, 『현대 정치철학의 이해』, 동명사, 2008, 401-402쪽. 최근 시민권에 대한 논의는 시민으로서의 책임감과 덕성 등을 중시하면서 능동적으로 시민권을 발휘하는 데 관심을 기울이는 등 시민적 덕성을 주요 주제들 중의 하나로 삼고 있다. 예를 들어 다수결에 의한 형식적 투표 참여보다는 적극적으로 공적 토론 과정에 참여하는 것을 중시하는 심의(토의) 모델 등에 관심을 보이고 있다.

롤스도 시민권과 인권 개념을 구분한다. 그에 따르면 시민권은 정의로운 사회, 즉 자유민주주의 사회에 살고 있는 개인이 시민으로서 갖게 되는 권리이다. 반면에 인권은 모든 사회에 살고 있는 인간이 보편적으로 갖게 되는 기본적 권리이다. 롤스가 『정의론』이나 『정치적 자유주의』에서 논의의 대상으로 삼고 있는 사회는 자신이 살고 있는 미국과 같은 입헌적 자유민주주의 사회이며, 따라서 그곳에서 시민들이 갖는 권리도 자유민주주의적 권리와 관련이 깊다. 이에 비해 「만민법」(1993)이나 『만민법』(1999) 등에서 언급하고 있는 인권 개념은 입헌적 자유민주주의 사회를 넘어서 모든 인간 사회에서 보장되어야 할 기본적이고 보편적인 권리이다. 따라서 기본적인 권리들로 구성된 인권은 시민권에 비해 권리의 범위가 협소하며, 구체적인 권리 항목도 적은 편이다. 하지만 인류 전체를 대상으로 삼고 있다는 점에서 그 적용 범위는 시민권 개념보다 훨씬 더 넓다.

우선 롤스가 『정의론』에서 언급하고 있는 '시민권'에 대해 알아보자. 그는 원초적 입장에서 구성원들이 두 가지 정의의 원칙에 합의할 것이라고 본다.[18] 그가 제시한 정의의 제1원칙은 '평등한 자유의 원칙'이다. 구성원들은 기본적인 자유가 억압당하지 않기를 원할 것이며, 그래서 기본적 자유권을 모든 사람에게 평등하게 보장하는 제1원칙을 우선 선택하게 된다는 것이다. 롤스가 이러한 정의의 원칙을 바탕으로 제시한 시민의 기본적인 자유권은 구체적으로 정치적 자유(선거권과 피선거권), 언론과 집회의 자유, 양심과 사상의 자유, 재산권, 신체의 자유, 법의 지배에 규정된 부당한 체포 및 구금을 당하지 않을 자유이다. 정의의 제1원칙이 주로 정

18 J. Rawls, 『정의론』, 105-111쪽.

치적 자유와 관련된다면, 정의의 제2원칙은 주로 사회적·경제적 불평등의 문제와 관련된다. 정의의 제2원칙은 다시 두 가지로 나뉜다. 첫째, '공정한 기회 균등의 원칙'은 공직이나 사회적 지위를 얻을 기회가 모든 사람에게 균등하게 주어져야 한다는 것이다. 둘째, '차등의 원칙'은 최소 수혜자에게도 경제적 이득이 돌아갈 때에만 경제적 불평등이 정당화된다는 것이다.

그런데 이러한 시민권에 대한 관점은 『정치적 자유주의』에서 변화를 겪게 된다. 그는 다원적 자유민주주의 사회에서 포괄적 교설들의 중첩적 합의를 통해 도출된 '헌법의 본질적 요소'에는 크게 다음과 같은 것이 있다고 말한다.[19] 첫째, 정부의 일반적 구조와 정치 과정을 규정하는 근본 원칙들, 즉 입법부·행정부·사법부의 권한들, 다수결의 범위 등에 관한 것이다. 둘째, 시민의 평등한 기본권과 자유에 관한 것이다. 투표권과 정치 참여권, 양심의 자유, 사상의 자유와 결사의 자유, 법치의 수호 등이 여기에 속한다. 그는 『정의론』에서 정의의 제2원칙으로 언급했던 공정한 기회 균등과 차등의 원칙은 헌법의 본질적 요소가 아니라고 보면서 여기에서 제외시킨다. 하지만 이주의 자유, 직업 선택의 자유, 시민의 기본적 필요를 충족시키는 사회적 최저 기준(social minimum)은 헌법의 본질적 요소에 포함시킨다. 이것은 『정치적 자유주의』의 목적이 정의와 관련된 특정한 입장, 즉 특정한 포괄적 교설을 제시하려는 데 있는 것이 아니라, 자유민주주의 사회의 다원성이 유지되고 관용이 허용되는 기본 원칙을 제시하려는 데 있었기 때문이다. 그는 『정의론』에서 언급했던 제2원칙이 자

19 J. Rawls, 장동진 역, 『정치적 자유주의』, 동명사, 1998, 282-286쪽.

신의 특정한 정의관을 반영한 것이라고 보았기 때문에 헌법의 본질적 요소에서 제외시킨 것이다. 물론 여기에 제2원칙과 관련된 이주의 자유, 직업 선택의 자유, 시민의 기본적 필요를 충족시키는 사회적 최저 기준 등을 포함시키고 있지만, 이것은 이전의 주장이 약화된 형태라고 할 수 있다.

롤스는 「만민법」이라는 논문에서 시민권과 구분되는 인권 항목에 대해 구체적으로 언급하고 있다. 그에게 인권은 정의로운 국제 사회의 구성원이 되기 위해 모든 국가가 갖추어야 할 최소한의 기준이며, 인권 침해는—자유민주주의 사회이든 그렇지 않은 사회이든 간에—인류 사회를 곤란하게 만드는 심각한 문제이다. 국제법이 현존하는 실정법 질서라면, 만민법은 국제법으로 확장되고 적용될 수 있도록 고안된 자유주의적 정의 관념을 구체화한 것이다. 따라서 만민법은 국제법을 평가할 수 있는 개념과 원리를 제공한다.[20] 인권의 항목에는 생존과 안전을 위한 수단에 관한 최소한도의 권리(생명의 권리), 자유의 권리(노예, 종속 그리고 강제적 종사로부터의 자유) 및 개인의 재산권, 그리고 자연적 정의의 원칙에서 나타나는 것과 같은 형식적 평등, 일정 정도의 양심의 자유와 사상의 자유, 이민의 권리 등이 포함된다.[21] 즉 그는 생명과 안전의 권리, 개인의 재산에 관한 권리, 법의 지배의 기본적 원칙들, 양심의 자유, 결사의 자유, 이민의 권리와 같은 기본적 권리들을 인권이라고 부르는 것이다. 그는 이러한 기본적 권리가 자유주의에만 고유한 것이거나 서구적 전통에만 특유한 것이라고 볼 수 없으며, 인류 전체에 보편적으로 적용된다고 본다.

---

20 J. Rawls, 「만민법」, 66쪽.

21 J. Rawls, 「만민법」, 82-84쪽.

롤스는 『만민법』이라는 책에서도 인권의 항목으로 생명의 권리, 자유의 권리, 개인의 소유권, 형식적 평등권, 종교와 사상의 자유를 보증하기 위한 양심의 자유 등을 언급하고 있다.[22] 그는 인권의 항목을 자유주의적 정부가 보장하는 모든 권리로 확장하는 것은 옳지 않다고 보면서, 만민법에서의 인권 개념을 '특별한 종류의 긴급한 권리'라고 말하기도 한다. 그는 특히 노예와 농노 신분으로부터의 자유, 양심의 자유, 집단 학살과 인종 청소로부터의 인종 집단 보호 등을 긴급한 권리로 강조한다. 이것은 전통적으로 기본적 인권으로 간주되어 왔던 생명권, 신체의 자유, 양심의 자유와 관련되어 있다. 이런 종류의 권리들을 침해하는 것은 국제 사회의 비판을 넘어서 국제적 개입이 정당화되는 기준이 된다. 인권은 만민법에서 특별한 역할을 하는 권리들로서 전쟁을 정당화하는 이유를 제한하고, 한 국가의 국내적 자율성에 대한 한계를 설정한다.

롤스에게 인권은 어떤 사회가 정의로운 국제 사회의 구성원이 되기 위한 필수적인 기준이 되는 것이다.[23] 따라서 한 체제의 정당성과 법질서의 타당성을 확보하기 위한 필수 조건인 인권이 보장되는 국가에 대해서는 강제적인 개입, 예컨대 경제적 제재나 군사적 강제를 해서는 안 된다.[24] 또한 인권은 국제 사회의 다원주의의 허용 범위를 설정해 준다. 즉 인권

---

22 J. Rawls, 『만민법』, 107-108쪽. 그런데 「만민법」에 비해 『만민법』에서는 최소 인권의 항목이 매우 협소해진다는 견해도 있지만 이것은 적절한 비판이 아니다. 롤스는 『만민법』에서도 「만민법」과 유사한 인권 항목을 언급하고 있으며 단지 국제적인 개입이나 제재의 필요성을 논하는 부분에서 '특별한 긴급한 권리'라는 용어를 사용하여 그중에서 몇 가지 항목만을 언급하고 있다.

23 J. Rawls, 「만민법」, 92-93쪽; J. Rawls, 『만민법』, 129-130쪽.

24 롤스는 '자애적 절대주의 사회'의 경우에도 민주적인 의사 결정권이 결여되어 있지만 비공격적이고 인권을 존중하기 때문에 국제 사회의 간섭을 배제할 수 있는 자기 방어의 권리가 있다고 본다. J. Rawls, 『만민법』, 149쪽.

의 준수 여부가 국제 사회의 구성원이 될 수 있는지를 판단하는 기준이 된다. 인권은 합당한 만민법에서 관용의 한계를 결정하는 중요한 기준이 되는 것이다. 전제적이거나 독재적인 체제, 팽창주의적 국가는 관용의 범위에서 제외되는데, 그러한 사회는 평화의 원칙을 존중하고 팽창주의적이지 않을 것, 국가의 구성원들에 의해 정당성을 확보할 것, 기본적 인권을 존중할 것과 같은 조건을 결여하고 있기 때문이다. 인권을 포함한 이러한 조건은 합당한 국제 사회의 성원이 되기 위해 더 이상 양보할 수 없는 최소한의 필수 기준인 것이다.

이처럼 롤스는 시민권과 인권 개념을 구분하고 있다. 인권은 자유민주주의 사회와 같은 질서정연한 사회의 구성원들이 가지는 시민권의 부분집합인 것이다. 자유민주주의 사회에서 지켜져야 할 시민권 항목에는 선거권과 피선거권을 포함한 정치적 자유와 사상의 자유가 포함되어 있지만, 인권 항목에는 이러한 자유권이 포함되어 있지 않거나, 약화된 형태로 부분적으로 포함되어 있다. 롤스는 「세계 인권 선언」의 제3조에서 제18조까지의 항목들이—해석의 문제가 있기는 하지만—고유한 인권의 범주에 속한다고 본다. 하지만 제1조 "모든 인간은 존엄성과 권리에서 자유롭고 평등하게 태어났다. 모든 이들에게 이성과 양심이 부여되어 있으며, 서로에 대해 형제애의 정신으로 행위해야 한다."는 자유주의적 소망을 담고 있으며, 제22조 사회 보장의 권리, 제23조 동일 노동에 대한 동일 임금의 권리 등은 특정한 제도를 배경으로 하고 있다고 보아 기본적인 인권 항목에서는 제외하고 있다.[25]

25 J. Rawls, 『만민법』, 93쪽.

여기서 볼 수 있듯이 롤스는 선거권과 피선거권을 포함한 정치적 자유권, 사회 보장이나 복지권 등을 기본적 인권 개념에서 제외시키고 있다. 롤스가 선거권과 피선거권을 포함한 정치적 자유권을 제외시킨 것은 협의적 위계 사회와 같은 '적정 수준의 사회'를 '질서정연한 만민의 사회'에 포함시키기 위한 것이다. 그래서 그는 자유주의적 입장을 완화시킨 것이다. 또 그가 사회 보장이나 복지권 등을 기본적 인권에서 제외시킨 것은 각 사회에 따라 전통과 역사가 다르므로 이에 대한 견해에서도 차이가 날 수 있다고 보았기 때문이다. 결국 롤스는 시민권 개념을 약화시켜 그 중의 일부만을 인권 항목에 포함시키고 있는 것이다.

2) 정의로운 전쟁의 정당화: 보편적 인권의 보장

롤스의 국제적 정의론은 기본적으로 칸트의 자유주의적 입장을 수용하여 침략 전쟁에 반대한다. 국가는 세력 확대나 영토 확장 등을 위해 전쟁을 일으킬 권리를 갖는다는 오래된 견해를 거부하고, 침략 전쟁은 국가의 주권과 개인의 권리를 침해하기 때문에 정당하지 않다고 비판한 것이다. 칸트는 자연이 인간에게 '반사회적 사회성'을 부여하였기에 사람들은 서로 갈등하면서도 이러한 갈등을 해결하기 위해 실천 이성의 힘을 발휘하여 공화제적 시민사회를 만들며, 더 나아가 국가들 간의 전쟁을 막고 평화를 정착시키기 위해 국제법과 국제 연맹을 만든다고 본다.[26] 자연의 섭리가 인간을 갈등과 전쟁이 존재하는 자연 상태로부터 점차 평화 상태로 인도하며, 인간은 이성적 판단을 통해 평화 추구를 도덕적 명령

26 I. Kant, 이한구 편역, 「세계시민적 관점에서 본 보편사의 이념」, 『칸트의 역사철학』, 서광사, 1992, 29-37쪽.

으로 받아들인다는 것이다.[27] 칸트는 국제법의 원칙을 제시하면서 국가의 주권과 자율성 주장에 의거하여 침략 전쟁을 비판하며, 침략 전쟁을 저지하기 위한 국제 연맹의 개입을 옹호한다. 롤스도 기본적으로 이러한 칸트의 입장을 받아들여 침략 전쟁을 비판하고 방어 전쟁을 옹호한다. 하지만 롤스는—내정 불간섭의 원칙을 내세웠던 칸트와 달리—인권 침해 국가에 대한 국제적 개입의 정당성을 주장한다.

롤스도 칸트와 마찬가지로 계약론적 방식을 통해 국제법의 원칙을 마련하려고 했다. 『정의론』에서 그는 계약론적 방법을 통해 국내적 정의론을 국제적 정의론으로 확대할 수 있다고 주장하면서 국제적 정의론을 정립하기 위한 기본틀을 제시했다.[28] 원초적 입장에서 합의를 통해 한 사회의 기본 구조에 적용되는 국내적 정의의 원칙을 이끌어 낸 후에 이러한 원초적 입장에 대한 해석을 국제적으로 확대하여 국가들 간에 적용될 정의의 원칙을 이끌어 낼 수 있다는 것이다. 롤스는 『만민법』에서 국제적 정의론을 본격적으로 다루고 있는데, 여기서 그는 국제적 정의의 원칙이 두 단계의 계약 절차를 통해 형성된다고 말한다.[29] 첫 번째 단계는 시민들이 서로의 포괄적 교리를 알지 못하는 무지의 베일 상태에서 한 사회에 적용되는 자유주의적 정치관을 이끌어 내는 것이다. 두 번째 단계는 그러한 자유주의적 사회의 대표자들이 자신들이 속한 국가의 특수한 여건들, 즉 영토의 크기, 인구수, 국력 등을 알지 못하는 무지의 베일 상태에서 국제 사회에 적용되는 만민법을 이끌어 내는 것이다.

---

27 I. Kant, 이한구 역, 『영원한 평화를 위하여』, 서광사, 1992, 43-46쪽.

28 J. Rawls, 『정의론』, 491-493쪽.

29 J. Rawls, 『만민법』, 54-61쪽.

합당한 만민의 사회에 속하는 자유주의적 만민과 적정 수준의 만민이 합의하는 만민법의 국제적 정의 원칙은 다음과 같다.[30]

① 만민은 자유롭고 독립적인 존재이며, 그러한 자유와 독립성은 다른 국민에 의해 존중되어야 한다.

② 만민은 조약과 약속을 준수해야 한다.

③ 만민은 평등하며 자신들을 제약하는 약정의 당사자가 된다.

④ 만민은 불간섭의 의무(duty of non intervention)를 준수해야 한다.

⑤ 만민은 자기 방어의 권리를 갖지만, 그 외의 이유로는 전쟁을 일으킬 권리를 갖지 못한다.

⑥ 만민은 인권을 존중해야 한다.

⑦ 만민은 전쟁 수행에 있어 특별히 규정된 제약 사항들을 준수해야 한다.

⑧ 만민은 불리한 조건에 살고 있는 고통받는 사회를 도와줄 의무가 있다.

롤스는 이러한 국제적 정의 원칙들이 자유주의적 만민에게는 친숙한 전통적 정의 원칙이라고 주장하지만, 이러한 원칙의 도출 근거는 자세하게 설명하지 않고 있다. 이 원칙들 중에서 ⑥과 ⑧을 제외한 다른 원칙들은 칸트가 제시한 국제법의 원칙들처럼 전통적으로 널리 통용되고 있는 원칙들이라고 볼 수 있다.

이러한 국제법에 적용되는 기본 원리는 국가들 간의 평등 원칙이다.[31] 각 국가는 평등한 권리를 갖는데, 이는 입헌 국가의 시민들이 갖는 평등권과 유사하다. 국가는 자신의 문제를 외세의 간섭 없이 스스로 결정할

---

30 J. Rawls, 『만민법』, 65쪽.

31 J. Rawls, 『정의론』, 492-494쪽.

권리, 즉 자결권을 가진다. 각 국가는 또한 공격에 대한 방어의 권리를 가지는데, 여기에는 동맹을 결성할 권리도 포함된다. 하지만 롤스가 방어 전쟁의 권리가 모든 국가에 있다고 보지는 않았다.[32] 자국 시민들의 기본적 자유와 자국의 입헌민주정치 제도들을 수호하고 보존하기 위해서만 방어 전쟁의 권리가 인정된다는 것이다. 따라서 무법 국가(outlaw state)—즉 시민들의 기본적 자유를 탄압하고 인권을 침해하는 국가—는 정당한 자기 방어의 권리를 갖지 못한다. 반면에 질서정연한 사회(well-ordered society), 즉 '자유주의적 사회'와 '적정 수준의 사회'는 자기 방어의 권리를 지닌다. 적정 수준의 사회는 민주적 의사 결정체계를 지닌 자유주의적 사회에는 못 미치지만, 그래도 적당한 협의 체계를 갖고 있고, 인권도 존중하기 때문이다. 롤스에 따르면 자애적 절대주의 사회(benevolent absolutism)도 자기 방어의 권리를 지닌다. 이 사회는 민주적 의사 결정체계를 가지고 있지 않지만, 인권은 존중하기 때문이다. 롤스는 정치적·사회적 조건이 불리하여 고통받는 사회(burdened society)의 자기 방어권 역시 인정하고 있다. 아울러 이러한 고통받는 사회는 도덕적 연대와 원조의 대상이지, 군사적 개입의 대상은 아님을 분명히 밝히고 있다. 롤스는 만민법의 궁극적 목적이 모든 국가를 질서정연한 사회로 만드는 것이며, 이를 위해서는 인권 보장과 민주주의 제도의 유지 등이 요구된다고 주장한다. 하지만 방어 전쟁을 정당화하는 논변에서는 민주주의 제도보다 인권 보장이 더 중요한 역할을 하고 있다.

이처럼 롤스가 방어 전쟁을 정당화하는 핵심 근거는 시민의 자유권 보

32 J. Rawls, 『만민법』, 147-149쪽.

호이다. 그런데 여기에는 동맹국 시민의 자유권 보호도 포함되므로 이를 지원하기 위한 국제적 개입도 정당성을 지닌다. 이는 국제적 정의 원칙과 관련하여 인권과 같은 기본권을 중시하는 롤스의 자유주의적 입장을 잘 보여준다. 그런데 롤스의 국제적 정의론에서 국가의 자율성과 방어 전쟁을 정당화하는 주요 근거인 인권 개념이 때로는 국가의 자율성을 제한하고 국제적 개입을 정당화하는 근거가 되기도 한다. 롤스는 국제적 정의 원칙 ⑥에서 만민은 인권을 존중해야 한다고 주장한다. 인권 존중은 자국민에게만 적용되는 것이 아니라 모든 사람에게 보편적으로 적용되어야 하는 원칙이다. 따라서 인권 침해 발생 시에는 국가의 경계를 넘어 국제적 간섭을 할 수도 있는 것이다. 따라서 원칙 ⑥은 개별 국가의 자율성과 독립성을 내세워 내정 불간섭의 의무를 부여하는 원칙 ① 및 원칙 ④와 상충하는 측면이 있다. 그래서 롤스는 국가의 자율성이나 내정 불간섭의 원칙은 절대적인 것이 아니라 제한적으로만 적용된다고 말하면서 그러한 충돌을 해소하고 있다.

롤스는 만민이 합의를 통해 이끌어 낸 국제법의 원칙에는 당연히 인권 존중이 포함되며, 이것이 내정 불간섭보다 우선하는 것으로 본다. 만민법의 정의 원칙들을 도출할 때 합의의 당사자가 자유주의적 만민의 대표자들인 것도 같은 맥락에서 이해할 수 있다. 이들은 기본적으로 인권과 같은 보편적 가치를 매우 중시하기 때문이다.[33] 그래서 롤스는 무법 국가처럼 심대한 인권 위반이 있는 경우에는 국가의 자율성이나 내정 불간섭의 원칙이 제한된다고 말한다. 자결권이나 분리 독립권은 인권 존중이라는

33 J. Rawls, 『만민법』, 23-24쪽.

조건을 충족하지 않으면 인정되지 않는다는 것이다. 롤스는 1860~1861년에 있었던 미국 남부의 분리 독립 주장은 타당하지 않다고 보았다.[34] 미국 남부가 인권을 심각하게 위반하는 노예제를 영구화하기 위해 분리 독립을 시도했기 때문이다.

이처럼 인권은 자유민주주의 제도를 위한 충분 조건은 아니지만 필수 조건이기 때문에 인권이 충족되어야 질서정연한 만민 사회의 구성원이 될 수 있는 자격을 갖게 된다. 롤스는 이러한 인권 개념이 특별히 자유주의적이거나 서양 전통과 관련되어 있다는 이유로 거부되어서는 안 된다고 말한다. 이러한 인권은 정치적으로 편협한 것이 아니고, 따라서 특정 지역에만 적용되어야 하는 것도 아니라는 것이다. 하지만 인권 개념은 문화에 따라 다를 수 있으며, 동일한 지역이나 문화에서도 시대에 따라 달라지기도 한다. 보편적이면서 단일한 인권 개념이 존재하는 것은 아니기 때문에 인권 침해 여부에 대해서는 논란이 생길 수도 있다. 또 특정한 인권 개념에 의거하여 인권 침해를 명목으로 다른 국가를 과도하게 간섭할 수도 있는 것이다. 그래서 롤스도 모든 인권 침해가 아니라 노예화, 대량 학살 등과 같은 긴급한 인권 침해가 발생한 경우에만 국제적 군사 개입을 허용하고 있다.

3) 자유주의적 논리의 한계와 보완

그렇다면 인권 보호는 침략에 대응하여 방어 전쟁을 벌이는 것을 정당화하는 논거로 충분한가? 이러한 문제가 제기되는 것은 자유주의가 중

---

34 J. Rawls, 『만민법』, 66-67쪽.

시하는 인권만으로는 방어 전쟁의 정당성 확보가 어려울 때도 있기 때문이다. 만약 침략 국가가 피침략 국가의 구성원들의 인권을 보장하면서 국가 합병을 추구한다면, 인권 보호 논리만으로는 그 행위의 부당함을 분명히 드러내기 어렵다. 이것은 국가의 목적이나 존립 이유와 관련된 문제이기 때문에 국가가 자율성과 독립성을 유지해야 하는 근본 이유가 무엇인지에 대해 다시 생각해 보아야 한다.

로크(J. Locke)의 개인주의적 계약론의 입장에서는 방어 전쟁의 정당화 근거를 다음과 같이 제시할 수는 있다. 정복 국가의 권력은 정복을 당한 시민들의 자발적 동의에 의해 형성된 국가 권력이 아니기 때문에 정당성이 없으며, 따라서 그 권력에 대한 복종의 의무가 없고 오히려 저항권이 인정된다는 것이다.[35] 다시 말해 침략을 통한 국가 합병은 구성원들의 자발적 동의가 전제되어 있지 않기 때문에 허용될 수 없다는 것이다. 그런데 자유주의적 입장의 계약론에서 중요한 것은 시민들의 기본권 보호이다. 시민들이 자연 상태에서 벗어나서 사회 계약을 통해 시민 정부를 형성한 근본 목적은 기본권, 즉 생명·자유·재산에 대한 권리를 확실하게 보장받기 위한 것이다. 따라서 어떤 국가가 정복 국가라고 할지라도 기본권 보장이라는 이러한 목적만 제대로 충족시켜 준다면 국가 합병에 반대하여 저항할 이유가 별로 없게 된다.

롤스는 인권을 유린하는 무법 국가들만 침략 전쟁을 일으킬 가능성이 있으며, 질서정연한 사회는 전쟁을 일으키지 않는다고 말한다. 질서정연한 사회는 시민들이 특별히 정의롭거나 좋은 사람들이어서가 아니라 민

---

35 J. Locke, 강정인 외 공역, 『통치론』, 까치, 1996, 181-184쪽.

주적인 정치 구조를 갖고 있어서 함부로 전쟁을 도발하지 않는다는 것이다.[36] 그런데 민주적인 국가라고 할지라도 영토 확장, 시장 확대 등을 목적으로 다수의 지지를 얻어 침략 전쟁을 일으킬 수 있다. 그리고 침략을 통해 다른 국가를 합병하더라도 피침략 국가의 시민들을 탄압하거나 억압하지 않고 그들의 기본권을 보장해 줄 수도 있으며, 때로는 기존의 사회 체제를 그대로 인정해 줄 수도 있다. 만약 이런 경우라면 인권 보호의 논리만으로 피침략 국가가 방어 전쟁의 정당성을 주장하는 데는 한계가 있다. 샌델(M. Sandel)이 언급하고 있듯이 국가가 단지 개인들의 기본권을 보장하기 위한 결사체에 불과하다면, 그것은 단순한 동맹 관계에 머무르게 되고, 다른 국가들과의 차별성도 단지 공간상의 위치 차이에 불과할 뿐이다.[37] 따라서 이런 경우라면 국가의 독립성을 주장할 근거는 약화된다.

롤스도 자유주의적 논리가 갖고 있는 이러한 한계를 인식하고 있어서인지 침략을 통한 국가 합병을 반대하는 이유로 인권 보호와 더불어 민족 문화의 보존을 들고 있다. 국제 사회의 미래상과 관련하여 롤스는 칸트의 견해를 바탕으로 단일한 세계 국가를 지향하는 것에 반대하고, 여러 국가가 공존하면서 서로 협력하는 국제 연맹을 제안한다. 세계 국가가 출현하면 거대한 전제 국가가 되거나, 아니면 지역별·민족별로 분열된 취약한 제국이 된다는 것이다. 롤스는 국가들이 문화적 다양성과 자유를 유지하는 것이 매우 가치 있다고 본다. 그는 자유주의적 만민의 특

---

36 J. Rawls, 『만민법』, 20-21쪽.

37 M. Sandel, 김선욱 외 공역, 『공동체주의와 공공성』, 철학과현실사, 2008, 40-41쪽.

징들 중의 하나가 '공통의 동정심'(common sympathy)에 의해 화합하는 시민들이라고 말한다.[38] 이때 동정심은 문화의 바탕이 되는 것으로, 민족성(nationality)과 깊이 연관되어 있다. 이것은 다른 나라의 국민과는 공유하지 않은 것으로서, 같은 나라의 국민끼리 기꺼이 협력하고 같은 정부에 소속되기를 바라며 자신들만의 정부를 만들기를 바라는 성향이다. 이러한 민족성의 감정은 인종, 혈통, 언어 공동체, 종교 공동체, 정치적 내력 등 다양한 요인에 의해 형성된다.

그런데 이러한 민족적·문화적 요소는 롤스가 만민법의 이론적 기반으로 삼고 있는 정치적 자유주의에서는 강조하지 않았던 것이다. 롤스의 『정치적 자유주의』에서 중첩적 합의의 대상이 되는 헌법의 본질적 요소는 주로 자유주의적인 권리와 관련된 내용이며, 민족성과 같은 문화적 요소는 거의 언급되고 있지 않다.[39] 그런데도 『만민법』에서는 국가의 독립성이 중요한 이유로 민족적·문화적 요소를 강조하고 있는 것이다. 롤스는 만민법의 정치적 정의 개념이 정치적 자유주의에 기반하고 있다고 말하지만, 이와 다른 공동체주의적 논리도 받아들이고 있는 것이다. 이는 정치적 자유주의에 기반한 논리만으로는 국가 합병을 비판하기 어렵기 때문일 것이다. 정치적 자유주의의 논리대로라면, 침략 국가가 중첩적 합의의 대상이 되는 자유주의적 권리들을 모두 보장해 줄 경우 피침략 국가가 국가 합병에 반대할 합당한 이유를 찾기 어려워진다. 롤스도 이러한 점을 염두에 두고 국제 관계를 다루는 만민법에서는 민족성과 같은

38 J. Rawls, 『만민법』, 44-46쪽.

39 J. Rawls, 『정치적 자유주의』, 282-286쪽.

공동체주의적 요소를 강조했다고 볼 수 있다.

4. 공동체주의에 기반한 국제적 개입의 정당화

1) 전쟁에 대한 전통적 견해와 왈처의 비판

방어 전쟁, 인권 침해 저지 등을 위한 국제적 개입이 정당하고 주장한 점에서 왈처는 롤스와 같은 입장이다. 하지만 그러한 국제적 개입을 정당화하는 방식이나 근거에서는 롤스와 차이가 있다. 게다가 왈처는 방어 전쟁의 여러 유형을 구체적으로 분석하면서 정당한 방어 전쟁의 범위를 롤스보다 더 폭넓게 인정하고 있다.

롤스는 계약론적 전통에 따라 원초적 입장에서 자유주의 국가를 대표하는 만민이 합의하는 방식으로 국제적 정의 원칙을 이끌어 냈지만, 왈처는 국제 사회에서 수용되고 있는 국제적 관행, 전통, 역사에 의거하여 국제적 정의 원칙을 이끌어 낸다. 이는 그가 국내적 정의 원칙을 이끌어 내는 방식과도 유사하다. 국내적 정의 문제를 다루면서 왈처는 전통과 역사에 대한 해석을 바탕으로 분배적 정의 원칙을 제시하고 있다.[40] 이는 '좋음에 대한 옳음의 우선성'을 주장하는 자유주의적 입장을 비판하고, '좋음에 기반하는 옳음'을 주장하는 공동체주의적 입장을 보여준다.[41] 그에 따르면 정의의 원칙은 공동체에 통용되는 선이나 가치에 대한 관점을 떠나서 논할 수 없으며, 그것들을 기반으로 도출될 수 있다. 그의 이러한

---

40 M. Walzer, 정원섭 외 공역, 『정의와 다원적 평등』, 철학과현실사, 1999, 20-25쪽.

41 C. Taylor, *Sources of the Self*, Cambridge University Press, 1989, 88-107쪽.

기본 입장은 국제적 정의 원칙을 이끌어 낼 때도 그대로 적용된다.

왈처는 전쟁에 대한 도덕적 판단을 거부하면서 모든 전쟁을 허용하는 현실주의의 입장은 잘못이라고 비판한다. 그에 따르면 우리가 전쟁과 관련하여 침공, 자기 방어, 잔혹성, 무모성, 대량 학살 등의 용어를 통상적으로 사용하고 있는 데서 볼 수 있듯이 관행과 역사적 논의를 통해 형성된 전쟁 개념에는 도덕적 의미가 담겨 있다.[42] 우리가 홉스(T. Hobbes)와 같은 현실주의자가 된다면 도덕과 위선 모두가 사라질 것이지만, 전시에서조차 대부분의 사람은 도덕적으로 행동하거나 도덕적으로 행동하는 것처럼 보이고 싶어 한다.[43] 이것은 사람들이 전쟁의 목적, 전쟁의 수행 등과 관련하여 도덕적 판단을 내리고 있다는 것을 보여준다. 그래서 왈처는 과거에 발발한 여러 전쟁과 이에 대한 평가를 역사적으로 고찰하면서 정당한 전쟁과 부당한 전쟁을 구분하고, 우리가 준수해야 할 교전 규칙을 제시한다. 이처럼 왈처는 전쟁의 역사와 관행 등에 의거하여 정의로운 전쟁 이론을 정립하고 있는 것이다.

왈처에 따르면 전쟁에 대한 전통적 견해는 다음과 같은 원칙을 주장한다.[44]

① 국제 사회는 독립 국가들로 구성되며 내정 불간섭의 원칙을 준수해야 한다.

---

42 M. Walzer, 『마르스의 두 얼굴: 정당한 전쟁과 부당한 전쟁』, 61-62쪽.

43 홉스는 강제력을 행사할 수 있는 공권력이 없으면 정의와 부정의도 존재하지 않는다고 본다. 그는 정복에 의해 획득한 지배권은 정당하며 승자는 패자를 임의대로 처분할 권리를 지니지만 도덕적 의무는 없다고 주장한다. T. Hobbes, 진석용 역, 『리바이어던 1』, 나남, 2008, 194-195쪽 및 268-271쪽.

44 M. Walzer, 『마르스의 두 얼굴: 정당한 전쟁과 부당한 전쟁』, 165-168쪽.

② 국가는 공동 생활을 영위할 권리가 있으며 영토 보존과 정치적 주권의 권리가 있다.

③ 다른 국가의 정치적 주권이나 영토에 대해 무력을 사용하여 공격하거나 위협한다면, 이는 침략 전쟁이며 범죄 행위가 된다.

④ 피침략 국가의 방어 전쟁과 이에 대한 국제 사회의 지원은 정당하며, 필요하다면 군사력과 같은 물리적 지원도 허용된다.

⑤ 부당한 침략이 실제로 있어야만 방어 전쟁이 정당화될 수 있다. 하지만 다른 국가의 내부 문제에 간섭하기 위한 전쟁은 불간섭의 원칙에 위배되기에 정당화될 수 없다.

⑥ 침략 세력을 군사적으로 격퇴한 후에는 전쟁 억제, 평화 유지 등을 위해 침략 국가에 제재를 가할 수 있다.

여기서 볼 수 있듯이 전쟁에 대한 전통적 견해는 국가의 자율성과 정치적 주권을 바탕으로 침략 전쟁을 비판하고 내정 불간섭을 주장한다. 왈처는 이러한 전통적 견해가 전쟁을 도덕적 관점에서 이해하는 기본틀이 되기는 하지만, 국내법 유추 방식을 통해 도출된 이러한 견해에는 한계가 있다고 말한다.[45] 국내법 유추 방식이란 국내법의 특성으로부터 국제법의 특성을 이끌어 내는 것을 의미한다. 즉 개인의 권리와 자율성이 인정되듯이 국가의 권리와 자율성도 인정되며, 개인에 대한 강도나 살인이 부당하듯이 다른 국가에 대한 침략도 부당하다는 것이다.

그런데 왈처는 개인과 국가가 서로 다른 특성을 갖고 있기 때문에 그러한 유추가 타당하지 않다고 비판한다. 개인은 그 자체로서 권리의 주체이

45 M. Walzer, 『마르스의 두 얼굴: 정당한 전쟁과 부당한 전쟁』, 185-186쪽.

지만, 국가를 그 자체로서 권리의 주체라고 보기는 어렵다는 것이다. 국가는 자유권을 지닌 개인들이 결합하여 구성된 집합체이고, 국가의 권리는 개인의 권리를 위임받은 것이다. 따라서 국가에는 개인들 간의 갈등을 해결하기 위한 국가 권력이 존재하지만, 국제 사회에는 국가들 간의 갈등을 해결하기 위한 국제적 권력이 존재하지 않는다. 또 개인들 간의 관계에서는 폭력 등을 통해 다른 사람에게 피해를 주지 않는 한 개인의 자유와 자율성이 인정되지만,[46] 국가들 간의 관계에서는 침략 등을 통해 다른 국가에게 피해를 주지 않더라도 국가 내부에서 대량 학살 등의 문제가 발생하면 이에 대한 국제적 개입이 허용된다는 것이 왈처의 주장이다.

2) 전쟁에 대한 수정 견해: 정치 공동체의 보존

개인과 국가는 대칭적 관계에 있지 않기 때문에 개인들에게 적용되는 국내적 정의 원리로부터 국가들 간에 적용되는 국제적 정의 원리를 이끌어 내는 것은 문제가 있다. 그래서 왈처는 국제법에 대한 전통적 견해를 수정할 필요가 있다고 보면서 4가지 '수정 조항'을 제시한다.[47]

① 방어 전쟁 개념을 더 넓게 해석하여 임박한 공격은 아니지만 충분한 수준의 위협이 있다면, 이에 대응하여 선제 공격을 할 수 있다. 따라서 이에 대한 국제적 지원이나 개입도 정당하다.

---

46 밀(J. S. Mill)은 타인에게 피해를 주지 않는 한 개인의 자유를 최대한 보장해야 한다고 주장한다. 그는 인간의 행위를 자신에게만 영향을 주는 행위와 타인에게도 영향을 주는 행위로 구분하면서 전자에 대해서는 사회가 간섭하지 말고 개인의 자유로운 선택에 맡겨야 한다고 말한다. 물론 이러한 밀의 주장은 온정적 간섭주의에 의해 비판을 받을 수 있다. 당사자에게만 피해를 주는 경우라도 그 당사자의 피해를 막고 그의 이익을 보호하기 위해 사회가 온정을 발휘하여 간섭할 수 있다는 것이다. J. S. Mill, 서병훈 역, 『자유론』, 책세상, 2018, 35-40쪽.

47 M. Walzer, 『마르스의 두 얼굴: 정당한 전쟁과 부당한 전쟁』, 206-216쪽.

② 한 국가에 존재하는 복수의 정치 공동체들 중에서 어느 하나가 분리·독립을 위해 군사적 투쟁을 전개하고 있는 경우, 이를 지원하기 위해 국제적 개입을 할 수 있다. 이에 해당하는 대표적인 경우가 민족 해방 투쟁이다.

③ 한 국가의 내전에 외국의 군사력이 투입되어 특정 파벌을 지원할 경우, 그러한 내정 간섭을 막기 위해 국제적 개입을 할 수 있다. 즉 간섭에 대응하는 형태의 개입을 할 수 있다.

④ 한 국가 내부에서 노예 상태, 대량 학살 등과 같은 심각한 인권 침해가 발생하였을 경우, 이를 막기 위해 국제적 개입을 할 수 있다.

여기서 수정 조항 ①은 국가 외부 문제와 관련된 것으로, 다른 국가의 침략에 대응하는 방어 전쟁을 옹호하고 있다. 반면에 수정 조항 ②, ③, ④는 국가 내부 문제와 관련된 것으로서 분리·독립 투쟁, 내정 간섭 저지, 인권 침해 방지를 위한 국제적 개입을 옹호하고 있다.

우선 수정 조항 ①에 대해 살펴보자. 이것은 방어 전쟁을 옹호하는 전통적 견해를 수용하면서도 이를 더 넓게 해석한 것이다. 전통적 견해는 실제 침략에 대한 방어 전쟁 그리고 임박한 침략에 대비한 선제 공격(pre-emtive strike)만 정당한 것으로 간주하고 있는데, 왈처는 '충분한 수준의 위협'이 있을 경우 이에 대응하는 전쟁도 선제 공격의 범위에 포함시킨다.[48] 먼 미래에 있을 잠재적 위험에 대응하기 위한 예방 전쟁(preventive war)은 정당화될 수 없지만,[49] 다른 국가가 협박 등을 하면서 위협을 가하

48 M. Walzer, 『마르스의 두 얼굴: 정당한 전쟁과 부당한 전쟁』, 187-207쪽.

49 예방 전쟁은 대체로 국제적인 세력 균형의 유지를 목적으로 삼기 때문에 균등한 세력 관계가 불균등한 세력 관계로 바뀔 가능성이 있으면 이를 예방하기 위해 전쟁을 일으키는 것이다. 왈처는

고 있는데, 그것이 일정한 수준 이상이라면 이에 대응하여 선제 공격을 하는 것도 정당하다는 것이다.[50] 이렇게 왈처는 다른 나라의 실제 침략, 임박한 침략, 충분한 위협 등이 있을 경우 자국의 영토 보존과 정치적 독립이 위험에 처할 수 있기 때문에 이를 막기 위한 방어 전쟁은 정당성을 지닌다고 주장한다. 정치 공동체인 국가가 가지고 있는 가장 중요한 권리 중의 하나로 방어 전쟁을 정당화하고 있는 것이다.

수정 조항 ②는 국가 내부에서의 분리·독립을 위한 투쟁과 관련되어 있다. 전통적인 견해는 국가 내에서 발생한 분리·독립 투쟁은 내정의 문제이므로 간섭해서는 안 된다고 보지만, 왈처는 이에 대한 국제적 개입이 허용된다고 주장한다. 어떤 국가가 하나의 정치 공동체로만 구성된 것이 아니라 여러 정치 공동체로 나뉘어 있을 때 그중 하나가 분리·독립을 요구하면서 투쟁하는 것은 그 정치 공동체의 정당한 권리라는 것이다. 정치 공동체는 자결권을 갖고 있기 때문에 분리·독립을 원하는 어떤 정치 공동체가 외부의 지원을 요구한다면, 이를 국제적으로 지원할 수 있다는 것이다.

수정 조항 ③은 내전에 대한 국제적 간섭의 문제와 관련된다. 왈처는 국가의 주권과 자율성을 존중하여 하나의 정치 공동체 내부에서 발생한

주변 국가의 단순한 세력 증대를 막기 위한 예방 전쟁은 옳지 않다고 본다. 현재 어떤 사람이 합법적 행위를 하면서 위협도 가하지 않는데 미래에 적대 행위를 할 가능성이 있다고 그 사람을 미리 공격하는 것이 정당하지 않듯이 순수한 예방 전쟁도 정당하지 않다는 것이다. 예방 전쟁이 정당성을 가지려면 세력이 커진 국가가 사악한 의도를 갖고 주변 국가를 위협한다는 명백한 증거가 있어야 한다.

50 왈처는 이에 대한 사례로 1967년 이스라엘이 이집트를 기습 공격한 '6일 전쟁'을 든다. 이집트가 전쟁을 조만간 시작할 의도가 있었다고 보기 어렵지만 세력 균형이 깨지면 이스라엘은 큰 위협을 받게 되기 때문에 커다란 공포가 이스라엘 전역을 엄습하였다. 이것은 정당한 두려움(just fear)이며 외교적 협상과 같은 다른 효과적인 대응 방안도 없었기 때문에 기습 공격은 불가피한 것으로 정당하다는 것이다.

정치적·사회적 갈등 문제에 대해서는—심각한 인권 침해가 없다면—다른 국가가 간섭을 해서는 안 된다고 본다. 예를 들어 하나의 정치 공동체 내부에서 독재 정권과 반정부 세력이 서로 투쟁하고 있다면, 이것은 내부 정치의 문제이므로 외부 세력이 군사적 간섭을 해서는 안 된다는 것이다. 이런 점에서 왈처는 전통적 견해와 같은 입장을 취하고 있다. 하지만 이러한 내전에 외부 세력이 군사적 간섭을 하여 특정 세력을 지원하고 있다면, 이를 막기 위해 국제적 개입을 할 수 있다고 왈처는 주장한다. 즉 간섭에 대응하는 형태의 개입은 정당하다는 것이다. 이것은 내전에 간섭하고 있는 외부 세력을 견제함으로써 내부 투쟁을 벌이고 있는 집단들이 원래의 세력을 복원하도록 하여 그 정치 공동체가 자율적으로 분쟁을 해결하도록 하려는 목적을 갖고 있다.[51]

이처럼 왈처는 다른 국가의 침략이나 위협에 대한 방어 전쟁, 분리·독립을 위한 투쟁, 외부 세력의 내정 간섭을 막기 위한 군사적 지원 등은 정의로우며, 따라서 이에 대한 국제적 개입도 정당하다고 본다. 이러한 국제적 개입이 정당화되는 주된 이유는 개입을 통해 정치 공동체의 주권과 자율성을 보장함으로써 독립적인 정치 공동체로 존속할 수 있게 만들려는 데 있다. 그런데 정치 공동체는 국가와 일치할 수도 있지만, 그렇지 않을 수도 있다. 한 국가에 단일한 정치 공동체만 존재한다면 국가와 정치 공동체는 일치하며, 정치 공동체의 권리는 국가의 권리를 의미한다. 이에 비해 한 국가에 복수의 정치 공동체가 존재한다면 국가와 정치 공동체는 일치하지 않기 때문에 이를 구분해야 한다. 위에서 언급했던 분리·독립

---

51 M. Walzer, 『마르스의 두 얼굴: 정당한 전쟁과 부당한 전쟁』, 226-236쪽.

을 위한 투쟁이 이런 경우에 해당한다.

왈처는 분리·독립 투쟁을 펼치는 세력이 정치 공동체로서의 자결권을 인정받으려면 그 구성원들이 독립을 염원하고 있고, 스스로 공동체를 유지할 수 있는 능력을 갖추고 있어야 하며, 정치적·군사적 투쟁도 지속적으로 수행하고 있어야 한다고 말한다.[52] 구성원들이 단결하여 분리·독립을 위한 투쟁을 지속적으로 벌이면서 어느 정도 성과를 보여야 독립적인 정치 공동체로 인정받을 수 있다는 것이다. 만약 그 세력이 정치 공동체로 인정받지 못한다면 자결권도 갖지 못하게 되고 그러한 투쟁도 내전으로 간주되기 때문에 이에 대한 국제적 개입은 허용되지 않는다. 이것은 분리·독립 투쟁에 대한 지지를 명분으로 다른 국가를 부당하게 간섭하는 것을 막기 위한 것이라고 볼 수 있다.

이와 마찬가지로 부당한 간섭을 막기 위한 국제적 개입의 경우에도 정치 공동체의 인정 여부가 중요하다. 왈처는 베트남 전쟁에 대한 미국의 개입을 두 가지 측면에서 비판한다. 하나는 남부 베트남 정부가 정치 공동체로서의 능력을 갖추고 있지 못하였기에 미국이 그 정부를 지원하는 것은 문제가 있다는 것이다. 합당한 정부로 인정받기 위해서는 국민의 상당한 지지와 자조(self-help)의 능력이 있어야 하는데, 남부 베트남 정부는 그렇지 못했다는 것이다. 다른 하나는 북부 베트남이 남부 베트남에 개입하는 수준에 비해 미국의 군사적 개입이 과도하여 일종의 내정 간섭 전쟁으로 변질되었다는 것이다.

이렇게 왈처가 국제적 개입의 정당성 문제에서 정치 공동체를 중시하

---

52 M. Walzer, 『마르스의 두 얼굴: 정당한 전쟁과 부당한 전쟁』, 222-223쪽.

는 데는 그의 공동체주의적 입장이 반영되어 있다. 『전쟁과 정의』에서 정의로운 전쟁에 대해 논하면서 그는 공동체주의적 입장을 분명하게 드러낸다.[53] 그에 따르면 정치 공동체는 개인들을 대표하는 조직이자 종교적·정치적·문화적 집합체이며, 그러한 정치 공동체를 계승하여 발전시키려는 것은 인간 삶의 특성이다. 정치 공동체는 삶의 기반이자 정체성과 자기 이해의 원천으로 국가보다 더 중요하다. 그래서 국가는 다른 형태로 대체될 수 있지만 정치 공동체는 그렇지 않다. 언어와 역사, 문화의 공유를 바탕으로 형성된 이러한 정치 공동체는 우리가 공통의 의미 세계를 가질 수 있도록 해준다.[54]

이처럼 왈처는 정치 공동체가 인간의 삶에서 본질적인 가치를 지닌 것으로 간주한다. 그는 국가가 개인의 삶과 더불어 공동 생활(common life)을 보호해 주지 않는다면 존재할 이유가 없다고 말한다.[55] 국가의 경계선과 영토 방어 전쟁이 중요한 것도 바로 이러한 공동 생활 때문이라는 것이다. 예를 들어 19세기 후반에 알자스-로렌 지역의 영토권을 둘러싸고 독일과 프랑스가 분쟁을 벌였는데, 그 지역 주민 대부분은 프랑스에 대한 소속감과 충성심을 갖고 있었으므로, 그러한 공동 생활을 반영하여 그 지역을 프랑스에 편입시키는 것이 옳았다는 것이다. 그래서 왈처는 국가의 임무를 개인의 권리 보호에만 국한하는 개인주의적인 사회 계약론은 문제가 있다고 비판하면서 제대로 된 사회 계약론이 되려면 거기에 정치 공동체의 보존도 포함되어야 한다고 주장한다. 여기서 우리

53 M. Walzer, 『전쟁과 정의』, 80-82쪽.

54 M. Walzer, 『정의와 다원적 평등』, 70-71쪽.

55 M. Walzer, 『마르스의 두 얼굴: 정당한 전쟁과 부당한 전쟁』, 152-158쪽.

는 국제적 개입의 정당성을 주장하는 왈처의 주요 근거가 공동 생활이 이루어지는 공간인 정치 공동체의 존속과 자율성의 보장에 있음을 확인할 수 있다.

3) 공동체주의적 논리의 한계와 보완

이제 국제적 개입의 정당화와 관련하여 수정 조항 ④를 살펴보자. 이 조항은 한 국가 내부에서 노예화나 대량 학살 같은 심각한 인권 침해가 발생한 경우, 이를 막기 위한 국제적 개입이 허용된다는 것이다. 따라서 이 조항은 다른 수정 조항들이 내세우는 국제적 개입의 정당화 근거와는 다소 다른 측면을 강조하고 있다고 볼 수 있다. 다른 수정 조항들이 정치 공동체 보존의 차원에서 접근하고 있다면, 이 조항은 인권 보호의 차원에서 접근하고 있기 때문이다. 이는 정치 공동체 보존의 논리만으로는 인권 침해 문제에 대한 국제적 개입을 정당화하는 데 어려움이 있기에 인권 보호의 논리를 끌어들인 것으로 보인다. 정치 공동체의 주권과 자율성을 강조하는 논리를 따른다면 정치 공동체에 대한 내정 불간섭의 원칙이 자연스럽게 도출된다. 그런데 이러한 내정 불간섭의 원칙은 외부의 침략 공격에 대응하는 방어 전쟁을 정당화하는 논리로는 적합하지만, 정치 공동체인 한 국가의 내부에서 발생하는 인권 침해를 막기 위한 국제적 개입을 정당화하는 논리로는 활용하기 어렵다.

물론 한 국가 내부에 복수의 정치 공동체가 존재하고, 지배적인 정치 공동체가 다른 정치 공동체를 억압하는 경우라면 분리·독립의 차원에서 억압받는 정치 공동체을 국제적으로 지원할 수 있다. 하지만 왈처에 따르면 정치 공동체로서의 지위를 갖기 위해서는 구성원들의 지지, 공동체를 유지하기 위한 의지와 능력 등의 조건이 갖추어져 있어야 한다. 그런데 이러한 조건을 갖추지 못한 소수 집단이 정치적 억압을 받거나 심각한 인권 탄압을 받을 수도 있다. 이러한 사례는 근래에도 빈번하게 발생하는 인종 청소, 대량 학살 등의 사건에서 쉽게 찾아볼 수 있다. 따라서 이러한 문제를 해결하기 위해서는 정치 공동체의 보존 논리만으로는 한계가 있을 수밖에 없다. 그래서 왈처는 국제적 개입을 정당화하는 근거로 인권 보호의 논리를 끌어들인 것이다.

왈처처럼 공동체주의적 입장을 취할 경우에는 인권 침해를 확고하게 비판하고 이에 대한 국제적 개입을 정당화하기 어려운 문제가 있다. 정치 공동체의 고유한 전통·역사·관행을 중시하게 되면 인권 침해적인 행위도 개별 공동체의 전통과 관행으로 인정해야 하는 문제가 발생하기 때문이다. 이렇게 되면 인권 침해를 비판하기 위한 보편적 도덕 기준을 마련하기 어렵다. 그래서 왈처는 인권의 보편성을 중시하는 자유주의적 논리를 수용하여 인권 침해에 대한 국제적 개입을 정당화하는 근거를 마련하게 된 것이다. 국가가 그 구성원들의 인권을 심각하게 침해하여 구성원들의 최소한의 자유와 생존까지 위협한다면 국가는 자신의 임무를 저버린 것이고, 따라서 국가의 자결권은 인정되지 않는다고 왈처는 주장한다.[56] 노예화, 인종 청소, 대량 학살 등과 같은 심각한 인권 침해가 발생하였을 때 이를 막기 위한 국제적 개입이 허용되는 것은 바로 이런 논리 때문이다. 왈처는 인권 침해를 막기 위한 인도주의적 국제 개입의 대표적 사례로 동파키스탄에 대한 인도의 개입, 캄보디아에 대한 베트남의 개입

56 M. Walzer, 『마르스의 두 얼굴: 정당한 전쟁과 부당한 전쟁』, 236-237쪽.

등을 들고 있다.[57]

한편 심각한 인권 침해의 기준과 관련하여 왈처는 어떤 행위가 인류의 도덕적 양심에 충격을 주는지를 중시한다. 여기서 양심은 정치 지도자들이 아니라 평범한 사람들의 도덕적 확신을 의미하는데, 이러한 도덕적 확신은 일상생활을 통해 얻어지는 것이다.[58] 왈처는 시민들의 일상적 삶과 경험, 관행을 바탕으로 보편적인 인권 개념이 마련될 수 있다고 본다. 그는 자유주의자들이 선호하는 선험적 방식이나 절차주의적 방식이 아니라, 상식과 관행과 역사에 의거하여 인권 개념을 정립하려고 한다. 개별 공동체의 특수한 전통과 역사를 중시하다 보면 공동체주의는 상대주의에 빠질 수도 있는데, 왈처는 이를 막기 위한 장치로 도덕적 최소주의(moral minimalism)를 제시한다.[59] 이것은 공동체들이 따라야 할 최소한의 도덕적 원칙이며, 공동체들에 대한 관용의 한계가 된다. 공동체들이 서로 다른 경험과 역사를 가지고 있기는 하지만, 공통의 경험을 바탕으로 공통의 반응을 보이기도 하므로 보편적 가치를 마련할 수 있다는 것이다. 하지만 그것은 완전한 보편적 가치가 아니라 대략적인 보편적 가치, 즉 느슨한 의미에서의 보편적 가치이며, 역사적으로 변화 가능한 잠정적 성격을 지닌다.[60] 이처럼 왈처는 공동체주의적 입장에서 국제적 개입의 정당화 근거를 주로 정치 공동체의 보존에서 찾고 있지만, 그것만으로는

---

57 M. Walzer, 『전쟁과 정의』, 104-105쪽. 동파키스탄 정부가 벵골인들의 자치 운동을 탄압하면서 대량 학살을 자행하자 1971년 인도는 자국의 군대를 동파키스탄에 투입하여 대량 학살을 저지하였다. 그리고 대량 학살 저지라는 목적을 달성한 후에는 인도로 즉각 퇴각하였다.

58 M. Walzer, 『마르스의 두 얼굴: 정당한 전쟁과 부당한 전쟁』, 247-249쪽.

59 M. Walzer, *Thick and Thin: Moral Argument at Home and Abroad*, University of Notre Dame, 1994, 2-17쪽.

60 M. Walzer, 송재우 역, 『관용에 대하여』, 미토, 2004, 11쪽.

한계가 있기 때문에 이를 보완하기 위해 보편적 인권의 보호라는 자유주의적 논리도 활용하고 있는 것이다.[61]

지금까지 롤스와 왈처의 국제적 정의론을 중심으로 국제적 개입의 정당화 근거에 대해 살펴보았다. 두 사람 모두 전통적인 국가 주권이나 자율성 원칙이 제한적으로 인정되어야 한다고 본다. 국가는 주권과 자율성을 바탕으로 외세의 침략에 대응하여 자국을 방어할 수 있는 권리가 있으며, 따라서 방어 전쟁과 이에 대한 국제적 지원은 정당하다는 것이다. 물론 구성원들의 인권이 심각하게 침해당하는 경우라면 국가의 주권과 자율성은 제한되어야 하며, 그러한 인권 침해를 저지하기 위한 국제적 개입도 정당하다고 본다. 전통적인 내정 불간섭의 원칙이 절대적인 것은 아니며, 때로는 내정 간섭이 허용될 수 있다는 것이다.

하지만 국제적 개입을 정당화는 근거나 방식에서는 두 사람이 서로 다르다. 롤스는 기본적으로 자유주의적 입장에서 계약론적 방식을 통해 국제적 정의 원칙을 이끌어 낸다. 롤스가 국제적 개입의 정당성을 주장하는 핵심 근거는 인권의 보호이다. 구성원들의 인권을 존중하는 국가는 자기 방어의 권리가 있지만, 인권을 심각하게 침해하는 국가는 자기 방어의 권리가 없기에 군사적 차원의 국제적 개입이 허용된다는 것이다. 그런데 이러한 자유주의적 논리는 합병을 위한 침략 전쟁을 비판하는 데 어려움이 있다. 국가 합병을 위해 침략한 국가가 피침략국 국민들의 기본권이

61 이와 관련하여 왈처가 주장하는 인권 보호의 논리가 근현대 사회에서 널리 받아들여지고 있는 인권 존중의 전통과 관행을 반영한 것이기 때문에 자유주의적 논리를 차용한 것이 아니라는 반박도 있다.

나 인권을 보장해 준다면, 개인들이 굳이 위험을 무릅쓰고 방어 전쟁에 나서야 할 이유가 없기 때문이다. 그래서 롤스는 공통의 동정심이나 민족성의 보존 논리를 끌어들여 방어 전쟁을 정당화하면서 국가의 독립성을 옹호한다.

이에 비해 왈처는 기본적으로 공동체주의적 입장에서 역사와 전통, 관행을 바탕으로 국제적 정의 원칙을 이끌어 낸다. 롤스가 계약론적 방식을 통해 국제적 정의 원칙을 도출한다면, 왈처는 전쟁을 포함한 국제 관계의 역사와 관행 속에 나타난 덕목과 선에 의거하여 국제적 정의 원칙을 도출하고 있는 것이다. 침략에 대한 방어 전쟁, 분리와 독립 투쟁, 간섭에 대응하는 개입에 대한 국제적 지원의 정당성을 주장하는 왈처 논리의 핵심 근거는 정치 공동체의 보존이다. 그는 국가와 정치 공동체를 구분하면서 국가의 임무는 구성원들의 공동 생활 공간인 정치 공동체를 보호하는 데 있다고 본다. 그런데 이러한 공동체주의적 논리는 인권 침해를 막기 위한 국제적 개입을 옹호하는 데는 어려움이 있다. 어떤 국가에서 지배적인 집단이 소수 집단을 탄압하고 인권을 침해하는데도 소수 집단이 아직 정치 공동체로서의 능력과 지위를 확보하지 못하고 있다면, 소수 집단은 분리·독립의 권리를 갖지 못하므로 이에 대한 국제적 개입을 정당화하는 데 한계가 생기기 때문이다. 또한 공동체의 역사와 문화, 관행에 따라 인권 개념이 다를 수도 있기 때문에 보편적인 인권 침해의 기준을 마련하기도 어렵다는 문제도 있다. 그래서 왈처는 도덕적 최소주의를 바탕으로 모든 공동체가 준수해야 할 보편적 기준을 제시한 것이다.

이처럼 두 사상가 모두—자유주의와 공동체주의라는 기본적 입장의 차이는 있지만—국제적 개입을 정당화하는 근거로 보편적인 인권의 보호와 민족적·정치적 공동체의 보존을 제시하고 있다. 이러한 두 사상가의 논변에서 볼 수 있듯이 현대 사회에서 국제적 정의 원칙으로 자리를 잡은 방어 전쟁, 분리와 독립 투쟁, 인권 침해 저지를 위한 국제적 개입을 정당화하기 위해서는 자유주의적 논리나 공동체주의적 논리 어느 하나만으로는 한계가 있으며, 두 논리의 상호 보완이 요구된다.[62]

62 국제적 개입의 정당화와 관련하여 개입국의 정당한 자격도 중요한 문제가 된다. 인권 보호 등을 내세운 국제적 개입이 때로는 제국주의적 침략을 정당화하는 논리로 악용될 수 있기 때문이다. 롤스는 인권을 보장하고 민주적인 의사 결정 구조를 갖고 있는 질서정연한 사회가 개입국으로서의 자격을 갖는다고 주장한다. 하지만 국제 사회에서 이를 실제로 적용하는 과정에서는 어느 국가를 질서정연한 사회로 간주해야 하는지 등이 논란거리가 될 수 있다.

제3장

난민: 피난권과 국제적 이주

1. 난민 문제의 기본 쟁점

근래 국제 분쟁과 빈곤으로 대규모 난민이 발생하고 있고, 외국인 노동자를 비롯한 장기 체류 외국인이 증가하고 있으며, 취업이나 거주의 기회 등을 얻기 위한 이민 요구도 증가하고 있다. 이로 인해 최근 국제적 이주자는 2억여 명에 이를 것으로 추산된다. 따라서 이러한 문제에 적절하게 대응하기 위해서는 난민, 국제적 이주와 같은 성원권의 문제에 대한 체계적인 고찰이 요구된다. 과연 특정 공동체의 구성원이 되려면 어떤 자격을 갖추고 있어야 하는가? 그러한 성원권을 부여하는 주체는 누구인가? 난민을 수용해야 할 도덕적 의무가 우리에게 있는가? 그러한 도덕적 의무가 있다면 어느 수준까지 난민을 수용해야 하는가? 국제적인 이주의 자유는 기본적 권리로 인정되어야 하는가?

난민 문제는 성원권의 문제와 깊이 관련되어 있다. 난민의 입국을 허용해야 하는지, 만약 허용해야 한다면 그들에게 어떤 권리나 지위를 보장해 주어야 하는지, 그리고 그들에게 국적까지 부여해야 하는지 등을 결정해야 하기 때문이다. 이러한 성원권 문제는 난민의 인권과 국가의 주권 사이의 갈등과 긴장을 보여준다. 인간의 존엄성과 기본권에 대한 존중을 바탕으로 난민을 적극 수용하는 정책을 채택할지, 아니면 국가의 주권과 정체성을 중시하여 난민 수용에 소극적인 정책을 채택할지가 논란이 되기 때문이다. 국민 국가적 주권을 중시하는 쪽은 외국인의 입국 허용 여부를 결정할 권한이 국가 권력에 있다고 본다. 반면에 세계시민적 권리를 중시하는 쪽은 개인에게는 각자의 삶의 목적을 추구할 자유가 있으며, 이를 위해 필요하다면 외국의 영토에 들어가 일정 기간 체류할

권리가 있다고 본다.[1]

아래에서는 이러한 상황과 관련하여 난민의 권리가 얼마나 침해되고 있는지, 난민에게는 어떤 지위나 권리가 보장되어야 하는지 등의 문제를 보편적 인권과 피난권, 성원권, 국제적 이주권 등을 중심으로 살펴보겠다.

2. 난민의 권리: 피난권과 영주권

1) '난민' 개념과 우리의 현실

세계화 시대에 이주가 활발히 이루어지고 있다. 물론 이주는 근래에만 이루어진 것은 아니며, 거의 모든 시대에 존재했었다고 보아야 한다. 이주는 세계화 시대에만 국한된 특수한 현상이 아니라 오히려 보편적 현상이라는 말이다. 그런데 근대 국민 국가 개념이 자리를 잡으면서 상황이 조금 달라졌다. 우리 국민과 타 국민을 구분하고 국가들 사이의 국경선이 강화되면서 국경을 넘는 이주가 국가의 승인을 전제하는 일이 되었기 때문이다. 이주는 다른 국가에서 일자리를 얻거나 무역을 하는 등 경제적 활동을 위한 경우도 있고, 국제결혼 때문에 이루어지는 경우도 있다. 이주 노동자, 이주 결혼자 등이 이에 해당한다. 그런데 이러한 이주자들 중에는 난민도 있다.

난민은 종교적·인종적·정치적 억압 때문에 출신국의 보호를 받지 못하고 다른 나라로 이주한 사람들을 가리킨다. 한국은 1951년에 체결된 '난

---

1 국민 국가적 주권을 중시하는 대표적 독일 학자는 Max von Seydel이며, 세계시민적 권리를 중시하는 대표적인 학자는 Robert von Mohl이다. G. Jellinek 외, 김효전 역, 『독일 기본권 이론의 이해』, 법문사, 2004, 234-235쪽.

민의 지위에 관한 협약'과 1967년에 체결된 '난민의 지위에 관한 의정서'에 1992년에 가입하였다. 이 협약과 의정서에 따르면 난민이란 "인종, 종교, 국적 또는 특정 사회 집단의 구성원 신분 또는 정치적 의견을 이유로 박해를 받을 우려가 있다는 충분한 근거가 있는 공포로 인하여 국적국의 보호를 받을 수 없거나 또는 그러한 공포로 인하여 국적국의 보호를 받는 것을 원하지 않는 국적국 밖에 있는 사람"을 가리킨다.[2] 난민은 자신이 태어난 국가로부터 보호를 받지 못하고 오히려 박해를 받아 다른 국가로 피신할 수밖에 없는 사람인 것이다.

유엔난민기구(UNHCR)가 발표한 자료에 의하면 국경을 넘어 다른 나라에서 살고 있는 난민은 2023년을 기준으로 약 3,680만 명이며, 이들과 비슷한 박해를 받으면서도 외국으로는 탈출하지 못한 실향민도 수천만 명에 이른다. 난민은 여러 원인으로 발생하지만, 주요 원인은 서구 열강들의 식민지 정책과 냉전 시대 이후의 종족 분쟁, 정국 불안 등이다. 서구 열강은 효과적인 식민 지배를 위해 분리 지배 정책을 펼쳤으며, 이로 인해 종족 분쟁 등이 더 심화된 측면이 있다. 재일 조선인을 예로 들어 보자. 일본의 제국주의적인 식민지 정책으로 인해 일본으로 이주하였고, 아직 일본으로 귀화하지 않은 이들은 국적란에 '조선'이라고 기입되어 있다. 이들은 귀속될 국가가 없다는 점에서 난민으로 간주될 수 있다.[3] 우리

2 「난민의 지위에 관한 협약 및 동 의정서」, 『난민의 개념과 인정 절차』, 경인문화사, 2011, 324-325쪽. 난민 의정서는 난민 협약 가운데 '1951년 이전'이라는 시간적 제약과 '유럽'이라는 지역적 제약을 제거한 것으로, 난민 협약을 보편적인 국제 규범으로 바꾸어 놓았다고 볼 수 있다. 김성수, 「난민의 요건과 출입국관리법상 난민인정에 관한 검토」, 『난민의 개념과 인정 절차』, 경인문화사, 2011, 144쪽.

3 徐京植, 임성모 외 공역, 『난민과 국민 사이』, 돌베개, 2008, 206-209쪽.

나라가 난민 협약과 의정서에 가입하기 이전에도 베트남 보트피플 등 많은 난민이 입국하였지만, 그들은 전원 제3국으로 송출되었으며 국내 정착은 단 1명도 허용되지 않았다.[4] 우리나라는 1992년에 난민 협약과 의정서에 가입하였지만, 2001년에야 처음으로 난민 인정자가 생겼다. 협약 가입 직후부터 2024년 12월까지 12만 2,095건의 난민 신청이 있었으나, 그중에서 난민 심사가 실제로 이루어진 것은 6만 5,227건이었고, 최종적으로 난민 인정을 받은 것은 1,544건에 불과했다. 일부 유럽 국가의 난민 심사 인정률이 30~40%인데 우리나라의 난민 심사 인정률은 2.7%에 불과한 데서 알 수 있듯이, 우리나라에서는 다른 나라에 비해 난민 인정을 받기가 매우 어려운 실정이다.

하지만 난민의 지위를 인정받는다고 해서 그들의 생존 조건이나 기본적 권리, 자존감 등이 크게 향상되는 것은 아니다. 난민 지위를 인정받으면 F-2 비자가 발급되어 3년 동안 한국에 체류할 수 있고, 비자 갱신이 가능하며, 취업도 할 수 있다. 또한 우리 국민과 같은 수준의 사회 보장을 받을 수 있다고 규정되어 있지만, 실제로는 그렇지 못하다. 4대 보험에 가입되지 않은 곳에서 일하는 난민의 경우 기본적인 의료 보험조차 가입되어 있지 않다. 결국 이들은 불안정한 일자리, 저임금, 열악한 주거 환경, 인종 차별, 의사소통의 곤란 등으로 어려움을 겪게 되는 것이다. 그래서 난민 인정을 받은 사람들 중 많은 수가 한국을 떠나 제3국으로 이주하는 것을 고민하고 있다고 한다. 난민 인정을 받기 이전의 난민 신청자인 경우에는 상황이 더 심각하다. 이들은 G-1 비자를 받게 되는데, 최근에는

---

4 정인섭, 「한국의 난민 수용 실행과 문제점」, 『난민의 개념과 인정 절차』, 경인문화사, 2011, 28-33쪽.

별도 허가를 받아 이 비자로도 취업할 수 있게 되었지만, 그 이전까지는 취업이 불가능해 난민 신청자는 사회적·경제적으로 더욱 열악한 상황에 빠지곤 했다. 이처럼 난민 인정자는 한국에서 합법적으로 살 수 있지만 헌법을 비롯한 대부분의 법률과 정책은 '국민'을 대상으로 하며, 난민 등 외국인에 대해서는 규정이 없거나 배제하는 경우가 많다.

난민 인정자가 일반적으로 선택할 수 있는 방안은 크게 세 가지이다. 하나는 '자발적인 귀환'으로, 자신들이 살았던 고향으로 다시 돌아가는 것이다. 하지만 이 방안은 그곳의 억압적인 상황이 해결되어야 가능하므로 상당한 시간이 요구된다는 점에서 실현 가능성이 낮다고 볼 수 있다. 다른 하나는 '재정착'으로, 제3의 국가로 다시 이주하여 그곳에 정착하는 것이다. 하지만 이 방안도 제3의 국가에서 입국을 허용할지, 또 난민으로 인정을 해줄지가 불분명하므로 난민의 입장에서는 선뜻 선택하기 어렵다. 세 번째 방안은 '지역적 통합'으로, 자신이 선택한 피난지에 정착하여 사는 것이다.[5] 여러 상황을 고려할 때 한국의 난민들은 한국에 정착하여 사는 것이 가장 현실적인 방안이라고 볼 수 있다. 난민 인정자에게는 한국에 체류할 수 있는 자격이 주어지는데, 이들이 한국 국적을 취득하려면 다른 외국인과 마찬가지로 5년 이상 한국에서 거주한 뒤 일반 귀화 신청을 해 법무부 장관의 허가를 받아야 한다. 그런데 국적을 취득하려면 3천만 원 이상의 자산이 요구되는 등 다른 나라에 비해 요건이 까다로운 편이다.[6]

---

5 P. Singer, 황경식 외 공역, 『실천윤리학』(개정판), 철학과현실사, 1997, 296-298쪽.

6 미국, 영국, 호주에서는 난민 지위를 인정받으면 바로 영주권이 주어지지만, 한국에서는 갱신이 가능한 3년 체류 F-2 비자를 발급해 준다. F-5 영주 체류 자격을 얻는다고 할지라도 이것은 체

2) 난민: '권리를 가질 권리'의 상실

아렌트(H. Arendt)는 『전체주의의 기원』에서 난민과 무국적자의 인권이 얼마나 훼손되고 있는지에 대해 언급하고 있다. 제1차 세계대전 이후 유럽 다민족 국가들이 해체되면서 소수 민족은 국적을 박탈당하거나 다른 국가로 추방되었다. 이러한 국적 박탈자나 난민들은 자신의 권리를 대표하고 보호해 줄 정부가 없어지면서 심각한 인권 침해의 상황에 놓이게 되었다. 특히 전체주의 국가는 이러한 국적 박탈을 정치적 탄압의 도구로 사용하며 시민들을 위협했다. 아렌트 자신도 이러한 전체주의 국가의 희생자라고 할 수 있다. 아렌트는 나치가 집권하자 프랑스로 피신했다가 나중에는 미국으로 망명했는데, 1937년 나치에 의해 시민권이 박탈되었으며 1951년에야 미국 국적을 얻게 된다. 따라서 아렌트는 10년 이상을 '무국적자'로 지냈는데, 그 과정에서 겪게 된 자신의 경험과 고통도 이 저술에 반영되어 있다고 볼 수 있다.

아렌트가 보기에 국적 박탈자나 난민들에게 '보편적 인권'이라는 용어는 이상주의에 불과했다. 자국 정부가 없거나 자국 정부의 보호를 받지 못하는 사람들은 인권을 박탈당할 수밖에 없는 상황이었기 때문이다. 그래서 사람들은 민족이 해방되고 민족 국가가 수립되었을 때 진정한 자유와 인권이 보장될 수 있다고 믿게 되었다. 단지 한 나라에 소속된 국민들만 권리를 지닌 시민이 될 수 있고, 같은 민족, 같은 혈통을 가진 사람들만 법 제도의 완벽한 보호를 받을 수 있으며, 그 나라의 국민이 아니거나 주류 민족에 완전히 동화되지 않은 소수 민족은 법 제도의 보호

류 자격일 뿐이며 일반 국민과 같은 권리가 보장되지는 않는다. 『한겨레21』(제982호), 「국민과 난민 사이: 한국인의 조건」(2013.10.21.).

를 제대로 받지 못한다는 것이다.[7]

이런 이유로 아렌트는 인권을 양도할 수 없는 보편적 권리로 간주하는 이상주의와 권리를 상실한 무국적자나 난민의 상황 사이의 모순이 현대 정치의 가장 신랄한 아이러니라고 말한다.[8] 20세기 중반 유럽에는 무국적자들이 수십만 명에 이르면서 인권의 상징으로 여겨졌던 망명의 권리마저 유명무실해졌다. 자신이 소속된 국가나 집단으로부터 법률적 보호를 받을 수 없는 사람들이 어쩔 수 없이 선택한 것이 망명인데, 이러한 망명의 권리는 성문법이나 헌법 또는 국제 협정 어느 곳에서도 찾을 수 없으며, 심지어 국제 연맹 규약에도 언급되어 있지 않았다는 것이다.[9] 망명은 법적 권리로 인정받지 못했으며, 단지 공허한 도덕적 호소에 그치고 있었다.

이런 이유로 국가, 국민, 영토라는 삼위일체에서 추방당한 무국적자나 난민은 법의 보호를 전혀 받지 못하였다. 그들은 거주할 권리도, 일할 권리도 없었기에 끊임없이 법을 위반해야 했고, 법을 위반함으로써 법의 보호를 받을 수 있었다. 범죄자가 무국적자나 난민이라고 할지라도 다른 범죄자보다 더 나쁜 대우를 받지는 않는다. 어떤 권리도 없고, 항상 추방의 위협에 시달리며 사는 사람이 사소한 범죄를 저지르게 되면 오히려 시민의 대우를 받는 아이러니가 발생한다는 것이다.[10]

아렌트는 18세기의 인권 선언이 역사적으로는 의미가 있겠지만, 이를

---

7 H. Arendt, 이진우 외 공역, 『전체주의의 기원 1』, 한길사, 2009, 496-501쪽.

8 H. Arendt, 『전체주의의 기원 1』, 506-509쪽.

9 '난민의 지위에 관한 협정'은 1951년에 체결되었기 때문에 아렌트가 『전체주의의 기원』을 쓰고 있던 시점에는 난민에 관한 국제 협정이 없었다고 한 것이다.

10 H. Arendt, 『전체주의의 기원 1』, 516-518쪽.

뒷받침할 실제적인 힘이 없어서 무기력해지는 현상을 비판하였다. 인권은 선언만으로 보장되는 것이 아니라는 것이다. 인권 선언에서 볼 수 있듯이 인권은 양도할 수 없는 것이며, 인권의 확립을 위해서는 어떤 권위에도 호소할 필요가 없었다. 인간 자신이 인권의 원천일 뿐만 아니라 궁극적인 목표였다. 따라서 인권 보호를 위해서는 그 어떤 법도 필요하지 않다고 생각했다. 모든 법은 인권에 의거한다고 추정되었기 때문이다. 개인이 국가나 사회의 독단에 저항하다가 보호가 필요하게 되었을 때 인권에 호소하는 것은 너무도 당연하고 자연스러웠다. 하지만 아렌트는 인권에서 말하는 인간이 일반적인 인간이나 개인이 아니라 '국민'을 의미하는 것으로 점차 바뀌어 통용되어 왔음을 지적한다. 유럽의 국민 국가 제도에서 인권과 국민의 권리가 동일시되는 현상이 발생했으며, 그래서 자국 정부가 없어지면 인권을 보호해 줄 권위도 없어진다는 생각을 하게 되었다는 것이다.[11] 국민은 국가에 의해 시민권을 보장받을 수 있으며, 인권도 국가와의 관계 속에서 규정된다는 것이 국민 국가적 사고방식인데, 여기서 배제된 자들이 바로 난민이다. 따라서 이러한 사고방식에서는 기본적 인권이 국민에게만 허용된 특권이라고 생각하게 된다.[12]

아렌트는 무국적자나 난민이 처한 이러한 상황을 '권리를 가질 권리'의 상실이라고 말한다. 특정 국가에 소속된 국민이 때로는 시민권 제약으로 권리를 제대로 누리지 못하는 경우가 있기는 하지만, 그렇다고 그러한

11 H. Arendt, 『전체주의의 기원 1』, 524-527쪽.

12 徐京植, 『난민과 국민 사이』, 204-211쪽. 徐京植은 일본에서 국민주의 이데올로기가 널리 퍼져 있기 때문에 '국민'이란 '일본 국적 보유자'를 가리키며, 따라서 일본 국적 보유자가 아닌 사람은 기본적 인권조차 보장받지 못한다는 생각이 자리 잡고 있다고 비판하였다.

권리를 가질 수 있는 권리 자체까지 박탈당하지는 않는다. 하지만 무국적자나 난민은 '권리를 가질 권리' 자체를 박탈당한다. 그들의 곤경은 생명·자유·행복 추구 등의 특정 권리를 빼앗겼다는 데 있는 것이 아니라, 그러한 권리를 가질 가능성조차 없어졌다는 데 있다. 이는 물론 그들이 어떠한 정치 공동체에도 속하지 않는 데서 비롯된 것이다. 인권의 근본적 박탈은 세상에 거주할 수 있는 장소의 박탈, 행위를 효과적 행위로 만드는 장소의 박탈을 의미한다. 그들은 자유의 권리가 아니라 행위의 권리를 박탈당했고, 좋아하는 것을 생각할 권리가 아니라 의사를 밝힐 권리를 빼앗겼다. 권리를 가질 수 있는 권리의 상실, 즉 어떤 조직된 공동체에 속할 수 있는 권리의 상실은 인류로부터의 배제라고 볼 수 있다. 단지 자유를 박탈해서가 아니라 특정한 범주의 사람들에게서 자유를 얻을 가능성 자체를 배제했다는 점에서 이는 노예제와 다르지 않으며, 인권에 대한 근본적인 침해이다.[13]

무국적자나 난민이 인권을 보장받기 위해서는 특정한 국가의 국민이 되어야만 한다고 아렌트는 생각했다. 국가 주권의 보호 없이는 보편적 인권 보장이 어렵다고 본 것이다. 18세기 인권 선언에는 '양도할 수 없는', '출생과 더불어 주어진', '자명한 진리들'이라는 표현들이 있는데, 이는 자연권의 관점에서 인권을 정당화하는 논리이다. 하지만 아렌트의 생각은 다르다. 20세기에 들어 인간이 자연을 지배하게 됨으로써 자연에 의거하는 이전의 논리는 통용되기 어려워졌다는 것이다. 이제 자연이 아니라 '인류'가 인권을 보장하는 역할을 담당하게 되었지만, 아렌트는 이

13 H. Arendt, 『전체주의의 기원 1』, 531-534쪽.

것도 실현 가능성이 희박하다고 본다. 인류라는 이념이 현재의 주권 국가들 사이에 통용되는 국제법의 관점을 넘어서야 하기 때문이다.[14]

버크(E. Burke)는 자신이 지닌 권리가 인권이라기보다는 '영국인의 권리'라고 말하면서 프랑스 인권선언에 나타난 인권 개념의 추상성을 비판한 바 있다. 아렌트는 이러한 버크의 현실 인식 논리가 상당히 타당하다고 주장하면서, 우리가 누리는 권리가 '국가'로부터 유래하기 때문에 '자연'이나 '인류' 개념에 의거할 필요가 없다고 말한다.[15] 국민의 권리 상실이 필연적으로 인권의 상실로 이어졌던 현실이 이를 잘 보여준다는 것이다. 아렌트는 유대인들의 이스라엘 국가의 설립에서 볼 수 있듯이 인권의 복구는 국민적 권리의 확립이나 복구를 통해서만 가능하다고 강조한다. 유대인들은 자연권을 불신하고 국민의 권리와 국적을 선호했다는 것이다. 즉 그들은 시민권을 부여한 국적이 인권을 보장할 수 있다고 보았기에 국적에 매달리게 되었다는 것이다. 평등은 그저 주어진 것이 아니며, 인간 조직이 정의의 원칙에 의해 지배를 받을 때 그 결과로 나타났다는 것이다. 우리는 평등하게 태어난 것이 아니라, 서로 동등한 권리를 보장하겠다는 우리의 결정에 따라 한 집단의 구성원이 됨으로써 평등해진다고 아렌트는 주장했다.

이처럼 아렌트는 소속 국가의 상실이 인권의 상실로 이어진다고 보았다. 인권은 개인들이 국민 국가의 구성원 자격을 유지해야 보장되는 것이며, 무국적자가 되거나 피난민이 되면 인권을 보장받기 힘들다는 것이다.

---

14 H. Arendt, 『전체주의의 기원 1』, 535-536쪽.

15 H. Arendt, 『전체주의의 기원 1』, 537-540쪽.

시민권이나 인권의 침해는 어느 사회에서나 발생할 수 있지만, 그 사회에서도 개인들이 권리를 회복할 가능성은 존재한다. 하지만 무국적자나 피난민은 그러한 권리를 회복할 가능성 자체가 없다. 그들에게는 '권리를 가질 권리' 자체가 인정되지 않기 때문이다. 아렌트는 인권 개념 자체만으로는 추상적이고 공허해서 실제적인 힘을 발휘할 수 없으며, 인권은 개인이 특정 공동체의 구성원이 됨으로써 보장받을 수 있다고 거듭 강조한다.

이처럼 아렌트는 무국적자나 난민이 처한 상황, 즉 '권리를 가질 권리'의 상실과 인권 박탈의 문제를 예리하게 분석하였지만, 그가 제시한 해결책은 한계가 분명하다. 아렌트는 근대 민족 국가관의 한계를 알고 있었기에 연방적 국가 구조를 만들어 나가기를 희망했다. 하지만 민족 국가라는 틀을 주어진 현실로 받아들이면서 그의 유연하고 개방적인 사색도 멈추게 된다.[16] 그는 '권리를 가질 권리'의 실현은 국가, 즉 공화적 정치 체제의 수립을 바탕으로 가능하다고 주장하면서 보편적 인권을 국가와 긴밀히 연결시킨다. 인권의 평등은 인류의 구성원으로서가 아니라 특정 공동체의 구성원, 즉 국민이 됨으로써 인정된다는 것이다. 인권이 특정 공동체(국가)의 보증을 받음으로써만 인정될 수 있다고 믿게 되면, 무국적자나 난민은 인권 보장을 위해 자신들의 국가를 세우거나 아니면 다른 국가의 구성원으로 귀화해야만 한다. 이러한 사고는 여전히 민족 국가에 기반을 둔 사고방식이라고 할 수 있다. 아렌트에게 있어서 평등은 특정 공동체 구성원들 간의 평등이기에 평등에는 국경선과 같은 경계가 있게 되며, 따라서 일부를 포함하고 일부를 배제하는 공화적 주권의 자

16 S. Benhabib, 이상훈 역, 『타자의 권리』, 철학과현실사, 2008, 91-92쪽.

의성을 막을 방도가 없다. 공화주의적 평등은 보편주의적인 도덕적 평등과는 다르다.[17]

무국적자나 난민처럼 국가의 경계 밖에 있는 사람들은 평등의 권리가 배제되어 인권을 제대로 보장받지 못하게 된다. 아렌트에게 인권은 국민이 갖는 시민권에 결부됨으로써 독자적인 보편적 권리 성격이 약화된다. 하지만 인권은 시민권과 구분되어야 하며, 시민권의 보장 여부와는 별도로 그 자체로서 인정되어야 한다. 인류와 국민은 서로 구분되어야 하듯이, 우리가 인류의 구성원으로서 갖게 되는 권리와 특정 공동체의 구성원으로서 갖게 되는 권리는 구분되어야 한다. 그리고 그러한 보편적 인권이 국가의 주권에 의해서만 보증되어야 하는 것은 아니며, 국가를 넘어서는 국제 체제 등을 통해서 보증되는 방안도 있다. 난민이 특정 국가의 국민이 아니라고 할지라도 여전히 인류의 구성원인 한, 그들의 인권은 보장되어야 하기 때문이다. 아렌트는 무국적자나 난민의 상황을 통해 국가, 국민, 영토로 연결된 국가 주권을 중시하는 베스트팔렌적 모델의 쇠퇴를 예리하게 보여주었지만,[18] 그 해결책을 다시 베스트팔렌적 모델에서 구함으로써 보편적 인권을 위한 국제 체제 형성이나 국제적 협력 등과 같은 새로운 세계시민주의적 모델을 제시하는 데로 나아가지는 못하였다.

3) 난민의 보편적 권리: 피난권

난민은 '권리를 가질 권리'조차 상실할 정도로 심각한 인권 박탈의 상

---

17 S. Benhabib, 『타자의 권리』, 94쪽.

18 S. Benhabib, 『타자의 권리』, 45쪽.

황에 처해 있는 경우가 많다. 물론 아렌트의 지적처럼 난민들은 소속 국가가 없거나 소속 국가로부터 권리를 보호받지 못하고 오히려 억압을 받아 이러한 사태가 발생한 것은 맞다. 하지만 그렇다고 해서 그들의 인권 회복을 시민권의 회복, 즉 특정 공동체의 국민이 되는 데서만 찾는 것은 타당하지 않다. 특정 정치 공동체의 구성원이 됨으로써 얻게 되는 시민권과는 달리 인권은 우리가 인류라는 점에서 갖게 되는 인간의 보편적 권리이며, 따라서 그 자체로 인정되어야 하기 때문이다.

칸트(I. Kant)는 『영구 평화론』에서 난민을 포함한 이방인이 갖게 되는 환대의 권리에 대해 언급하고 있다. 그는 시민법과 국제법, 세계시민법을 구분한다. 시민들 사이의 갈등을 막기 위해 만들어진 것이 시민법이라면, 국가들 사이의 갈등을 막고 평화를 정착시키기 위해 만들어진 것이 국제법이다. 국가들은 야만적인 무법 상태에서 벗어나 국제 연맹 또는 평화 연맹을 형성하게 된다.[19] 국제적 갈등을 조정하고 국제 평화를 정착시키기 위해 국제 기구를 만든다는 것이다. 여기서는 크고 작은 모든 국가가 자신의 권리와 안전을 보장받게 된다.

국제법이 국가와 국가 간의 관계를 다룬다면, 세계시민법은 국가와 이방인의 관계, 즉 국가와 그 국가의 시민이 아닌 사람 간의 관계를 다룬다. 칸트는 인류의 역사가 국제 연맹의 단계를 거쳐 궁극적으로는 세계시민사회 또는 세계시민적 체제로 나아갈 것으로 보았다. 세계시민사회는 세계의 모든 국가를 포괄하는 단일한 세계 공화국이 아니다. 칸트는 세계 공화국이라는 거대 권력의 탄생에 부정적이었다. 이것이 세계적 차원의

19 I. Kant, 이한구 역, 『영원한 평화를 위하여』, 서광사, 1992, 30-35쪽.

전제 정치나 이질적인 민족들 간의 지속적인 분쟁과 갈등을 초래할 수 있다고 보았기 때문이다.

세계시민사회에서는 세계시민권이 보장된다. 세계시민권은 특정 국가에 소속된 국민으로서 갖게 되는 권리, 즉 시민권이 아니라 세계시민, 즉 인류라는 이유로 갖게 되는 보편적인 권리이다. 칸트는 환대(Wirtbarkeit, hospitality)의 권리가 바로 그런 경우라고 말한다.[20] 환대의 권리는 이방인이 다른 나라의 땅에 들어갈 때 적대적으로 대우받지 않을 권리이다. 이방인이 다른 나라의 땅에서 평화적으로 행동하는 한, 그 나라가 이방인을 적대시해서는 안 된다는 것이다. 예를 들어 배의 난파 등으로 곤경에 처한 이방인이 다른 나라의 땅에 상륙하려고 한다면, 그 이방인의 상륙을 허용해야 한다는 것이다. 특히 이방인에 대한 상륙 거부로 그 이방인이 죽음과 같은 심각한 위험의 상황에 빠질 가능성이 있는 경우라면 그 이방인의 상륙은 무조건 허용되어야 한다. 이렇게 위급한 상황에서는 안전한 곳으로 피난할 권리가 있다는 것이다. 칸트는 이것을 '방문의 권리'(Besuchsrecht, visiting right)라고 부른다. 방문의 권리는 생명의 위협과 같은 몰락, 즉 곤경의 상황에 처했을 때나 다른 나라와 교류를 하려고 할 때 이방인이 다른 나라에 상륙하거나 다른 나라 사람을 만날 수 있는 권리이다.

그렇다면 이방인이 세계시민으로서 갖게 되는 방문의 권리는 어떻게 정당화되는가? 칸트는 사람들이 지구 표면에 대한 공동 점유권을 갖고

20 I. Kant, 『영원한 평화를 위하여』, 36-37쪽.

있기에 그러한 방문의 권리를 갖게 된다고 본다.[21] 지구의 표면은 무한히 넓지 않고 유한하여 서로 이웃하여 살 수밖에 없고, 따라서 서로의 존재를 인정해야만 한다는 것이다. 아무도 지상의 어떤 공간에 대해 다른 사람보다 더 많은 권리를 주장할 수 없으며, 따라서 이방인의 방문의 권리를 인정해야 한다는 것이다.[22]

그런데 칸트가 말하는 방문의 권리는 장기간의 방문이나 체류의 권리가 아니라 일시적인 방문의 권리이다. 장기간 방문하거나 체류할 수 있는 권리, 즉 '손님의 권리'(Gastrecht, guest right)는 모든 이방인에게 주어지는 것이 아니다. 이는 다른 나라가 특정한 이방인과 선의의 계약을 맺어 그 이방인에게만 특별히 주는 제한적 권리이다.

그렇다면 칸트가 세계시민권을 환대의 권리, 즉 방문의 권리에만 국한시키고 체류나 영주의 권리까지 확대시키지 않는 이유는 무엇인가? 칸트는 세계시민권 주장이 타국을 정복하거나 식민 지배하는 논리로 악용되지 않기를 바랐다. 그래서 칸트는 한편으로는 난파선의 사례를 들면서 생명이 위험할 정도의 상황에 처한 이방인이 다른 나라에 상륙할 수 있는 권리가 있다는 점을 인정하면서 피난민 등의 보편적 권리를 강조하고 있지만, 다른 한편으로는 서구 열강의 원주민 국가 정복 등과 같은 제국

---

21 I. Kant, 『영원한 평화를 위하여』, 37쪽.

22 지구 표면의 유한성과 공동 소유권은 칸트의 방문의 권리를 정당화하는 근거로 자주 언급된다. 하지만 이러한 정당화 논리가 자연주의적 오류를 범하고 있다는 비판도 있다. 벤하비브는 지구가 유한하여 서로 접하여 살 수밖에 없다는 사실로부터 이방인을 적대시하지 않고 환대해야 한다는 당위가 도출되는 것은 아니라고 주장한다. 지구 표면의 유한성은 세계시민적 정의가 필요한 객관적 조건이지 도덕적 정당화의 전제는 아니라는 것이다. 그래서 벤하비브는 지구 표면에 대한 공동 소유권 논리보다는 모든 인류가 갖고 있는 친교 능력과 권리를 바탕으로 세계시민권을 정당화해야 한다고 주장한다. S. Benhabib, 『타자의 권리』, 55-58쪽.

주의적 침탈을 비판하면서 세계시민권을 제한하고 있다.[23] 칸트는 환대의 권리가 이방인이 원주민과 교류를 시도할 수 있는 가능성의 조건에 국한될 뿐이지 그 이상을 넘어서지 못한다는 점을 강조하였다. 이런 점에서 칸트는 서구 열강들의 제국주의적 침략으로 세계 평화가 훼손되고 있는 상황 속에서 서구 열강의 정복과 침탈 행위를 비판하고 이를 막는 데도 관심을 기울였다고 볼 수 있다. 서구 열강의 정복 행위는 교류나 방문의 권리를 넘어선 것이므로 정당화될 수 없다는 것이다. 같은 맥락에서 칸트는 서구 열강이 자국 영토 내륙까지 출입하는 것은 차단하고 항구에 대한 접근만 허용하거나, 특정 국가의 출입만 허용하고 다른 국가의 출입은 금지하였던 중국이나 일본의 조치가 정당하다고 말하고 있다. 세계시민으로서 갖는 환대의 권리가 다른 나라에 대한 정복이나 지배까지 허용하는 것은 아니기 때문이다.

칸트가 방문의 권리를 주장한 것은 베스트팔렌적 주권 개념을 넘어서 세계시민적 권리 개념을 확립하는 데 크게 기여하였다. 망명자, 난민 등 곤경에 처한 사람들이 자신이 태어난 국가를 떠나서 다른 국가의 국경을 넘을 때 어떤 권리가 있는지, 그리고 다른 국가는 이방인에 대해 어떤 의무를 지는지에 대해 밝힘으로써 칸트는 요즘 논란이 되는 난민 등과 관련된 세계시민적 권리 담론의 토대를 마련하였다.

하지만 칸트는 환대의 권리에 체류나 영주의 권리를 포함시키지 않은 점 때문에 세계시민적 권리를 지나치게 소극적으로 규정하고 있다는 비판을 받는다. 칸트의 입장이 지닌 이러한 애매성으로 인해 자유주의와

23 I. Kant, 『영원한 평화를 위하여』, 38-40쪽.

시민적 공화주의자들은 칸트를 서로 다르게 해석한다.[24] 자유주의자들은 환대의 권리를 더 넓게 해석하여 이방인의 몰락, 즉 위험한 상황에 경제적 곤란 등의 상황도 포함시켜서 이방인의 입국 범위를 확대하려고 한다. 반면에 시민적 공화주의자나 민족 국가적 주권을 옹호하는 사람들은 칸트가 체류나 영주의 권리를 보편적인 환대의 권리에 포함시키지 않고 국가의 특별한 동의가 요구되는 특권으로 간주한 점을 근거로 민족 국가가 국경을 통제할 권리를 지닌다고 주장하면서 이방인의 입국 장벽을 강화하려고 한다. 전자는 보편적인 방문의 권리에 초점을 맞춰 환대의 권리를 더 포괄적으로 해석하려고 한다면, 후자는 체류나 영주의 권리가 국가의 주권적 특권이라는 점에 초점을 맞춰 환대의 권리를 더 제한적으로 해석하려는 것이다.

데리다(J. Derrida)는 칸트가 이렇게 '방문의 권리'와 체류나 영주와 같은 '손님의 권리'를 분리한 것은 문제가 있다고 지적하면서 칸트의 환대 개념을 비판한다.[25] 칸트가 환대를 언급하면서 손님의 권리에 계약적 조건을 부가한 것은 칸트 자신의 세계시민적 권리에 대한 관심과 모순된다는 것이다. 데리다는 망명자의 곤경에 초점을 맞추어 칸트가 말한 환대의 권리가 그들을 충분히 보호하지 못하게 되는데, 이는 칸트의 보편적인 목적의 왕국 개념과 모순된다고 말한다. 데리다에 따르면 이러한 모순은 칸트가 환대에 부가한 법적 조건들이 환대 개념 자체의 보편성을 침해하기 때문에 발생한다. 칸트의 논리에 따르면 환대는 세계시민적 권

24 S. Benhabib, 『타자의 권리』, 64-65쪽.

25 G. W. Brown, "Seekers and Cosmopolitan Right: A Kantian Response to Jacques Derrida", *European Journal of Political Theory,* July 2010 vol.9 no.3, 309쪽.

리의 형성에 의해 요구되는 보편적 원리여야 하는데, 결국 그렇게 되지 못했다는 것이다. 데리다는 칸트의 환대 개념이 자신의 주권에 집착하는 조건적 환대라고 비판하면서 순수한 환대, 무조건적 환대 개념을 제안한다.[26] 칸트의 환대는 이방인이 우리의 규칙과 규범, 우리의 문화와 정치 체제 등을 준수한다는 조건을 내걸고 초대하는 것이므로 조건적 환대이다. 반면에 순수하고 무조건적인 환대는 기대하지도 초대하지도 않은 모든 사람들에게, 완전히 낯선 방문자로서 도착한 모든 이방인에게 완전히 개방하는 환대이다.

칸트에 대한 이러한 비판이 생기는 것은 칸트가 방문의 권리와 손님의 권리를 분리한 후, 이 중에서 방문의 권리만을 환대 개념에 포함시켜 세계시민적 권리를 모호하게 규정하거나 축소시켰다고 해석할 여지가 있기 때문이다. 칸트는 한편으로 방문의 권리처럼 세계시민인 인류가 보편적으로 갖는 권리의 중요성을 인식하였지만, 다른 한편으로 개별 국가가 지니는 정체성과 주권의 중요성도 인식하였기 때문에 손님의 권리를 개별 국가가 부여하는 특별한 권리로 간주하였다. 이것은 칸트가 보편적 인권과 국가의 주권 사이의 긴장 관계를 인식하고 있었기 때문이다. 하지만 칸트는 이 양자의 긴장 관계를 해결할 방안을 제시하는 데까지 나아가지는 못했다. 칸트는 보편적 인권과 관련된 방문의 권리와 국가의 주권과 관련된 손님의 권리를 분리하기는 했지만, 그 간격을 메울 방안을 제시하지는 못한 것이다.

26 G. Borradori, 손철성 외 공역, 『테러 시대의 철학: 하버마스, 데리다와의 대화』, 문학과지성사, 2004, 233-236쪽.

4) 난민의 권리 확대: 영주권

아렌트가 이미 지적하였듯이 난민이나 무국적자는 '권리를 가질 권리' 마저 박탈당할 정도로 심각한 인권 침해를 당하는 경우가 많다. 난민이 '권리를 가질 권리'를 회복하여 인간다운 삶을 살기 위해서는 그들이 인류로서 갖게 되는 보편적 권리가 인정되어야 한다. 칸트가 주장하였듯이 난민 역시 세계시민이므로 방문의 권리가 보장되어야 한다. 하지만 앞에서 언급하였듯이 칸트의 방문의 권리는 일시적인 피난의 권리이지 장기적인 거주의 권리는 아니라는 점에서 세계시민적인 환대의 권리로서는 소극적이라는 한계를 지니고 있다. 난민에게 일시적인 피난의 권리를 보장한다고 해도, 그것만으로는 그들의 인간다운 삶이 보장되지 않기 때문이다. 이를 개선하기 위해서는 그들에게 장기간 거주할 수 있는 영주의 권리 등을 부여해야 한다. 다시 말해 칸트가 방문의 권리로 국한시켰던 세계시민적 권리를 더 확대·강화해야 한다. 즉 방문의 권리와 영주의 권리를 완전히 분리하지 말고, 양자를 연결할 방안을 모색해야 한다.

이러한 문제와 관련하여 웬디 브라운(G. W. Brown)은 칸트의 환대 개념을 재해석하여 세계시민적 권리를 확대하려고 한다.[27] 데리다가 칸트의 환대 개념이 조건적인 환대이며 이러한 환대 개념에 기반을 둔 칸트의 세계시민적 권리는 매우 협소하다고 비판하였다면, 브라운은 칸트의 환대 개념이 세계시민주의를 위한 모든 조건을 담고 있지는 않기에 이에 대한 보완이 필요하다고 주장한다. 그는 칸트가 말한 환대는 지구적 차원에서 상호 주관적인 의사소통을 위한 윤리적 조건을 형성하는 데 필요

27 G. W. Brown, "Seekers and Cosmopolitan Right: A Kantian Response to Jacques Derrida", 310쪽.

한 기본 조건일 뿐이라고 본다. 즉 환대는 세계시민주의나 세계시민적 권리를 위한 최종적인 충분조건이 아니라, 지구적 차원에서 세계시민주의나 세계시민적 권리에 대한 논의가 이루어지기 위한 최소한의 토대이거나, 세계시민적 권리를 보장하기 위한 첫걸음에 불과하다는 것이다.

난민이 인간다운 삶을 살기 위해서는 세계시민적 권리가 방문의 권리로만 제한되어서는 안 되며, 영주의 권리까지 포함하는 것으로 확대되어야 한다. 난민이 '권리를 가질 권리'를 회복한다는 것은 영주의 권리를 포함하여 모든 시민적 권리를 가질 권리, 즉 시민적 권리를 가질 자격을 갖는다는 것이다. 만약 난민의 입국을 허용한 다음에 시민권을 취득할 수 있는 절차가 마련되어 있지 않다면, 그것은 인권의 침해라고 할 수 있다. 난민이 다른 나라에 입국하여 영원히 이방인으로 묶여야 할 합당한 이유는 없기 때문이다.[28] 국적 박탈과 대칭을 이루는 것은 시민이 될 수 있는 성원권 부여이다. 난민이 그 나라의 성원이 될 수 있는 조건은 공개되어야 하며, 모든 난민에게 그 기회가 주어져야 한다. 그리고 성원이 될 수 있는 그러한 조건은 세계시민적 권리에 부합하여야 하며, 지나치게 폐쇄적이어서는 안 된다.

공동체주의자인 왈처(M. Walzer)는 공동체의 정체성 유지를 위해 국경 개방에 소극적인 태도를 보이기는 하지만, 국경을 넘어와서 난민으로 인정받은 사람들에게는 시민권을 부여해야 한다고 주장한다.[29] 이방인에 대한 입국 승인 여부는 시민들의 정치적 선택의 문제이지만 귀화는 전적

---

28 S. Benhabib, 『타자의 권리』, 171쪽.

29 M. Walzer, 정원섭 외 공역, 『정의와 다원적 평등』, 철학과현실사, 1999, 120-121쪽.

으로 도덕적인 문제이기에 모든 입국 이민자, 수용된 모든 난민, 국내 거주 외국인 노동자 등에게 시민권을 가질 기회가 주어져야 한다는 것이다. 같은 공동체에서 살면서 일부는 시민이고 일부는 국외자인 공동체는 결코 진정한 공동체가 아니기 때문이다.

우리 사회도 난민들에게 보편적 권리인 방문의 권리를 보장하기 위해서는 국경의 문턱을 더 낮추어야 하며, 나아가 영주권이나 시민적 권리를 얻기 위한 절차도 좀 더 포용적으로 바꾸어야 한다. 우리나라가 가입하고 있는 난민 협약이나 의정서에는 "인종, 종교, 국적, 특정 사회 집단 구성원 신분 또는 정치적 의견을 이유로 한 박해"라고 하여 난민 요건이 상당히 협소하게 규정되어 있다. 그 결과 자연 재해, 정치적 변란, 외국 군대의 침입, 식민 지배 등 다양한 요인에 의해 발생한 난민들은 난민 협약과 의정서의 보호 범위에서 제외되고 있는 실정이다. 그래서 제3세계 국가이나 국제 인권 단체 등은 난민 개념 확대를 지속적으로 요구하고 있다.[30]

캐나다, 영국은 난민에 대한 박해 개념을 '인권의 지속적이고 조직적인 침해, 이에 대한 국가의 보호 실패'로 규정한다. 국외 판례는 박해를 당할 '합리적인 가능성'이 있다면 난민으로 인정한다. 이에 비해 우리나라는 박해를 '충분한 근거가 있는 공포'로 규정해 박해에 대한 '입증'을 난민 신청자에게 과도하게 요구하고 있다. 난민들은 급박한 상황에서 고향을 떠나왔기에 고향에서 당한 박해를 증명할 입증 자료를 제시하기가 어려운데도 이에 대한 입증 책임을 난민 신청자에게 무겁게 부과하고 있는 것이다.[31]

30 김성수, 「난민의 요건과 출입국관리법상 난민인정에 관한 검토」, 144쪽.

31 정인섭, 「한국의 난민 수용 실행과 문제점」, 39쪽.

우리나라의 경우에 난민 신청자는 G-1 비자를 받는데, 이들은 2013년 7월 이전까지는 취업이 허용되지 않았다. 2011년에 입국한 미얀마 출신의 한 외국인은 난민 신청을 한 후 법무부 결정을 기다리다가 생계가 어려워 취업을 하였는데, 이것이 불법이어서 범칙금 부과와 같은 법적 제재를 받았다. 그는 이와 관련하여 법원에 소송을 제기하였는데 재판부는 다음과 같이 판결하였다. "정부는 난민 신청자에게 아무런 생계 지원을 하지 않았다. 이런 상황에서 취업 활동을 일체 불허하는 것은 인간의 존엄성을 수호하고 생존권을 보장해야 할 문명 국가의 헌법 정신에 어긋난다."[32] 국내 체류 기간을 늘리려고 난민 신청 제도를 악용하는 경우가 있기는 하지만, 난민 판정에 시간이 오래 걸리는 등 행정 지체가 더 문제라는 것이다. 난민 신청자를 난민 판정 때까지 난민이 아닌 것으로 추정해 생계 지원도 하지 않고 취업도 할 수 없게 하는 것은 난민 보호의 의무를 방기하는 것과 같다. 난민 신청자의 인권과 존엄성을 위해서는 생계 지원과 취업 허가가 필수적이다. 다행히도 2013년에 법이 개정되어 이제는 난민 신청자도 취업을 할 수 있게 되었다.

난민이 된 사람들 대부분은 스스로 통제하지 못할 어떤 위험과 재난의 피해자이다. 누구나 언제든 난민이 될 수 있기에 우리가 편견을 갖고 난민을 봐서는 안 된다.[33] 난민들이 우리 사회에 정착하여 안정적인 삶을 영위하게 하려면 난민을 보는 우리의 시선부터 바꿔야 한다. 우리도 언제든지 난민이 될 수 있으며, 그들도 우리와 같은 인류라는 점을 인식해야

32 『한겨레신문』, 「난민신청자 취업 불허는 생존 위협, 정부 꾸짖은 법원」(2013.10.12.).

33 이호택 외, 『여기가 당신의 피난처입니다』, 창비, 2010, 15쪽.

한다. 또한 난민들이 경제적·사회적으로 생존과 자립이 가능하도록 조치해야 한다.[34] 우리는 진정한 마음으로 난민을 수용할 자세를 갖추어야 하며, 국가도 그들이 정착할 수 있는 제도나 정책을 마련해야 한다.

3. 외국인 노동자와 공동체의 성원권

1) 외국인 노동자와 구성원의 권리

우리 사회의 구성원은 아니지만, 구성원 같은 존재가 있다. 구성원으로서의 권리를 지니지 못하였지만, 구성원처럼 법의 지배와 국가의 통제를 받는 존재가 있다. 그 대표적인 집단이 바로 외국인 노동자들이다. 이들은 구성원과 마찬가지로 사회 유지에 요구되는 노동—그것도 남들이 하기 싫어하는 힘든 노동—을 하지만, 구성원으로서의 대우는커녕 기본적인 권리도 누리지 못하고 있다. 이들은 노동에 상응하는 대가를 받지 못하는 등 평등한 경제적 권리를 보장받지 못하고 있으며, 선거권이나 피선거권과 같은 정치적 권리도 보장받지 못하고 있다. 이들은 법규를 위반했을 때 처벌을 받거나 즉각적으로 추방을 당하는 등 항시적으로 법의 제재와 감시를 받지만, 임금 체벌이나 폭행 등을 당했을 때는 제대로 된 법의 보호를 받지 못하고 있다. 이들 외국인 노동자들에게 법적 의무는 있지만, 법적 권리는 없는 것이다. 성원권이 인정되지 않으므로 "권리를 가질 권리"[35]조차 없게 된 것이다.

---

34 김철민, 『국제 난민 이야기』, 살림, 2012, 44-45쪽.

35 W. Kymlicka, 장동진 외 공역, 『현대 정치철학의 이해』, 동명사, 2008, 402쪽.

한국에 체류하고 있는 외국인 노동자들은 중국, 필리핀, 방글라데시 등 아시아 국가 출신들이 많은데, 이들의 체류 목적은 주로 경제적 이유 때문이다. 이들은 자국에서보다 더 많은 임금을 받을 수 있기 때문에 온갖 불편과 위험을 무릅쓰고 한국에 체류하고 있다. 이들 중에는 비자를 발급받아 합법적으로 체류하고 있는 사람들도 있지만, 비자 유효 기간이 만료되었거나 비자 없이 입국하여 불법적으로 체류하고 있는 사람들도 있다. 우리나라에 장기 체류하고 있는 외국인 노동자—합법적 형태이든 불법적 형태이든 간에—는 2024년 기준으로 약 86만 명에 이르고 있지만, 이들은 성원권을 인정받지 못하고 있다. 특히 불법 체류자들은 추방의 위험 때문에 더 큰 경제적 불이익을 감수하고 있다. 이들은 기본권조차 보호받기 어렵다. 과연 이러한 사태는 정당한가? 아니면 이들에게도 성원권, 즉 시민의 권리와 자격을 부여하는 것이 마땅한가? 그리고 근본적으로 이러한 성원권은 누가 누구에게 부여해야 하는가?

외국인 노동자와 관련된 성원권 문제는 기본적으로 경제적 이유, 특히 국제적 차원에서의 경제적 불평등 때문에 발생한 것이다. 이러한 불평등 문제를 해결하는 방식에는 크게 두 가지가 있다. 하나는 기존의 국가적 경계를 인정하면서 재화의 국제적 이동을 시도하는 것이다. 이것은 부유한 국가가 보유하고 있는 재화를 가난한 국가로 이전하는 것인데, 해외 원조가 여기에 해당한다. 다른 하나는 국경선을 개방하여 세계 각국의 사람들이 자유롭게 오갈 수 있도록 하는 것이다. 입국과 출국을 자유롭게 허용함으로써 가난한 국가의 사람들이 부유한 국가로 이민을 가거나, 그곳에 체류하면서 경제 활동을 할 수 있도록 허용하는 것이다.[36] 사람들이 경제적 여건이 좋아 취업이 잘되거나 더 많은 임금을 받을 수 있는 국가로 자유롭게 이민을 가도록 허용하자는 것이다.

그런데 전자의 방식과 관련해서는 자선을 넘어서는 해외 원조를 베풀어야 할 도덕적 의무가 있는지, 만약 그러한 의무가 있다면 해외 원조의 목표나 수준은 어떠해야 하는지 등이 논란거리가 된다. 또 후자의 방식과 관련해서는 국경을 개방해야 할 도덕적 의무가 있는지, 만약 그러한 의무가 있다면 국경 개방의 목표나 수준은 어떠해야 하는지 등이 논란거리가 된다. 배리(B. Barry)에 따르면 세계화 시대에 자본의 이동에 대한 제한은 많이 사라졌고 많은 나라가 외국 자본을 유치하려고 애쓰지만, 인구의 이동은 그렇지 않다. 그 이유는 이민을 가고 싶어 하는 사람들은 많지만, 이들이 원하는 대부분의 국가는 이를 받아들이려 하지 않기 때문이다.[37] 그래서 벤하비브(S. Benhabib)는 이러한 이민·난민 등의 문제와 관련하여 타자의 권리를 다루는 새로운 성원권의 정치학이 요구된다고 주장하기도 하였다.[38] 여기에서는 이민과 관련된 문제, 특히 외국인 노동자의 시민권 취득 등과 관련하여 발생하는 성원권 문제에 대해 살펴보겠다.

2) 노직의 자유지상주의와 성원권

자유지상주의자인 노직(R. Nozick)은 '이해타산적인 합리적 선택 이론'의 관점에서 성원권 문제에 접근한다. 그는 외부인의 협회 가입에 따른

---

36 W. Kymlicka, 『현대 정치철학의 이해』, 374쪽.

37 B. Barry, "A reader's guide", *Free movement*, The Pennsylvania State University Press, 1992, 3쪽.

38 황정미, 「한국인의 다문화 수용성 분석: 새로운 성원권의 정치학 관점에서」, 『아세아연구』 53권 4호, 고려대학교 아세아문제연구소, 2010, 164쪽.

이익과 손해를 계산하여 협회에 이득이 된다면 외부인의 가입을 허용하고, 그렇지 않다면 가입을 거부하는 것이 합리적인 선택이라고 본다. 이때 협회(association)란 사람들이 가입하여 살기를 원하는 이상적 공동체이다. 그리고 이러한 협회들로 구성된 세계는 '가능한 최선의 세계'이다. 이러한 세계에서는 자신이 원한다면 자유롭게 기존의 협회를 떠나 다른 협회에 가입할 수 있고, 새로운 협회를 구성할 수도 있다. 협회는 합리적 구성원들의 이익을 최대화하기 위해 만든 것이므로 가입과 탈퇴가 자유롭다.[39]

이처럼 노직은 다양한 협회로 구성된 사회를 이상적인 세계로 간주한다. 저마다 삶의 방식이나 가치관이 서로 달라서 통일된 하나의 유토피아가 불가능하다고 보기 때문이다. 이런 이유로 유토피아에는 한 종류의 협회나 한 종류의 삶의 방식만이 존재하는 것이 아니라, 서로 다른 다양한 협회(공동체)가 있다. 또한 이곳의 공동체들은 서로 다른 제도와 삶의 방식을 갖고 있다. 사람들은 자신들이 가지고 있는 삶의 전망과 가치관에 따라 이상적인 삶의 방식을 추구하면서 자신이 원하는 공동체에 자발적으로 가입할 자유를 갖는다. 사람들은 자신의 유토피아적 전망을 다른 사람에게 강요해서는 안 된다. 노직은 자신의 관점이 유토피아적 공동체를 위한 메타 유토피아(meta-utopia)의 성격을 지닌다고 말한다. 이것은 다양한 유토피아적 공동체가 존재할 수 있는 기본적인 틀을 제공한다.[40] 유토피아의 골격은 자유주의적이지만, 그 골격 내에 존재하는 개별 공동체들은

---

39 R. Nozick, 남경희 역, 『아나키에서 유토피아로』, 문학과지성사, 1997, 367-378쪽. 노직은 가능한 최선의 세계라는 주제를 다루기 위해 게임 이론, 의사 결정 이론, 경제 분석 등의 합리적 선택 이론을 적용한다고 밝히고 있다.

40 R. Nozick, 『아나키에서 유토피아로』, 381-384쪽.

그럴 필요가 없으므로 다양한 형태의 공동체가 존속할 수 있다는 것이다.

노직처럼 합리적 선택의 관점에서 공동체의 가입 문제나 새로운 공동체의 형성 문제에 접근하는 것은 자유주의적이라고 할 수 있다. 자유주의적 관점에서 사회는 개인들이 서로 이익을 얻기 위해 결성한 것, 즉 합리적 선택의 산물이다. 사람은 혼자 사는 것보다는 사회를 구성하여 살 때 더 많은 이익을 얻을 수 있으며, 따라서 서로 이익이 되는 사람들끼리 사회를 구성하려고 한다는 것이다. 기존의 구성원들이 새로운 구성원의 가입 여부를 결정할 때도 그 외부인이 기존의 구성원에게 어떤 이익을 얼마만큼 주는지가 기준이 된다. 공동체 구성원의 자격이나 가입 등과 관련된 성원권 문제에 대해 이해타산적인 합리성의 관점에서 접근하는 것이다.

이렇게 이해타산적인 합리적 선택의 관점에서 협회를 구성하면 개인들은 최대한 많은 것을 얻으려 할 것이므로 자기보다 열등한 사람들로 구성된 협회에는 들어가려고 하지 않을 것이다. 그렇게 되면 각각의 협회는 비슷한 수준의 재능을 가진 사람들로 구성될 가능성이 높다. 서로 다른 능력이나 재능을 가졌으나 그 수준은 비슷할 때 구성원들이 더 많은 이익을 얻을 수 있기 때문이다. 협회는 "다양한 탁월성과 재능을 가진 다양한 개인들로 구성되며", 각 구성원은 타인과 함께 살아가면서 서로 이득을 보는 상보적 관계를 맺는다. 사람들은 "열등한 사람들 속에서 홀로 빛나는 별이 되기보다는 자신과 대등한 정도의 탁월성과 재능을 다양하게 구비한" 개인들로 구성된 협회를 선호하는 것이다.[41] 만약 협회가 서로

41 R. Nozick, 『아나키에서 유토피아로』, 377-378쪽.

다른 분야에 종사하는 능력이 탁월한 사람과 능력이 열등한 사람으로 구성되어 있다면, 후자는 더 많은 이익을 얻겠지만 전자는 그렇지 못하다. 따라서 전자는 그 협회를 떠나 다른 협회에 가입하려고 하거나, 새로운 협회를 구성하려고 할 것이다. 이처럼 사람들은 전적으로 이익과 손해를 계산하는 관점에서 공동체를 구성한다.

그런데 노직이 제안한 이런 공동체는 형식적으로는 가입과 탈퇴가 자유롭지만, 실제로는 가입의 승인이 상당히 까다롭다고 볼 수 있다. 특히 탁월한 능력을 갖춘 사람들로 구성된 협회라면, 능력이 탁월하지 않은 사람들은 가입하기 매우 어려운 폐쇄적인 공동체가 될 수 있다. 열등한 사람이 들어와 손해가 될 것 같으면, 협회는 그 사람을 받아들이지 않을 것이기 때문이다. 따라서 공동체들 사이에 계층적 서열이 형성될 수 있다. 능력 있는 사람들이 모여 사는 공동체와 열등한 사람들이 모여 사는 공동체로 나뉠 수 있다는 것이다. 새로운 구성원의 가입을 허용할 권리는 기존의 내부 구성원에게 있고, 그들의 판단 기준은 새로운 구성원의 가입으로 기존의 구성원들이 얻게 될 이익과 손실이기 때문이다. 여기서는 공리주의적인 사회 전체의 이익이 아니라, 특정 공동체를 구성하는 기존 구성원들의 이익이 기준이 된다. 공리주의적 관점이 새로 들어올 사람을 포함한 사회 전체의 이익과 손해를 기준으로 가입의 승인 여부를 판단한다면,[42] 노직의 자유주의적 관점은 특정 공동체에 속한 개인들의 이익 여부를 판단의 기준으로 삼는다는 말이다.

노직은 사람들이 새로운 협회—즉 새로운 공동체—를 자유롭게 만들

---

42 P. Singer, 『실천윤리학』(개정판), 303쪽. 싱어는 성원권의 승인 문제와 관련하여 이익 평등 고려의 원칙이라는 공리주의적 관점을 판단의 기준으로 삼아야 한다고 주장한다.

수 있다고 말하지만, 현실적으로는 쉬운 일이 아니다. 협회를 만들기 위해서는 협회에 가입할 사람들에 대한 정보를 충분히 가지고 있어야 하고, 자유로운 이동이 가능해야 하며, 규모도 일정 수준 이상이 되어야 하기 때문이다. 게다가 국가도 그러한 다양한 협회를 자유롭게 설립하도록 허용해 주어야 한다. 협회는 자결권을 가진 독립된 정치 공동체라는 특징을 지니고 있어서 일반적인 자발적 결사체와 다르다. 시민들의 자발적 결의를 통해 구성된 단체는 영토를 기반으로 하지 않지만, 노직이 말하는 협회는 독립적인 정치 공동체이기 때문에 영토를 기반으로 해야 한다. 협회에 가입한 사람들은 경계를 지닌 영토 안에 거주해야 하며, 따라서—베이츠(C. R. Beitz)가 주장하듯이—영토의 경계를 설정하는 과정에서 토지나 천연자원 등과 관련된 재산권 재분배나 거주지 이전 등의 문제가 발생한다.[43] 이런 이유로 정치 공동체로서의 협회를 설립하는 것은 쉽지 않다.

이처럼 협회는 이익과 손실을 계산하는 합리적 선택의 관점에서 각자의 이익을 최대화할 수단이므로 기존의 구성원들은 자신들의 이익을 판단의 기준으로 삼아 성원권의 승인 여부를 결정해야 한다는 것이 노직의 주장이다. 이러한 관점에서는 난민이나 불법 체류 노동자 같은 이방인들의 어려움을 덜어주기 위해 시민권을 부여해야 할 의무는 없으며, 따라서 이들에 대한 시민권 부여 가능성은 매우 낮다고 볼 수 있다. 합법적으로 체류하는 외국인 노동자의 경우에도 상황은 크게 다르지 않다. 외국인 노동자의 체류는 쌍방의 자발적 동의를 바탕으로 한 자유 계약을 통해 이루진 것이므로 그들에게 굳이 시민권을 부여할 의무는 없다고 보기 때

43 C. R. Beitz, *Political Theory and International Relations*, Princeton University Press, 1979, 109-112쪽.

문이다. 물론 그들이 시민권을 획득하기를 원한다면, 기존의 내부 구성원들은 그들에 대한 시민권 부여의 득실을 따져 허용 여부를 결정하게 된다. 하지만 이들에게 시민권을 주지 않고 임시 체류자의 지위를 부여하는 편이 저임금 유지나 복지비 억제 등에 유리하고, 이는 곧 기존 구성원들의 이익이 될 것이므로 시민권을 부여하지 않을 가능성이 높다.

자유주의자들이 의존하고 있는 이러한 계약론적 논변에 따르면 외국인 노동자들은 본인들의 의사에 따라 언제든 떠날 수 있으므로 관광객과 같은 지위만 갖고 있다. 하지만 왈처(M. Walzer)의 주장처럼 외국인 노동자라는 단어의 일상적 의미를 보면 그들은 관광객과 같은 단순한 방문객이 아니다. 그들은 즐기기 위해서가 아니라 일을 하기 위해 입국한 노동자이다. 게다가 국가의 권력과 법이 이들의 삶과 행동을 지배하고 통제한다. 따라서 그들은 단순한 관광객이라기보다는 일반 시민에 가깝다고 할 수 있다.[44] 그럼에도 이들은 저임금이나 임금 체불 등과 같은 경제적·사회적 억압과 추방의 위협에 노출되어 있다. 법의 지배를 받으며 일반 시민과 같은 사회적 역할을 다하고 있는 외국인 노동자들에 대한 이러한 대우를 과연 정당한 조치로 볼 수 있겠는가?

3) 롤스의 평등주의적 자유주의와 성원권

평등주의적 자유주의자들은 국경 개방과 관련하여 통일된 견해를 제시하지 못하고 있으며, 때로는 서로 대립된 견해를 주장하기도 한다. 이들 중에는 국제적 이주가 어떤 제약도 없이 자유롭게 이루어져야 한다고

---

44 M. Walzer, 『정의와 다원적 평등』, 115-116쪽.

주장하는 사람도 있고, 국제적 이주를 원하는 사람들을 승인하거나 배제할 권한은 국가에 있으므로 이에 대한 제약이 정당하다고 주장하는 사람도 있으며, 이 두 견해의 중간 입장을 취하는 사람도 있다.[45] 이러한 애매한 입장은 롤스(J. Rawls)의 견해에서도 나타난다. 롤스는 평등주의적 자유주의의 관점에서 경제적 불평등의 문제에 접근하고 있는데, 이러한 관점은 국내적 정의를 넘어서 국제적 정의에도 확대·적용될 수 있다. 하지만 그는 해외 원조나 성원권 등과 같은 국제적 정의와 관련된 문제에 대해 자신의 관점을 일관되게 적용하지 않았고, 이에 대한 분명한 입장을 밝히지도 않았다.

롤스는 『정의론』에서 우연적 요인으로 삶의 기회에 커다란 격차가 발생하는 것은 도덕적으로 정당화되기 어려우며, 이러한 형태의 불평등은 시정되어야 한다고 주장한다. 타고난 능력이나 사회적 지위와 같은 우연적 요인으로 사람들 사이에 커다란 불평등이 발생하는 것은 옳지 않다는 것이다. 그래서 그는 '무지의 베일'이라는 장치를 도입하는데, 이는 정의의 원칙을 도출하는 과정에서 우연적 요인의 개입을 막기 위한 것이다. '무지의 베일'을 쓴 상태에서는 자신의 선천적 능력이나 자질, 사회적 지위 등을 모른다고 가정한다. 따라서 정의의 원칙에 합의할 때 이러한 우연적 요인으로 특정인이 유리하거나 불리해지는 상황을 배제할 수 있고, 결과적으로 절차의 공정성이 확보된다는 것이다. 또 공정한 조건이 확보된 이러한 원초적 입장에서 당사자들은 재화의 분배 방식과 관련하여 최소 수혜자에게 최대의 이익이 보장되도록 하는 차등의 원칙에 합의

45 J. H. Carens, "Migration and morality: A liberal egalitarian perspective", *Free movement*, The Pennsylvania State University Press, 1992, 25쪽.

한다는 것이다.[46]

롤스의 평등주의적 자유주의는 이와 같은 평등주의적 성향과 더불어 보편주의도 전제하고 있다. 평등주의가 사람들에게 동등한 삶의 기회가 주어져야 한다거나 삶의 전망이 현재보다는 더 평등하게 주어져야 한다고 주장한다면, 보편주의는 특정 정치 공동체에 속한 사람들뿐만 아니라 일반인 모두에게도 그러한 주장이 적용되어야 한다고 본다. 따라서 구딘(R. E. Goodin)의 주장처럼 오늘날의 맥락에서 이러한 보편주의는 세계주의나 세계시민주의적 성향을 지닌다고 볼 수 있다.[47] 이처럼 롤스의 사상은 인류 전체에게 동일한 도덕적 지위를 부여하고 인간들 사이의 차별을 허용하지 않는다는 점에서 보편주의와 평등주의의 성향을 동시에 지니고 있다.[48] 그런데 이러한 롤스의 사상이 일관성을 확보하려면 그러한 관점을 국내뿐 아니라 국외에도 보편적으로 적용하여 지구적 차원의 평등주의를 지향하는 방향으로 나아가야 한다. 우연적 요인에 의해 발생하는 경제적 불평등을 비판하고 최소 수혜자를 배려하는 차등의 원칙은 국내적 정의에만 적용되어서는 안 되고, 국제적 정의에도 보편적으로 확대 적용되어야 한다.

하지만 롤스는 국제적 정의 문제에 대해서는 이 관점을 일관되게 적용하지 않았다. 국제적 정의의 문제를 본격적으로 다루는 『만민법』에서 그

---

46 J. Rawls, 황경식 역, 『정의론』, 이학사, 2006, 46-58쪽.

47 R. E. Goodin, "If people were money...", *Free movement*, The Pennsylvania State University Press, 1992, 7쪽.

48 J. Gray, *Liberalism*, Open University Press, 1995, Introduction 7쪽. 그레이는 근대의 자유주의가 개인주의, 평등주의, 보편주의, 사회개량주의라는 특성을 공통적으로 지니고 있다고 주장한다.

는 해외 원조의 목표가 '고통받는 사회', 즉 가난한 국가를 '질서정연한 사회'가 되도록 만드는 데 있지, 세계의 가난한 사람들을 직접적으로 도와주는 데 있는 것은 아니라고 말한다. 가난한 사람들을 직접적으로 도와주는 국내 부조와는 달리 해외 원조는 가난한 국가의 정치 제도를 개선하는 데 목표가 있다는 것이다. 롤스는 자신의 관점이 해외 원조의 목표와 수준이라는 측면에서는 지구적 평등주의 또는 세계시민주의와 차이가 있다고 말하는데,[49] 이는 해외 원조의 수준이 국내 부조에 비해 훨씬 낮은 수준에 그친다는 것을 의미한다. 따라서 그가 정의의 원칙으로 언급했던 차등의 원칙은 국내에만 적용되었지, 국외에는 제대로 적용되지 않고 있는 것이다. 국제적 정의와 관련된 이러한 롤스의 입장은 국제관계의 현실적 조건을 고려한 것이라고 볼 수 있다. 그는 '만민법'을 '현실주의적 유토피아'(realistic utopia)에 입각하여 세워진 국제적 정의관이라고 언급하고 있는데,[50] 이는 이상적인 국제 질서를 추구하지만, 그렇다고 해도 국제 관계의 현실을 도외시해서는 안 된다는 의미다. 결국 그는 국내적 정의의 기본 원칙을 그대로 확대하여 국제적 정의에 적용하려는 시도가—이상적이기는 하지만—국민적 연대성이나 국경선의 존재와 같은 정치적·사회적 여건을 고려할 때 현실적이지 않다고 본 것 같다.

이에 대해 킴리카는 롤스의 평등주의적 자유주의가 지닌 모호한 입장을 비판한다. 롤스는 우리가 누구에 대해 도덕적 의무를 져야 하는지, 혹은 우리가 누구와 함께 민주적 결정을 내려야 하는지에 대해 명확하게

49 J. Rawls, 장동진 외 공역, 『만민법』, 이끌리오, 2000, 169-191쪽.

50 J. Rawls, 『만민법』, 25-27쪽.

말하고 있지 않다는 것이다. 또 롤스는 정의의 원칙들이 경계가 있는 어떤 정치 공동체 안에서 채택·이행되어야 한다고 가정하는 것처럼 보이고, 정의의 원칙들이 우선적으로 적용되어야 할 대상도 인류 일반이라기보다는 동료 시민들인 것처럼 보이며, 이로 인해 외국인에 대한 인도적 의무가 동료 시민들에 대한 의무보다 약하다는 느낌을 준다고 비판을 이어간다. 킴리카는 롤스의 이러한 입장이 마치 밀러(D. Miller)가 말하는 '윤리 공동체'로서의 국민 국가(nation-state)를 전제하고 있는 것처럼 보인다고 말한다.[51] '윤리 공동체'란 시민들이 외부인들에게는 의무를 지지 않고, 동료 시민들에 대해서만 특별한 도덕적 의무를 지는 공동체이다. 이러한 윤리 공동체로서의 국민 국가에서는 그 구성원인 시민들만 자유로운 삶을 영위하며 자치 정부에 참여하거나, 공적 부조를 받을 권리를 갖는다. 하지만 국경에서 조금 떨어진 다른 나라에서 태어난 사람은 '우리' 공동체의 구성원이 아니므로 시민권이 주어지지 않으며, 따라서 공적 부조를 받을 권리도 갖지 못한다.

그런데 롤스의 평등주의적 자유주의의 관점을 일관되게 적용하면 국경의 존재와 그 위치를 정당화하기 위한 근거를 제대로 제시하기 어렵다는 게 킴리카의 입장이다. 국가들을 분리된 존재로 보는 자유주의적 이론은 국경을 당연한 것으로 받아들이고 있지만, 이는 합당한 근거를 바탕으로 한 것이 아니라는 것이다. 그는 또 롤스가 주장한 공유된 정의의 원칙—함께 살아가기 위해 공통적으로 수용할 수 있는 정의의 원칙—만으로는 공적 부조 등의 근거가 되는 국민적 연대성을 설명할 수 없다고

51 W. Kymlicka, 『현대 정치철학의 이해』, 354-355쪽.

비판한다. 국경선 밖에 있는 다른 사람들도 그러한 정의의 원칙을 공유하고 있는 경우가 많은데, 그런 경우 연대감은 국경을 넘어 다른 나라의 사람들에게까지 확장되어야 하기 때문이다. 정의의 원칙이 적용되어야 할 대상이 단지 국내에만 제한되어야 할 이유가 없다는 것이다. 결국 롤스는 "국경선과 같은 경계들이 존재하는 이유가 무엇인지, 혹은 그러한 경계가 어디에 위치해야 하는지"에 대해 합당한 설명을 내놓지 못하고 있는 것이다.[52]

롤스의 평등주의적 자유주의의 관점을 적극적으로 받아들인 베이츠(C. R. Beitz)와 같은 사람들은 롤스의 사상이 일관성을 유지하기 위해서는 국내적 정의의 관점을 국제적 정의 문제에도 확대 적용해야 한다고 주장한다.[53] 차등의 원칙과 같은 정의의 원칙이 한 국가 내부에서만 제한적으로 적용되어야 할 이유가 없다는 것이다. 예를 들어 천연자원의 분포는 고르지 않는데, 이러한 우연적인 요인에 의해 국가 간 불평등이 발생하는 것은 옳지 않으므로 세계적인 차원에서 차등의 원칙이 적용되어야 한다는 것이다. 달리 말하자면 개인의 삶의 전망이나 기회가 어떤 가정에서 태어났는가에 따라 크게 달라지면 안 되듯이, 어떤 나라에서 태어났는가에 의해서도 크게 달라지면 안 된다는 것이다. 부자 나라에서 태어난 사람과 가난한 나라에서 태어난 사람은 출생이라는 우연적인 요인에 의해 삶의 기회에서 커다란 격차가 발생하는데, 이러한 불평등이 도덕적으로

---

52 W. Kymlicka, 『현대 정치철학의 이해』, 367쪽. 킴리카는 근대의 국가들은 국민성의 감정을 증진시키기 위해 많은 노력을 기울인다고 보면서, 국민적 연대성이 롤스가 말한 공유된 정의감이 아니라 공유된 국민성에 기초하고 있다고 가정한다면 국가들 사이의 경계의 의미가 분명해지며, 그 경계는 윤리 공동체의 경계와 일치하게 된다고 말한다.

53 C. R. Beitz, *Political Theory and International Relations*, 127-153쪽.

는 정당화될 수 없다는 것이다. 따라서 롤스의 원초적 입장이 함축하고 있는 의미를 국제 관계로 확대하여 도덕적인 측면에서는 임의적 요인일 뿐인 출생의 우연성 때문에 개인의 운명이 좌우되지 않도록 해야 한다는 것이 베이츠의 주장이다. 평등주의적 자유주의는 그 자체의 이념을 충실히 따를 경우 분배적 정의의 문제에서 세계주의나 세계시민주의적 성향을 띠게 된다.

가난한 국가의 사람들이 삶의 개선에 필요한 충분한 기회를 원한다면, 국경을 개방하여 그들을 부유한 국가로 이주시키는 것이 지구적 차원의 불평등을 줄이는 효과적인 방법이 될 수 있다. 캐런스(J. H. Carens)에 따르면, 국내에서의 이주 자유와 마찬가지로 국제적인 이주의 자유도 중요한 가치를 지니고 있다. 이러한 이민의 자유는 모든 사람에게 동등한 삶의 기회를 제공한다는 점에서 다른 자유들을 위한 전제 조건인 데다, 정치적·사회적·경제적 불평등 감소에도 기여하기 때문이다. 따라서 평등주의적 자유주의는 그 이념상 이민의 자유를 인정하는 입장을 취해야 한다. 단 자유로운 이민으로 자유와 평등이라는 가치가 침해받는 경우라면 제약을 가할 수 있다. 예를 들어 비자유주의적인 성향을 지닌 이민자들의 유입으로 기존의 자유주의적인 제도가 위협을 받는 경우라면, 이민을 제한할 수 있다는 것이다.[54] 하지만 이민자들이 평등주의적 자유주의가 내

---

54 J. H. Carens, "Migration and morality: A liberal egalitarian perspective", 25-45쪽. 캐런스는 평등주의적 자유주의의 관점이 기본적으로 자유 이민을 옹호하지만 이로 인해 자유와 평등의 가치가 침해되는 경우나 독특한 문화와 삶의 방식이 훼손될 경우에 이민에 제약을 가할 수 있다고 주장한다. 그는 후자의 경우와 관련하여 만약 어떤 국가가 평등주의적 자유주의의 이념에 어긋나지 않는 독특한 문화와 삶의 방식을 보존하기를 원한다면 이민에 제한을 가하는 것이 정당하다고 본다. 그는 일본을 사례로 들면서 그 나라의 사람들이 다문화를 원하지 않고 자신들의 독특한 문화를 유지하기를 원한다면 국경을 닫는 것이 정당화된다고 말한다. 하지만 독특한 문화적 전통을 중시하는 이 논변은 평등주의적 자유주의의 관점에 입각해 있지 않다는 점

세우는 가치나 정의의 원칙을 수용한다면 국경을 개방해야 한다.

이처럼 평등주의적 자유주의의 관점을 철저하게 밀고 나갈 경우, 자유주의적인 정의의 원칙을 수용하는 외부인에게는 국경선을 개방하여 자유롭게 이민을 올 수 있도록 허용해야 한다. 또한 롤스가 『정치적 자유주의』에서 언급했듯이 중첩적 합의에 해당하는 헌법의 본질적 요소에 동의한다면, 이민을 원하는 사람들에게 성원권을 부여하는 것이 마땅하다. 다원적인 자유주의 사회에서는 포괄적인 교설을 지닌 집단이나 개인이 헌법의 본질적 요소를 수용한다면, 다원주의 사회의 구성원이 될 합당한 자격을 이미 다 갖추었기 때문이다.[55]

출생한 국가라는 우연적 요인에 의해 불평등이 발생하는 것은 정당화될 수 없기에 이민을 원하는 사람들이 자유주의적인 정의 원칙이나 헌법의 본질적 요소에 동의한다면 국경선을 폐쇄해야 할 이유가 없다. 특히 외국인 노동자들의 경우에는 거주하고 있는 국가의 법적 통제 속에서 경제 활동에 참여하며 그 나라의 구성원처럼 생활하고 있기 때문에 보편적 평등주의에 입각하여 성원권을 부여하는 것이 마땅하다. 이들은 사회적 협동체를 구성하는 일원으로서의 삶을 살아가고 있으므로 일반 구성원들에게 적용되는 정의의 원칙은 그들에게도 적용되어야 하고, 시민권을 가질 권리도 주어져야 한다. 그들의 성원권을 부인하고 이방인으로만 취

에서 문제가 있다. 평등주의적 자유주의는 평등이나 자유와 같은 기본적인 보편적 가치를 준수한다면 구성원들에게 다양한 삶의 방식을 선택할 자유를 인정한다. 그런데 캐런스는 그러한 다양한 삶의 방식보다는 독특한 문화적 전통의 보존을 더 우선시하고 있기 때문에 그의 논변은 평등주의적 자유주의의 관점과는 거리가 멀다고 볼 수 있다. 평등주의적 자유주의의 관점에서는 삶의 방식이 다른 사람들이라고 할지라도 그들이 정의의 원칙과 같은 기본적인 가치에 동의한다면 그들을 구성원에서 배제해야 할 합당한 이유는 없다.

55 J. Rawls, 장동진 역, 『정치적 자유주의』, 동명사, 1998, 165-209쪽.

급한다면, 이는 평등주의적 자유주의의 관점의 일관성을 상실한 행위이며, 정당하지 않다.

4) 왈처의 공동체주의와 성원권

성원권 문제에 대해 공동체주의적 관점에서 접근하고 있는 왈처는 성원권이 공동체의 고유한 정체성과 가치를 유지하는 데 중요하다고 본다. 또한 그는 공동체의 구성원일 경우에만 안전, 복지, 명예, 권력 등의 가치를 공유할 수 있기 때문에 성원권 문제가 해결되어야 분배적 정의 이론도 전개될 수 있다고 주장한다. 따라서 왈처에게는 이민 승인 등을 비롯한 성원권 승인 문제가 공동체의 틀을 형성하는 근본적인 문제가 된다. 구성원의 자격 승인이 공동체 구성의 기본 바탕이 되기 때문이다. 성원권은 특색 있는 다양한 공동체가 존재하기 위해 꼭 필요한 것인데, 이때 특색 있는 공동체란 역사적 안정성을 가지고 현재까지 지속되고 있으면서 구성원들 사이에 특별한 결속력이 있는 공동체를 의미한다.[56] 이런 공동체를 유지·존속하기 위해서는 성원권을 전면적으로 개방해서는 안 되며, 제한적으로만 개방해야 한다는 것이 왈처의 주장이다.

왈처에 따르면 내부 구성원들에게 공동체를 폐쇄할 권리가 없다면 어떤 공동체도 존재할 수 없다. 또 성원권은 외부가 아니라 내부 구성원에게 있으며, 이와 관련된 정책이나 제도의 방향을 선택할 권리도 내부 구성원에게 있다. 하지만 그러한 선택은 공동체가 공유하고 있는 가치뿐 아

---

56 M. Walzer, 『정의와 다원적 평등』, 120-122쪽.

니라 공동체의 미래 모습에 대한 구성원들의 희망에도 부합해야 한다.[57]

성원권은 이와 같이 기본적으로 내부 구성원의 결정에 의존하지만 상호 부조라는 외적 원칙의 제약을 받기도 한다고 왈처는 말한다. 상호 부조의 원칙에 따르면 이방인은 우리의 환대와 지원을 받을 권리를 갖고 있다. 이것은 인간 일반에 대한 의무이므로 공동체의 경계를 넘어 이방인에게까지 확장되어 적용되지만, 공동의 삶을 진정으로 공유하고 있는 내부 구성원에 대한 의무만큼 강하지는 않다. 어려움에 빠진 이방인을 도와야 하지만, 그렇다고 커다란 위험을 무릅쓰거나 자신의 인생 행로가 바뀔 정도로까지 도와야 할 의무는 없다는 것이다. 그래서 왈처는 상호 부조라는 외적 원칙에 입각하여 이방인에게 성원권을 부여할 수는 있지만, 그것은 아주 제한적으로 이루어진다고 말하는 것이다.[58] 민족적·인종적 혈연관계가 있는 집단에게 입국 이민을 승인하거나 해안에 상륙한 난민에게 피난처를 제공하는 것과 같은 특수한 경우가 여기에 해당한다.

그런데 왈처는 합법적인 방식으로 입국하여 장기간 거주하고 있는 이방인들의 경우에는 성원이 될 자격을 상당히 갖추고 있다고 말한다. 그 나라에 합법적으로 입국한 모든 이민자나 거주자는 시민 혹은 적어도 잠재적 시민이라는 것이다. 입국 이민은 열악한 업종의 노동력 부족 문제를 해결하여 자국민들이 힘들고 불쾌한 노동에서 벗어나게 할 목적으로 허용되는 경우가 많다. 따라서 그들에게 성원권을 부여하지 않는 것은 그들을 마치 종처럼 취급하는 것이나 마찬가지라고 왈처는 비판한다. 입국

57 M. Walzer, 『정의와 다원적 평등』, 75쪽.

58 M. Walzer, 『정의와 다원적 평등』, 76-77쪽.

이민을 승인했다면, 귀화 절차를 통해 그들에게 성원권을 부여하는 것이 마땅하다는 것이다. 자국의 필요로 입국을 승인한 외국인 거주자들에게 법의 지배를 받을 것을 요구하고 법적 의무를 부과하면서도 성원권은 부여하지 않는 것은 고대 그리스가 메틱(metics)을 대하던 태도와 다르지 않다고 그는 비판한다. 그 당시 아테네의 외국인 거주자들은 도시를 방어하는 일에 참여할 것을 요구받았음에도 정치적 권리나 복지권은 전혀 주어지지 않는 등 경멸적인 대우를 받았다.[59]

국가 권력은 외국인 노동 시장을 창출하는 데뿐만 아니라 그 규칙을 강제하는 과정에서도 핵심 역할을 한다. 외국인 노동자들의 정치적·시민적 권리 일체를 부정하지 않는다면, 그리고 끊임없이 추방 위협을 가하지 않는다면 현재와 같은 외국인 노동자 체계는 작동할 수 없다. 하지만 외국인 노동자에 대한 이러한 차별과 배제는—상호 부조의 원칙은 고사하고—가장 기본적인 정치적 정의 원칙에도 어긋나는 것이라고 왈처는 보았다. 외국인 노동자들의 입국을 승인하면서도 그들에게 시민권을 부여하지 않는 조치는 그들을 이방인의 지위에 묶어 두어 억압과 착취를 지속하려는 것이므로 이방인들에 대한 전제라는 것이다.[60]

이런 관점에서 왈처는 이방인에게 입국을 승인하는 것은 시민들의 권리이자 정치적 선택의 문제이지만, 일단 입국 승인을 받은 이민자, 난민, 노동자 등에게는 귀화를 통해 시민권을 가질 기회를 주는 것이 도덕적으

59 M. Walzer, 『정의와 다원적 평등』, 105-110쪽. 메틱(metics)은 고대 그리스 거주 외국인 노동자를 의미한다. 이들은 노예가 아니었으므로 거주 및 이동의 자유나 경제활동의 자유는 있었다. 하지만 시민권이 없었기 때문에 정치에 참여할 수 없었고, 토지 소유 등에도 제한이 있었다. 이들은 상인, 자영업자, 숙련 노동자 등으로 활동했다.

60 M. Walzer, 『정의와 다원적 평등』, 115-118쪽.

로 옳다고 본다. 특정 집단만이 영토에 대한 관할권을 주장할 수 없으며, 그 영토에 거주하는 적절한 자격을 갖춘 사람은 누구나 단일한 정치적 지위를 가져야 한다는 것이다.[61]

지금까지 살펴보았듯이 공동체주의자들은 기존의 구성원들에게 국경선을 폐쇄할 권리가 있다고 보며, 일부 특수한 경우를 제외하고는 기본적으로 자유로운 이민에 반대한다. 사람들은 삶의 방식이 서로 다르고, 저마다 자신만의 삶을 누릴 권리가 있기 때문에 다른 삶의 방식을 지닌 사람들로 인해 방해받지 않아야 한다는 것이다. 그래서 국경선의 개방은 혈연적으로 가까운 사람들이나 해안에 상륙한 난민과 같이 특수한 경우에만 제한적으로 허용되어야 한다는 것이다.

하지만 고유한 삶의 방식이나 공동체적 가치와 같은 이유로 국경을 폐쇄하려는 사고의 도덕적 근거는 그렇게 강한 편이 아니다. 만약 귀화를 원하는 이방인들이 그 공동체의 특수한 삶의 방식이나 문화를 수용하겠다고 공언할 때도 국경선을 폐쇄해야 하는가? 난민처럼 생명이 위태로운 경우에도 공동체의 고유한 삶의 방식을 유지하기 위해 그들이 해안에 상륙하는 것을 거부해야 하는가? 이방인의 생명권이나 복지권이 공동체의 가치를 유지하는 것보다 더 중요하지 않은가? 공동체주의자들은 이러한 질문에 설득력 있는 답변을 제시하지 못하기 때문에 그들의 견해는 편협하다는 비판을 면하기 어려울 것이다.

공동체주의자들의 견해는 국경 개방이나 이민 등의 문제와 관련해서도 논리적 일관성이 결여되어 있다는 비판을 받기도 한다. 예를 들어 대

61 M. Walzer, 『정의와 다원적 평등』, 120-122쪽.

부분의 나라는 컴퓨터의 수입은 찬성하지만, 위험한 폭발물의 수입에 대해서는 그렇지 않다. 폭발물의 경우 수입보다는 수출에 더 관대한 것이다. 이와 마찬가지로 정치적 불만 집단의 국내 이주 허용보다는 국외 이주 허용에 더 관대하다. 이러한 현상은 국내 이민 정책과 국외 이민 정책 간에 대칭성이 없음을 잘 보여준다.[62]

구딘(R. E. Goodin)은 성원권 문제와 관련하여 제시된 이러한 공동체주의적 논리보다는 국경을 개방하는 것이 더 바람직하고 이상적이지만 아직은 그럴 상황이 아니라고 하는 논리가 더 그럴듯해 보인다고 말한다.[63] 현실적 또는 실용적인 관점에서 볼 때 국경의 완전 개방 시 복지 정책 등이 위협을 받을 수 있다고 말하는 편이 더 낫다는 것이다. 하지만 이런 논리를 주장할 경우에도 정치적·경제적으로 어려운 처지에 있는 이방인에게 국경을 폐쇄하려는 태도는 정당하지 않다. 적정 수준의 국경 개방이 복지를 크게 위협한다고 볼 수 없기 때문이다.

5) 사회 구성원으로서의 외국인 노동자

지금까지 성원권 및 외국인 노동자의 지위와 관련하여 자유지상주의, 평등주의적 자유주의, 공동체주의의 입장을 살펴보았다. 이 가운데 롤스의 평등주의적 자유주의는—그 이념에 충실할 경우라면—성원권에 대해 가장 개방적인 태도를 취하고 있으므로 외국인 노동자의 성원권을 인정하고 이들에 대한 차별 대우를 없애야 한다는 방향으로 나아갈 수 있다.

---

62 R. E. Goodin, “If people were money...”, 11-19쪽. 구딘은 국제적 이주와 관련하여 대칭성이 요구된다고 주장하면서 이것을 정당성이 없는 차별을 금지하는 원리라고 부른다.

63 R. E. Goodin, “If people were money...”, 9-11쪽.

성원권 문제와 관련하여 이러한 세 입장보다 훨씬 더 개방적이고 급진적인 태도를 보이고 있는 사람은 싱어(P. Singer)이다. 그는 성원권이 내부 구성원에게 있다는 기존의 입장을 은총이나 자비에 의한 접근법이라고 비판하면서 모든 사람의 이익 증진이라는 공리주의적 관점에서 이 문제에 접근한다. 공리주의적인 이익 평등 고려의 원칙을 적용하여 국경 개방으로 영향을 받는 모든 사람의 이익을 계산한다면, 국경을 좀 더 적극적으로 개방하는 것이 바람직하다고 그는 주장한다. 난민을 수용하는 부유한 나라 주민들의 이해관계보다는 절박한 상황에 빠진 난민들의 이해관계가 더 중요하다는 것이다.[64] 따라서 이러한 공리주의적 입장에서는 외국인 노동자도—그들의 체류가 합법적이든지 불법적이든지 간에—구성원으로 받아들이는 것이 전체적인 이익을 증진할 수 있으므로 그들의 성원권을 적극적으로 승인하는 방향으로 나아가게 된다. 물론 이러한 싱어의 견해는 내부 구성원의 성원권을 인정하지 않고 있다는 점, 그리고 정치 공동체가 지닌 고유한 가치나 삶의 방식의 중요성을 고려하지 않은 채 국경선의 전면적인 개방을 주장하고 있다는 점에서 지나치게 급진적이며 이상주의적이라는 비판을 받을 수도 있다.

하지만 우리가 싱어의 급진적인 입장을 수용하여 국경선의 전면적인 개방을 주장하지 않는다고 할지라도 성원권 문제에 대해 좀 더 개방적인 태도를 취할 필요는 있다. 난민처럼 절박한 상황에 처한 사람들에게는—이해타산적인 합리적 선택이나 공동체의 가치 보존이라는 관점을 넘어서서—생명권과 같은 인권 보장을 위해 국경을 개방하는 것이 바람직하

64 P. Singer, 『실천윤리학』(개정판), 300-304쪽.

기 때문이다. 합법적으로 체류하는 외국인 노동자도 마찬가지다. 우리는 우리의 필요에 의해 그들의 입국을 승인하였고, 그들은 일반 시민과 마찬가지로 법의 지배를 받으며 우리 사회에 꼭 필요한 노동을 하고 있다. 따라서 그들을 계속 이방인으로 취급할 것이 아니라 우리 사회의 구성원으로 받아들여야 한다.

그렇다면 불법적으로 입국한 외국인 노동자의 경우는 어떠한가? 불법적으로 장기 체류하는 외국인 노동자들도 실질적으로 법의 지배를 받으면서 힘든 직종에 종사하고 있는 등 일반 시민과 같은 역할을 하고 있다. 킴리카가 비판하고 있듯이 자발적인 귀국을 원하지 않는 불법 체류 노동자들을 장기간 방치하는 것은 이들을 억압받고 소외된 하층 계급에 편입되도록 만드는 것이므로 일종의 카스트 제도와 유사하며, 따라서 자유민주주의의 이념에 어긋난다.[65]

4. 국제적 이주의 자유

앞 절에서는 외국인 노동자의 성원권 문제를 다양한 윤리적 관점을 토대로 개략적으로 살펴보았다. 여기서는 평등주의적 자유주의가 성원권과 국제적 이주의 자유를 어떻게 옹호하고 있는지, 그리고 이에 대해 어떠한 반론이 제기되고 있는지, 나아가 그러한 반론의 근거가 과연 타당한지를 캐런스와 우드워드의 논변을 중심으로 좀 더 심도 있게 살펴보겠다.

---

65 W. Kymlicka, 『현대 정치철학의 이해』, 496쪽.

1) 평등주의적 자유주의와 국제적 이주의 권리

롤스는 질서정연한 사회의 존속을 위해서는 적정 수준의 인구 규모를 유지하는 것이 꼭 필요하다고 보았기에 국제적 이주의 자유를 인정하지 않았고, 국경선 개방에도 반대하는 입장을 취해 왔다. 이에 대해 캐런스(J. H. Carens)는 롤스가 『정의론』에서 주장한 평등주의적 자유주의의 기본 관점을 국내적 정의를 넘어서 국제적 정의의 문제로까지 일관되게 적용하지 않고 있다고 비판한다. 캐런스는 그러한 기본 관점을 국제적 정의의 문제에까지 일관되게 적용한다면, 성원권에 대해 개방적인 입장을 취하게 될 것이고, 자유로운 국제적 이주의 권리도 인정하는 입장을 취하게 될 것이라고 주장한다.

캐런스는 이주의 자유를 개인의 기본적 권리로 간주해야 한다는 입장에서 출발한다.[66] 그에 따르면 자유주의적 전통을 계승한 평등주의적 자유주의는 개인의 자유에 관심을 갖는다. 사람들은 자신의 삶을 기획할 자유가 있으며, 다른 사람들의 권리를 침해하지 않는 한 자신의 삶을 어떻게 살지를 선택할 수 있어야 한다. 또한 평등주의적 자유주의는 동등한 기회를 옹호한다. 그리고 동등한 자유와 기회를 보장하기 위한 수단이자 그 자체로서 가치를 지닌 경제적·사회적·정치적 불평등의 축소를 추구한다. 그래서 캐런스는 이주의 자유도 그와 같은 관심과 관련되어 있다고 보면서 그것의 가치에 대해 다음과 같이 말한다. 첫째, 자신이 원하는 곳에 갈 수 있는 이주의 권리는 그 자체가 중요한 자유이다. 만약 부당한 투옥이나 감금이 이루어진다면 그러한 자유는 상실된다. 둘째,

---

66 J. H. Carens, “Migration and morality: A liberal egalitarian perspective”, 26-27쪽.

이주의 자유는 기회 균등을 위해서도 중요하다. 사람들은 삶의 목적을 실현하기 위한 다양한 기회를 살리기 위해 기회가 있는 곳으로 이주할 수 있어야 한다. 셋째, 이주의 자유는 정치적·사회적·경제적 불평등을 감소시키는 데 기여하며, 이를 통해 개인의 자유를 증진시킨다. 고통받는 가난한 국가의 많은 사람들은 부유한 국가에서 자유와 경제적 기회를 갖기를 원한다. 만약 국경이 열린다면 그들은 위험을 감수하고서라도 이주하려 할 것이다. 따라서 자유주의가 자유롭고 평등한 도덕적 인격체로서 모든 개인의 요구를 진지하게 고려하는 도덕적 입장을 갖고 있다면, 수많은 가난한 사람들을 배제하는 이민 정책은 정당화하기 어려울 것이라고 캐런스는 주장한다.

이처럼 캐런스는 평등주의적 자유주의가 개인의 삶의 전망에 커다란 영향을 주는 우연적인 요인들을 배제하려고 한다면서 그러한 관점을 국제적 이주의 문제에도 적용하고 있다. 그에 따르면 현대 사회에서 시민권은 중세 시대에 개인의 출생이 신분을 결정했던 것처럼 우연적 요인에 의해 결정된다. 풍요로운 국가의 시민으로 태어난 사람은 마치 중세에 귀족으로 태어난 것과 같으며, 가난한 국가의 시민으로 태어난 사람은 중세의 소작인으로 태어난 것과 같다. 따라서 부유한 국가로의 이주를 막는 것은 마치 선천적 특권을 보호하는 것과 같은 것이다. 역사적으로 자유주의는 개인의 거주 이전의 자유를 제한하는 봉건주의에 반대해 왔다. 그런데 현대 자유주의 국가에서 시행되고 있는 시민권과 관련된 관행이나 국경선에 대한 통제는 사람들을 자신이 태어난 곳에 묶어 두고 있다. 그래서 캐런스는 중세의 관행이 잘못이라면, 현대의 그러한 관행도 정당화될 수 없다고 비판한다.

물론 이에 대해 출국의 자유와 입국의 자유를 구분하면서, 그 두 가지는 원래부터 비대칭적이라는 반론을 펼칠 수도 있다. 봉건적 관행과는 달리 자신의 국가를 떠날 수 있는 자유는 절대적이지만, 그것이 다른 국가로 입국할 권리까지 함축하고 있는 것은 아니라는 것이다. 하지만 입국의 제한 때문에 자국을 떠나려는 사람들이 갈 곳이 없다면, 그러한 출국의 자유는 형식적인 것에 불과하다. 캐런스는 평등주의적 자유주의가 형식적 자유가 아니라 실질적 자유를 추구하기 때문에 입국에 대한 합당한 보장이 따르지 않는 출국의 권리는 진정한 이주의 자유가 아니라고 비판한다. 그는 출생이나 혈통 등에 의거하여 시민권을 부여할 수는 있지만, 개인이 자신의 의지에 따라 성원권을 바꿀 자유도 있어야 한다고 주장한다.

자유주의 국가에서 국내 이주의 자유는 기본적인 인권으로 인정되며, 전통적인 국가 주권을 중시하는 사람들조차도 국가 내부에서의 이주 제한에는 반대한다. 사람들은 국가 내부의 여러 공동체에서 성원권을 변경할 자유로운 권리를 갖는 것이다. 캐런스는 이렇게 국내 이주의 자유권이 중요하다면, 그와 같은 이유로 국외 이주의 자유권도 중요하다고 주장한다.[67] 사람들은 다른 나라에서 일하기를 원하거나, 다른 나라 사람과 결혼하기를 원할 수 있다. 또한 다른 나라 문화의 향유를 원하거나, 다른 나라에서의 종교 활동을 원할 수 있다. 따라서 국내 이주의 자유는 도덕적 명령으로 인정하면서도 국외 이주는 단지 정치적 재량권으로만 간주하는 태도는 모두 개인의 자유와 평등을 진지하게 고려하는 평등주의적

67 J. H. Carens, “Migration and morality: A liberal egalitarian perspective”, 27-30쪽.

자유주의의 관점에서는 정당하지 않은 것이다.

이처럼 캐런스는 평등주의적 자유주의의 관점에서 자유 이민의 권리를 옹호하지만 이에 대한 일정한 제한은 가능하다고 본다. 만약 자유 이민으로 인해 평등주의적 자유주의의 제도가 실제적으로 위협을 받는다면 이민을 제한할 수 있다는 것이다. 국경선 개방 정책에 반대하는 사람들이 자주 내세우는 논거가 국가 안전의 문제이다. 캐런스는 그들의 주장처럼 이민자들이 국가 전복을 획책하는 등 국가 안보에 심각한 위협이 된다면 그 사람들의 입국을 제한할 수 있다고 본다. 하지만 국가 안보나 자유주의적 정권에 대한 실제적인 위협이 되지 않음에도 단지 비자유주의적 국가 출신이라는 이유로 입국을 제한하는 것은 옳지 않다고 본다. 자유주의적 제도의 유지에 실제적 위협이 되지 않는 경우라면 관용적 태도가 필요하다는 것이다. 이와 관련하여 부유한 국가에 이주자가 너무 많이 들어오면 공공질서의 붕괴와 혼란이 발생하기 때문에 자유 이민의 권리를 반대해야 한다는 견해도 있다. 하지만 캐런스는 그러한 견해가 하딘(G. Hardin)의 구명보트 논증을 연상시킨다고 하면서 비판을 가하고 있다. 구명보트에 타고 있는 사람들은 구명보트의 안전이 위협받지 않는 한도까지 최대한 많은 사람을 태워야 할 의무가 있다는 것이다. 그래서 캐런스는 자유주의적 제도와 기본적인 공공질서의 유지를 실제적으로 위협하지 않는다면, 입국을 원하는 이주자들에게 최대한 국경을 개방해야 한다고 본다.

이처럼 평등주의적 자유주의 관점에서 캐런스는 국제적 이주에 대한 제한이 원리적 수준에서는 정당화되지 않으며, 실천적 수준에서는 부분적으로만 정당화될 수도 있다고 주장한다. 자유 이주의 권리나 이민자들의 경제적 이익 등에 근거하여 국제적 이주의 자유를 옹호하는 주장이 이에 반대하는 근거들을 압도한다는 것이 그의 입장이다.

2) 국제적 이주권에 대한 반론

캐런스는 평등주의적 자유주의를 일관되게 적용한다면 국제적 이주의 권리를 개인의 기본적 자유, 경제적 기회의 보장과 같은 차원에서 인정해야 한다고 주장한다. 하지만 우드워드(J. Woodward)는 이러한 캐런스의 주장을 비판한다. 평등주의적 자유주의의 제도를 유지하기 위해서는 국제적 이주의 자유를 제한해야 한다고 그는 주장한다.

우선 우드워드는 캐런스의 주장이 이론적 모순을 갖고 있다고 비판한다. 우드워드에 따르면 캐런스는 국제적 이주의 자유와 관련하여 완전히 다른 두 가지 근본 이유를 제시하고 있다. 그것은 (1) 기본 인권에는 국제적 이주의 권리가 있으며, (2) 국제적 이주가 지구적 빈곤과 불평등의 문제를 해결할 수 있는 효과적인 방식이라는 것이다. 즉 모든 사람은 자신이 원하는 곳으로 이주할 기본적 권리와 자유가 있으며, 이주의 자유는 제3세계 국가의 가난이나 불평등을 해결할 수 있는 전략이라는 것이다. 그런데 우드워드는 그 두 가지 근본 이유가 서로 대립 관계에 있다고 본다. 이를 설명하기 위해 우드워드는 '국제적 이주를 원하는 사람들을 모두 수용할 수 없을 경우, 풍요로운 국가가 가장 가난한 사람들에게 이주의 우선권을 주어야 하는가?'라는 물음을 던진다. 그런데 우드워드는 위의 (1)의 근거에서는 이 물음에 대해 긍정적 답변을 제시하기 어렵지만, (2)의 근거에서는 이에 대해 긍정적 답변을 하게 된다고 본다.[68] 모든 사람이 이주의 권리를 갖고 있다면 이와 관련하여 모든 사람이 동등한 대우를 받아야 하며, 따라서 가난의 정도가 아니라 제비뽑기와 같은 추첨 형태로 모든 사람에게 이민의 기회를 평등하게 주어야 하기 때문이다. 따라서 (1)의 근거를 진지하게 수용한다면 가난한 사람들에게 이주의 우선권을 주는 것은 적절하지 않다는 것이다. 평등주의적 자유주의의 전통에서 기본적 인권(basic human rights) 개념을 사용하는 사람들은 그러한 차별적인 존중 또는 우선권이 정당하다고 보지 않는다. 예를 들어 롤스의 이론에서 이주의 자유가 기본적 인권이나 자유라고 한다면 그것은 정의의 제1원칙에 속하게 된다. 그것은 최소 수혜자의 불리한 처지를 개선하기 위한 차등의 원칙보다 더 우선적인 가치를 지닌다. 그래서 우드워드는 이렇게 궁핍한 사람들에게 이주의 우선권을 주는 것이 정당하다고 본다면, 그것은 이주의 권리를 기본적 인권이 아니라 사회적·경제적 재화로 간주하는 것과 같다고 비판한다.

다음으로 우드워드는 캐런스의 주장이 실천적으로 효과를 거두기 힘들다고 비판한다. 부유한 국가로의 이주 확대가 제3세계의 빈곤 문제 해결 전략으로 타당하지 않다는 것이다. 이는 그 전략이 주어진 목적을 달성하는 데 효과적인지, 만약 그것이 효과적이라면 부유한 국가가 그 전략을 채택해야 할 도덕적 이유가 있는지에 대해 먼저 검토해 보아야 한다는 말이기도 하다. 우드워드는 우선 그러한 전략이 효과적이라고 보기 힘들다고 생각한다. 그에 따르면 부유한 국가가 이민을 적극적으로 받아들인다고 해도, 그로 인한 혜택을 받을 수 있는 사람들의 비율은 매우 낮

68 J. Woodward, "Commentary: Liberalism and Migration", *Free movement*, The Pennsylvania State University Press, 1992, 60-72쪽.

다. 그리고 매우 절망적이거나 도움이 필요한 집단을 제대로 찾아서 이민을 허용하기도 어렵다. 만약 미국이 이민을 확대한다면 주로 남미에서 이주를 할 것인데, 그 이민자들은 아프리카나 남아시아의 사람들보다 덜 가난하다. 그리고 이민을 위한 여행을 하려면 어느 정도의 경제적 여유가 있어야 한다. 따라서 진짜 가난한 사람들보다는 기술이나 능력이 있는 사람들, 젊은이, 남성들이 이민을 갈 확률이 높다. 또한 제3세계 국가들의 빈곤은 그 나라의 잘못된 제도나 정책에서 기인한 경우가 많다. 따라서 그러한 잘못된 제도나 정책을 개선하는 것이 우선되어야 한다. 이민의 확대는 빈곤이나 불평등의 근본 원인에 대한 해결책이 아니라는 것이다. 마지막으로 가난하고 기술이 없는 이민자들이 부유한 국가로 이주한 후에 어떤 삶을 살지에 대해서도 고려해야 한다. 이들은 대체로 실업률이 높으며, 빈곤층의 비율도 높은 편이다. 그래서 우드워드는 자유 이민에 대한 낙관적 전망이 그에 합당한 근거를 찾을 수 없다고 비판한다.

물론 이민의 확대가 이민자들에게 이익을 가져다줄 수 있다는 점을 우드워드가 전적으로 부인하는 것은 아니다. 하지만 이민을 지지하는 우드워드의 근거들은 캐런스가 내세우는 근거들과 다르거나, 그것보다 덜 강제적이다.[69] 우드워드에 따르면 이민 확대를 지지하는 경우라고 할지라도 이민의 자유라는 근본적인 인권에 호소할 수는 없는데, 그러한 권리는 존재하지 않기 때문이다. 그리고 빈곤을 줄이기 위한 전략으로서의 이민 확대는 기껏해야 우리가 추구할 수 있는 여러 전략 중 하나에 불과하다.

---

69 제이콥슨(D. Jacobson)도 이민의 확대가 기존의 국가 체제의 본질을 바꾸고 문화적 정체성을 유지하기 어렵게 만든다고 보면서 국경선의 폐쇄를 주장한다. S. Benhabib, 『타자의 권리』, 154-155쪽.

우드워드는 평등주의적 자유주의 제도의 유지라는 관점에서도 캐런스의 자유 이민 주장을 비판한다. 이와 관련하여 그는 다음과 같은 논거를 제시한다. 첫째, 노동 시장에서 이민자와 기존 시민들 사이의 경쟁으로 기존 시민들이 더 불리한 상황에 처하게 되어 수입의 불평등이 심화될 수 있다. 이민의 확대로 인한 임금 경쟁은 열악한 상황에 있는 사람들의 임금을 감소시킬 수도 있는데, 이러한 결과는 평등주의적 자유주의가 추구하는 것—사회적 약자에 대한 관심이나 그들의 삶의 전망을 개선하는 것—과는 거리가 있다. 둘째, 이민의 확대는 공공 교육, 건강 보험, 실업 지원, 복지 프로그램과 같은 기존의 복지 제도에 부담을 주어 사회적 서비스를 악화시킬 수 있다. 셋째, 다문화·다민족 사회의 경우 인종적 긴장이나 폭력 등이 증가하는 문제가 발생하기 때문에 평등주의적 자유주의가 추구하는 민주적인 공동체의 유지가 힘들어질 수도 있다. 따라서 이민의 확대는 평등주의적 자유주의의 특성, 이념, 정책 등에 부정적 영향을 끼칠 수 있다. 우드워드는 이러한 이유들로 인해 이민의 확대가 복지 정책을 포함한 평등주의적 자유주의 제도를 위험에 빠뜨린다고 본다. 그는 평등주의적 자유주의의 핵심 특징은 복지 정책이며, 그것이 평등주의적 자유주의를 자유지상주의와 구분시켜 준다고 주장한다. 따라서 평등주의적 자유주의의 기본 가치인 복지 정책을 위협하는 국제적 이주의 자유를 인정해서는 안 된다는 것이다.

이처럼 우드워드는 자유 이민을 둘러싼 논쟁을 기본적으로 이주자들의 요구와 기존 시민들의 요구 사이의 갈등 문제로 보고 있다. 캐런스는 국경선 개방의 문제를 '이타주의 대 이기주의'라는 도덕적 문제로 간주하고 있지만, 우드워드는 이러한 대립 구도를 설정하려는 시도 자체가 잘못이라고 본다.[70] 그는 이 문제를 이주하려는 이주자들의 요구와 기존의 사회 서비스·이익·기회 등을 유지하려는 기존 시민들의 요구 사이의 갈등으로 보아야 한다고 주장한다. 그래서 우드워드는 이민으로 인해 피해를 입게 될 기존 시민들의 요구가 이민을 원하는 사람들의 요구를 굴복시킬 수도 있다고 주장한다. 기존 시민들의 복지나 삶의 질을 유지하기 위해서는 대규모 이민 수용을 반대할 수 있다는 것이다.

3) 국제적 이주 권리에 대한 반론의 검토

앞에서 보았듯이 우드워드는 국제적 이주의 권리를 인정하는 캐런스의 주장이 이론적·실천적 문제를 노정하고 있다고 반박한다. 그렇다면 그러한 우드워드의 반박 논변은 과연 모두 타당할까? 이하에서는 이에 대해 살펴보자.

우드워드는 캐런스가 주장하는 이주의 기본적 권리와 경제적 불평등의 해소 사이에는 이론적 모순이 있다는 점을 지적하였다. 경제적 불평등의 해소를 위해 가난한 사람들에게 이주의 우선권을 부여한다면, 그것은 이주의 자유가 기본적 인권이라는 주장과 모순된다는 것이다. 하지만 그러한 반박은 캐런스의 의도를 왜곡한 것으로 적절하지 않다. 캐런스는 가난한 사람들에게 이주의 우선권이 있다고 주장하는 것이 아니라, 이주의 자유가 지구적 차원에서 경제적 불평등을 감소시키는 데 기여한다고 말했을 뿐이다. 따라서 이주의 자유와 경제적 불평등의 해소가 이론적으로 모순된다는 비판은 타당하지 않다. 이주의 자유가 경제적 불평등을

70 J. Woodward, "Commentary: Liberalism and Migration", 72-74쪽.

실제로 감소시키는지는 논쟁이 될 수 있는 문제이지만, 그렇다고 양자가 이론적으로 대립하는 것은 아니라는 말이다. 물론 캐런스의 주장을 보면 부유한 사람들보다는 제3세계의 가난한 사람들이 국제적 이주를 더 많이 원할 뿐만 아니라, 실제로도 더 많이 이주할 가능성이 높다. 그렇다고 해도 이러한 현실적 상황이 가난한 사람들에게 이주의 우선권을 부여하자고 주장하는 것은 아니다. 이주의 자유를 통해 가난한 사람들이 더 많이 참여하여 더 많은 혜택을 본다고 해도, 그것이 그 사람들에게 이주의 우선권을 인정한 것은 아니다. 롤스의 『정의론』에서 기본적 자유와 관련된 정의의 제1원칙이 사회적·경제적 권리와 관련된 제2원칙에 비해 우선성을 갖는 것처럼, 캐런스의 국제적 정의론에서도 이주의 자유는 독립적인 우선성을 갖기 때문에 모든 사람에게 기본적 권리로 부여되고 있다.

캐런스의 주장과 관련하여 제기될 수 있는 근본적인 문제는 국제적인 이주의 자유가 기본적인 권리에 속하는지 여부이다. 그런데 평등주의적 자유주의는 국내에서의 이주 자유를 기본적인 권리로 인정하고 있다. 그렇다면 왜 그러한 이주의 자유권이 국내에만 국한되고 국제적으로 확장되어서는 안 되는가? 평등주의적 자유주의의 입장을 지지하는 사람들이 이에 대한 합당한 이유를 제시하지 못한다면 국제적 이주의 자유권은 인정되어야 한다. 자유주의적 전통에서 기본적 권리로 인정되는 것은 특정 계층이나 지역이 아니라 모든 사람에게 적용되는 보편적 권리이다.[71] 그런데 우드워드는 국제적 이주의 자유권과 같은 것은 존재하지 않는다고 단정적으로 선언하면서 그에 대한 합당한 근거를 제시하지는 않고 있다.

---

71 J. Gray, 손철성 역, 『자유주의』, 이후, 2007, 16-17쪽.

하지만 보편적 권리를 주장하는 자유주의의 기본 관점을 유지하면서 그에 대한 합당한 근거를 찾는 것은 쉽지 않을 것이다.

우드워드는 캐런스 주장의 실천적 효과에 대해 의문을 제기하면서 자유 이민을 통해 제3세계 국가를 비롯한 가난한 사람들의 빈곤 문제를 해결하기는 힘들다고 비판한다. 그는 이민을 통해 혜택을 받을 사람들의 숫자가 그렇게 많지 않기 때문에 실제적 효과가 작을 것이라고 생각하는 것이다. 하지만 우드워드의 주장처럼 가난한 사람들의 이민이 실제로 많지 않다고 가정하더라도, 그것이 자유 이민을 반대하는 근거가 되지는 않는다. 우드워드는 자유 이민을 통한 효과가 '대양에 물 한 방울 떨어뜨리기'에 불과하다는 논변을 제시하면서 자유 이민을 반대하고 있다. 하지만 여기서 문제가 되는 것은 자유 이민이 세계의 빈곤을 줄이는 데 눈에 띌 만큼 큰 기여를 하는지가 아니라, 조금이라도 기여를 하는지이다. 자유 이민을 통해 혜택을 볼 수 있는 사람이 적다는 이유로 자유 이민을 반대하는 것은 타당한 논거가 아니다. 또한 우드워드는 절대적 빈곤 상태의 사람들보다는 경제적·기술적 능력을 어느 정도 갖춘 사람들이 이민의 기회가 더 많을 것이기 때문에 자유 이민의 효과가 작을 것이라고 비판한다. 물론 그의 주장처럼 경제적·기술적 능력을 갖춘 사람들이 그렇지 않은 사람들보다 더 쉽게 이주비용을 마련할 수 있다. 하지만 그러한 능력을 갖춘 사람들이 자신들의 삶의 터전을 버리고 이주를 쉽게 선택할 것 같지는 않으며, 오히려 절대적 빈곤 상태에 있는 사람들이 이주를 더 선호할 것으로 보인다. 자유 이민을 통해 혜택을 받을 수 있는 사람들의 수가 얼마만큼 될지나, 누가 혜택의 대상이 될지도 중요하다. 그렇지만 여기서 더 중요한 것은 '자유 이민을 통해 가난한 사람들이 실제로 혜택을 보는가'이다. 만약 자유 이민을 통해 세계의 빈곤을 조금이라도 줄일 수 있다면, 자유 이민은 도덕적으로 의미가 있다.

또한 우드워드는 제3세계 국가의 빈곤은 그 나라의 잘못된 제도나 정책에 그 원인이 있으므로 이민은 근본적인 해결책이 아니라고 비판한다. 물론 우드워드의 견해처럼 제3세계 국가의 비민주적인 제도나 잘못된 분배 정책으로 인해 빈곤이 발생할 수도 있다. 하지만 자원 부족과 같은 열악한 자연 환경이나 낮은 경제 발달 수준 등으로 빈곤이 발생하기도 한다. 게다가 민주적인 제도를 갖춘 국가가 그렇지 않은 국가보다 빈곤 문제를 더 잘 해결한다고 단정할 수도 없다.[72] 빈곤은 정치 제도와는 상관없이 개인들의 능력 부족이나 생활 태도 때문에도 발생하니 말이다. 따라서 우드워드처럼 빈곤의 원인을 오직 잘못된 제도나 정책에서만 찾는 것은 옳지 않으며, 설사 그렇다고 해도 제3세계 국가들의 정치 제도가 개선될 때까지 그들의 빈곤을 방치하는 것은 옳지 않다. 이민이 빈곤의 근본적인 해결책이 아니라고 해도, 이민을 통해 빈곤을 어느 정도 줄일 수 있다면, 자유 이민은 도덕적 가치가 있는 것이다.

우드워드도 이민의 확대가 이민자들의 빈곤을 해결하는 데 도움이 된다는 주장을 부인하기가 어려워서인지 이민이 빈곤을 해결하기 위한 여러 전략 중 하나가 될 수 있음을 인정한다. 그래서 그는 이제 자유 이민의 실천적 효과라는 관점이 아니라 평등주의적 자유주의의 제도 유지라는

72 피터슨(M. Peterson)은 기근의 주요 원인이 잘못된 정치 제도에 있으며 민주주의가 작동하는 곳에는 기근이 없다는 센(A. Sen)의 주장을 비판한다. 피터슨은 센이 언급한 역사적 자료들을 분석한 후에 그것이 민주주의가 인과적으로 생활 조건을 개선한다는 근거를 제시한다고 볼 수 없으며, 단지 민주주의와 생활 조건의 개선 사이에는 연관 관계가 있다는 점만을 보여준다고 주장한다. M. Peterson, "Foreign Aid and the Moral Value of Freedom", *Ethical Theory & Moral Practice*, Vol.7, 2004, 302-305쪽.

관점에서 접근한다. 자유 이민이 평등주의적 자유주의의 제도를 유지하는 데 장애가 되기 때문에 자유 이민을 반대한다는 것이다. 그는 자유 이민으로 이민자가 증가하면 기존의 복지 정책이 위협을 받기 때문에 평등주의적 자유주의 제도가 위태롭게 된다고 주장한다. 복지 정책이 평등주의적 자유주의의 핵심적 특징이라고 보는 우드워드로서는 자연스러운 결론이다.

하지만 이민의 확대로 노동 시장에서 경쟁이 격화되어 기존 시민들의 상황이 더 열악해진다고만 볼 수는 없다. 이민자들이 기존 시민들이 꺼리는 힘든 직종에 종사할 수도 있고, 필수적인 노동력을 제공하여 경제 발전에 기여할 수도 있다. 예를 들어 돌봄 노동과 가사 노동의 경우는 이주 여성 노동자들이 많이 담당하고 있다.[73] 따라서 이민자들과 기존 시민들이 노동 시장에서 경쟁적인 대립 관계를 형성한다고 단정하는 것은 옳지 않다. 물론 이민자 증가로 국가의 공공복지 부담이 증가하고, 그로 인해 복지 혜택이 줄어들 수는 있다. 하지만 이것이 복지 정책 자체를 위협한다고 본다면, 이는 너무 지나친 결론이다. 또한 우드워드가 평등주의적 자유주의의 핵심으로 복지 정책만 강조하는 것도 편협한 견해라고 할 수 있다. 평등주의적 자유주의는 자유주의에 평등주의적 요소를 결합한 것으로, 기본적으로는 자유주의의 한 형태이다. 그래서 롤스도 평등한 자유의 권리를 정의의 제1원칙으로 간주하면서, 그것을 사회적·경제적 문제와 관련된 제2원칙보다 우선시하고 있다. 따라서 이민의 자유가 기본적 권리로 인정된다면, 이민의 확대로 복지 혜택이 줄어든다는 이유로 그

73 T. Thompson, 「이주자 권리 보호와 국가 주권」, 『유엔크로니클』(한국어판 제5호), 에딧더월드, 2014, 5-7쪽.

러한 우선적 권리를 보장하지 않는 것은 평등주의적 자유주의의 기본 입장에 어긋난다고 보아야 한다.

우드워드는 이민 확대로 복지 정책이 약화되는 것을 우려한 평등주의적 자유주의 국가들이 그러한 복지 정책을 파괴할지도 모를 이민 확대에 찬성하지 않을 것이라 말한다. 물론 우드워드의 주장처럼 그럴 가능성이 높은 것이 국제 사회의 현실이다. 하지만 그러한 국가들이 자유 이민과 관련하여 실제로 '어떤 태도를 보이고 있는가'와 '어떤 태도를 보여야 하는가'는 서로 구분되어야 할 문제다. 그런데도 우드워드는 이 둘을 구분하지 않고 이론적인 가치 판단의 문제를 현실의 실제 상황의 문제로 환원시키고 있다. 여기서 문제가 되는 것은 평등주의적 자유주의 국가들이 현실적으로 어떤 정책이나 태도를 갖고 있는지가 아니라, 평등주의적 자유주의의 관점에서 자유 이민이 정당화되는지이다. 이민의 확대가 평등주의적 자유주의 사회에 살고 있는 기존 시민들의 복지를 약화시킨다고 해도, 또 평등주의적 자유주의 국가가 이민 확대에 반대한다고 해도, 자유 이민이 평등주의적 자유주의 이념에 부합한다면 그것은 정당한 권리로 인정되어야 한다. 그런데 우드워드는 국제 사회의 현실 상황을 내세워 '이민의 자유가 평등주의적 자유주의에 부합하는 정당한 권리인가?'라는 핵심 문제를 회피하고 있다.

결국 우드워드는 자유 이민의 문제를 이타주의와 이기주의의 도덕적 문제가 아니라, 이주자들과 기존 시민들 간의 이익 대립으로 보아야 한다고 주장한다. 이민의 확대로 피해를 보게 될 기존 시민들의 요구, 즉 복지나 삶의 질 유지의 요구가 이민자들의 요구보다 더 중요할 수 있기에 자유 이민에 반대한다는 것이다. 하지만 그러한 이익 대립의 관점에서 접근한다고 해도, 이민 확대를 통해 기존 시민들이 입게 되는 손실이 이민자들의 이익보다 더 큰 경우는 많지 않을 것이다. 그리고 평등주의적 자유주의의 근본 관점은 경제적 이익보다는 자유와 같은 기본적 권리를 더 중시하기 때문에, 경제적 이익을 더 중시하는 우드워드의 접근법은 타당하지 않다. 물론 평등주의적 자유주의는 자유권뿐만 아니라 복지권과 같은 사회 경제적 권리도 중시하므로 권리의 차원에서 복지의 문제를 다룰 수는 있다. 하지만 이런 경우도—롤스가 취했던 입장처럼—그러한 권리 중에서 어떤 것이 더 우선적인 가치를 지니는가의 문제를 고려해야 하며, 복지권의 대상이 자국민에게 국한되는지 아니면 세계의 모든 사람에게 적용되는지의 문제도 고려해야 한다. 대체로 자유권이 복지권보다 우선하며, 복지권을 비롯한 인간의 권리는 모든 사람에게 보편적으로 적용되어야 한다고 보는 것이 평등주의적 자유주의의 기본 관점이다.

캐런스의 주장은 『정의론』에 나타난 롤스의 평등주의적 자유주의의 근본 입장을 국제적 정의의 문제에 일관되게 적용한다면 국제적 이주의 자유를 인정할 수밖에 없다는 것이었다. 그런데 이에 대한 우드워드의 비판은 롤스의 근본 입장이 아니라 우드워드가 옹호하는 다른 형태의 평등주의적 자유주의에 근거하여 이루어지고 있다. 따라서 이러한 비판은 논점에서 벗어난 것이며, 캐런스의 주장에 대한 정당한 비판이라고 볼 수 없다. 그래서인지 우드워드는 롤스의 평등주의적 자유주의가 취하고 있는 계약론적 구조틀 자체가 문제가 있다는 식으로 비판의 초점을 이동시키고 있다.

롤스는 『만민법』에서 국제적 정의의 문제와 관련하여 계약론적 구조틀을 지구적 차원이 아니라 개별 국가 차원에 먼저 적용시킨다. 그것은 계약의 당사자를 1차적으로 특정 국가의 거주자들로 생각한 후에, 그 국가들의 대표자들이 2차적으로 국제적 정의와 관련된 계약을 맺는 두 단계 방식을 취하고 있다. 그런데 이러한 두 단계 방식은 '어느 국가에서 태어났는가?'라는 우연적 요인을 제거하지 못하고 있다는 점에서 롤스가 원초적 입장을 통해 배제하려고 했던 도덕적 임의성을 인정하는 문제점을 갖고 있다. 그럼에도 불구하고 우드워드는 롤스의 두 단계 방식을 옹호하면서 그것이 계약의 과정에서 실제적 동기의 제약을 고려하고 있기 때문에 현실성이 있다고 주장한다. 계약론적 접근이 그럴듯한 도덕 이론이 되려면 이상주의에서 벗어나서 현실의 실제적 동기를 고려해야 한다는 것이다. 그래서 우드워드는 부유한 국가에서 출생한 사람들을 사례로 들면서, 그 사람들이 실제적 동기로 인해 이민 확대나 지구적 차원의 부의 분배에 동의하지 않을 것이라는 논거를 제시한 것이다.

하지만 롤스가 『정의론』에서 전개한 근본 관점, 즉 원초적 입장에서 자연적·사회적 우연과 같은 도덕적 임의성을 배제하여 공정한 조건을 확보하려고 하는 관점을 철저하게 적용시킨다면, 계약의 당사자들은 자신이 소속된 국가가 부유한 국가인지 가난한 국가인지를 모르는 무지의 베일에서 국제적 정의의 원칙을 선택해야 한다. 이렇게 계약론적 구조틀을 지구적 차원에 곧바로 적용시키는 한 단계 방식을 취한다면, 계약의 당사자인 세계의 모든 사람은 자유 이민의 권리와 더불어 지구적 차원에서의 차등의 원칙을 채택할 가능성이 높다.

이러한 반박의 타당성 때문에 우드워드도 롤스의 근본 입장을 철저하게 적용한다면 자유 이민의 확대에 찬성할 수밖에 없다는 점을 인정한다. 그래서 우드워드는 롤스의 계약론적 입장이 평등주의적 자유주의의 표준 입장으로 간주되기에는 한계가 있다는 논변으로 나아간다. 그는 평등주의적 자유주의의 핵심이 복지 정책에 있다고 보면서 그러한 핵심 요소를 유지하기 위해서는 지금까지 평등주의적 자유주의의 표준적 설명으로 간주되었던 롤스의 계약론적 관점에 대한 근본적인 재고가 필요하다고 주장한다. 그는 '무지의 베일'과 같은 '원초적 입장'을 상정하여 이상주의적 이론을 제시하려는 롤스 접근 방식이 평등주의적 자유주의를 재구성하는 좋은 시도는 아니라고 본다. 그는 현대의 복지 국가를 '특정한 도덕적 임의성'이 산출하는 효과를 제거하기 위한 것으로 보아야 하지, 인간 존재에게 발생할지도 모르는 '모든 도덕적 임의성'을 제거하기 위한 것으로 보아서는 안 된다고 주장한다. 하지만 출생 국가와 관련된 우연성은 인생의 전망을 결정하는 데 아주 중요하다. 롤스가 무지의 베일을 상정한 것은 인생의 전망을 결정하는 데 커다란 영향을 주는 우연적 요인들을 배제하기 위한 것이다. 출생 국가는 우연적인 것으로서—계급이나 사회적 지위, 가정 형편 등과 마찬가지로—개인의 삶에 결정적인 영향을 끼친다. 따라서 출생 국가는 '모든 도덕적 임의성'이 아니라 '특정한 도덕적 임의성'에 속하는 중요한 요인으로 간주되어야 한다.

우드워드는 복지가 평등주의적 자유주의의 핵심 특징이라고 간주하면서, 그러한 복지 제도의 유지를 위해서는 국경선을 개방해서는 안 된다고 본다. 그래서 원초적 입장에 바탕을 둔 롤스의 계약론적 관점이 자유이민 주장을 제대로 반박하지 못하는 한계를 극복하기 위해 평등주의적 자유주의 이념의 표준적 설명을 아예 변경할 필요가 있다고 주장하는 것이다. 물론 평등주의적 자유주의의 이념을 롤스와 달리 자연권과 같은 다른 접근 방식에 의거하여 정당화할 수도 있다. 하지만 그러한 접근 방식들도 자명성의 결여와 같은 문제점을 갖고 있기 때문에 롤스의 계약론적 접근 방식보다 더 우월하다고 볼 수는 없다.[74] 또한 평등주의적 자유주의를 다른 방식으로 정당화하기 위한 그러한 시도는 현대 사회 이론에서 유력하게 받아들여지고 있는 계약론적 접근 방식을 포기해야 하는 부담을 지게 된다. 계약론과는 다른 방식으로 평등주의적 자유주의 이념의 이론적 정당화를 시도하는 것은 결코 쉽지 않을 것이다. 그래서인지 우드워드도 이에 대한 구체적인 대안을 제시하지는 않고, 단지 그러한 재고의 필요성이 있다는 점만을 언급하는 데 그치고 있다.

4) 국제적 이주의 자유를 향하여

지금까지 살펴보았듯이 롤스의 『정의론』에 나타난 평등주의적 자유주의의 기본 입장을 국제적 정의에 일관되게 적용한다면 국제적 이주의 자유를 인정해야 한다는 캐런스의 주장에 대한 우드워드의 반박은 성공했다고 볼 수 없다. 구딘의 주장처럼 평등주의적 자유주의의 관점에서는 국경선의 폐쇄가 원리적으로 정당화되기 어려우며, 국제 현실을 고려하는 실용적인 차원에서만 임시적인 국경선 폐쇄 주장이 그럴듯하게 받아들여질 수 있을 뿐이다.[75] 구딘에 따르면 국경선의 폐쇄를 정당화하는 대

---

74 근대의 자연권에 근거한 사상은 무엇이 자연적 권리에 속하는지, 그러한 권리의 존재가 어떻게 증명될 수 있는지, 그러한 권리들이 충돌할 때 어떤 것을 우선시해야 하는지 등의 문제에 부딪친다. 자연권 사상에서 자명한 것으로 간주되는 기본적 권리가 그렇게 자명하지 않다는 점은 인권 사상이 18세기가 되어서야 비로소 본격적으로 등장한 데서도 알 수 있다. I. Berlin, “Equalit”, Hardy, H.(ed.), *Concepts and Categories*, Pimlico, 1999, 90-91쪽; L. Hunt, 전진성 역, 『인권의 발명』, 돌베개, 2009, 24-26쪽.

75 구딘은 원리적으로는 국경선을 개방하는 것이 정당하다고 본다. 그는 국제적 교류에서 대칭성의 원칙을 일관되게 적용할 것을 요구한다. 그래서 상품과 자본의 자유 이동을 허용하면서 인력의 자유 이동을 금지하는 것은 일관성이 없다고 비판한다. 특히 해외로의 이민을 허용하면서 국

표적인 논변은 다음과 같다.[76] 하나는 공동체주의적 관점으로, 사람들은 삶의 방식이 서로 다르며 자신만의 삶을 누릴 권리가 있기 때문에 다른 삶의 방식을 지닌 사람들로부터 방해를 받지 않아야 한다는 것이다. 이러한 관점에서는 사람들의 도덕적 관심이 물리적으로 가깝고 정서적으로 친밀한 사람들에게 국한되는 것이 정당하며, 따라서 국경선 폐쇄도 정당하게 된다. 하지만 연고를 중시하는 것은 심리학적 명제이지 윤리학적 명제는 아니므로 연고성을 근거로 하는 이 논변은—사람들의 자연적 편견을 설명하는 데는 도움이 되지만—도덕적으로 옳지 않다. 다른 하나는 이상적 세계에서는 모든 국경이 개방되어야 하지만, 우리는 불완전한 세계에 살고 있으므로 그러한 불완전성을 시정하고 통제하기 위해 국경 폐쇄가 임시적인 조치로 요구된다는 것이다. 일부 국가만이 복지 국가를 표방하면서 이민의 자유를 허용하고 다른 국가들은 아직 준비가 되어 있지 않다면, 이민자들이 준비된 복지 국가에 몰려들어 커다란 부담이 될 수 있으므로 임시적인 조치로서 국경선을 폐쇄하되, 상황이 개선되면 국경선을 개방하여 그러한 이상을 추구할 수 있다는 것이다.

앞에서 이루어진 논의들에 비추어 볼 때 원리적으로 국경선의 개방을 인정하는 두 번째 입장이 첫 번째 입장보다 더 타당하다고 볼 수 있다. 롤스는 『정의론』에서 계약론적 관점을 바탕으로 도덕적 임의성을 제거

내로의 이민을 제한하는 것은 대칭성이 결여되어 있기 때문에 도덕적으로 정당화하기 어렵다는 것이다. 그것은 마치 위험한 폭발물의 수입보다는 그것의 수출에 대해 더 관대한 것과 같은 것으로서 도덕적으로 문제가 있다는 것이다. 그는 국제 관계에서 대칭성의 원칙을 일관되게 적용하여 국경선을 개방하고 자유 이민을 확대해야 한다고 주장한다. R. E. Goodin, "If people were money…", 11-19쪽.

76 R. E. Goodin, "If people were money…", 9-11쪽.

하고 정의의 원칙을 세우려고 했는데, 그러한 평등주의적 자유주의의 기본 입장을 국제적 정의에 일관되게 적용한다면 원리적으로 이민의 자유를 부정하기는 힘들 것이다. 롤스는 고통받는 사회를 도와주어야 할 자연적 의무가 있다고 보았는데, 이 입장을 적극적으로 받아들인다면 그것은 해외 원조의 의무뿐만 아니라 자유 이민의 권리도 함축한다고 볼 수 있다. 따라서 국제적 현실 상황을 고려하여 자유 이민의 권리를 임시적으로 제한할 수는 있겠지만, 궁극적으로는 국경선을 개방하여 자유 이민을 확대하는 방향으로 나아가는 것이 그러한 평등주의적 자유주의의 이념에 더 부합할 것이다.

제4장

원조: 해외 원조의 의무와 수준

1. 해외 원조 문제의 기본 쟁점

우리는 같은 사회의 구성원들이 빈곤으로 기아 상태에 있거나 비참한 삶을 살고 있다면 마땅히 그들을 도와야 한다고 생각한다. 이러한 도움은 개인적 차원에서 이루어질 수도 있지만 국가적 차원에서 이루어질 수도 있다. 그래서 현대의 복지국가는 법률적·제도적 장치를 통해 소득 재분배 정책을 실시하는 등 빈곤 계층에 대한 공적 부조에 적극 나서고 있다.

그러나 논의를 좀 더 확장하여 다른 사회나 국가의 가난한 사람들에 대해서도 우리가 도와야 할 의무가 있는지를 묻는다면 어떨까? 이에 선뜻 동의하는 사람들도 있겠지만, 그렇지 않은 사람들도 있을 것이다. 과연 우리에게는 외국의 가난한 사람이나 가난한 국가에 대한 원조의 의무가 있는가? 물론 자국의 빈곤 계층에 대한 부조의 의무를 인정하지 않는다면, 타국의 빈곤 계층에 대한 원조의 의무도 인정하기가 어려울 것이다. 그런데 자국의 빈곤 계층에 대한 부조의 의무는 인정하지만, 타국의 빈곤 계층에 대한 원조의 의무는 인정하지 않는 경우도 있다. 이것은 과연 정당화될 수 있는가? 사회나 국가의 경계선을 기준으로 부조나 원조의 의무에서 차이가 발생하는가? 만약 그러한 차이가 있다면 그 이유는 무엇인가?

이런 문제와 관련하여 공적 부조의 의무를 다른 국가로 확대하는 데 반대하거나 주저하는 사람들도 있고, 국가의 경계선을 기준으로 부조의 의무에 결정적인 차이가 있다고 주장하는 사람들도 있다. 이런 사람들은 대체로 다음과 같은 이유를 제시한다.[1] 첫째, 다른 국가의 가난한 사람

---

1 P. Singer, 황경식 외 공역, 『실천윤리학』(개정판), 철학과현실사, 1997, 275-291쪽; N. Dower, 김성한 외 공역, 「세계의 빈곤」, 『응용 윤리』, 철학과현실사, 2005, 25-28쪽. 이 외에도 해외 원

들은 자기 사회나 국가의 구성원이 아니며, 따라서 이에 대한 부조의 의무가 없다. 부조의 의무는 자신이 속한 사회 공동체의 구성원들에게만 한정된다. 둘째, 공간적 거리 때문에 다른 국가의 빈곤 문제를 인식하거나 그들의 고통을 직접 보고 느끼기 어려우며, 따라서 부조의 의무감에서도 국내와 국외 사이에 차이가 발생한다. 셋째, 자국의 빈곤 문제를 해결하는 것이 우선이며 해외 원조는 그다음 문제이다.

그러나 이러한 이유들은 해외 원조를 반대하는 결정적 근거가 되기에는 문제가 있다. 이 장에서는 다양한 윤리적 관점을 토대로 그 문제점을 지적하려고 한다. 또 이를 위해 해외 원조의 문제에서 중요한 논쟁거리가 되는 다음과 같은 근본 주제들을 고찰하려고 한다. 첫째는 해외 원조 의무의 정당성과 관련된 문제이다. 국내 부조를 넘어서는 해외 원조의 의무가 있는가? 만약 해외 원조의 의무가 있다면 그것의 정당한 근거는 무엇인가? 둘째는 해외 원조의 수준 및 방법과 관련된 문제이다. 해외 원조의 의무가 있다면 그 수준이나 방법은 어떠해야 하는가? 해외 원조의 수준은 국내 부조의 수준과 동일해야 하는가, 아니면 차이가 있어도 되는가? 해외 원조의 대상은 가난한 국가인가, 아니면 세계에 살고 있는 가난한 개인인가? 윤리학의 주요 이론인 의무론, 공리주의, 공동체주의, 자유주의 등의 관점에서 접근하여 이러한 질문에 답하고자 한다.

조에 반대하는 이유들로는 다음과 같은 것들이 있다. 해외 원조는 그 대상이 광범위하기 때문에 사람들에게 너무 큰 도덕적 부담을 지운다. 해외 원조를 위해 기부를 한다고 할지라도 그것이 의도했던 결과를 낳는다고 확신할 수 없으며, 원조금이 빈곤 문제가 아니라 다른 목적에 전용될 가능성도 있다. 해외 원조는 제3세계의 인구를 급속하게 증가시킴으로써 식량 부족이나 생태계 파괴와 같은 전 지구적 재앙을 불러일으킬 수 있다.

2. 해외 원조의 현실과 실천적 의미

해외 원조의 문제는 실천적으로 매우 중요한 의미를 지니고 있다. 한국은 해방 직후 궁핍했던 시절에 해외 원조를 받았던 적이 있고, 지금은 OECD에 가입한 선진국인 만큼 해외 원조에 적극적으로 나서야 할 위치에 있다. 국제 사회는 한국이 세계 10위권의 경제적 위상에 부합하는 국제적 역할을 담당해야 한다고 주장하면서 해외 원조에도 적극적으로 나설 것을 요구하고 있다.

그러나 한국의 해외 원조의 규모는 다른 선진국에 비해 상당히 낮은 편이다. 한국은 1990년대 중반까지 국제 사회로부터 203억 달러의 원조를 받았다. 2019년을 기준으로 보면, 선진국의 정부 기관이 개발도상국이나 국제 기구에 자금, 기술 등을 지원하는 공적개발원조(ODA)에서 우리나라는 25억 달러를 지원한 바 있다. 원조 규모 면에서 보면 이는 경제협력개발기구(OECD) 회원국 29개국 중 15위에 해당한다. 하지만 국민총소득(GNI)을 기준으로 하면 이야기가 좀 달라진다. 우리나라의 공적개발원조 수준은 국민총소득 대비 0.15%인데, 이는 전체 회원국 평균인 0.3%의 절반 수준에 불과하기 때문이다. 그래도 원조 규모의 연평균 증가율은 고무적이다. 2010년부터 2019년까지 원조 규모의 연평균 증가율을 따져 보면, 전체 회원국 평균이 2.4%인데 우리나라는 11.9%로 가장 높다. 물론 UN이 권장하고 있는 해외 원조의 수준—국민총소득의 0.7%—에 도달하기 위해서는 갈 길이 아직 멀다.[2] 우리나라의 경제력에 부합하는

2 P. Singer, 구영모 외 공역, 『이 시대에 윤리적으로 살아가기』, 철학과현실사, 2008, 120쪽.

국제적 위상을 확보하기 위해서는 해외 원조를 확대해야 하며, 이를 위해서는 해외 원조에 대한 인식의 전환이 요구된다.

3. 해외 원조의 의무에 대한 윤리적 입장들

1) 해외 원조에 대한 의무론적 입장

해외 원조의 정당성 문제와 관련하여 먼저 '피해에 대한 보상'의 관점에서 접근해 볼 수 있다. 타인에게 피해를 주었을 때 이에 대해 적절한 보상을 해주어야 한다는 고전적인 도덕률이 있다. 아리스토텔레스(Aristoteles)는 '정의'의 유형을 '시정적 정의', '분배적 정의' 등으로 구분하면서, 사기, 절도, 폭행 등으로 피해를 주었을 때 보상을 하는 경우에는 시정적 정의의 원칙이 적용되어야 한다고 말한다.[3] 물건을 판매하거나 구매할 때 같은 가치를 지닌 물건을 서로 교환하는 것이 정의로운 행위이듯이, 타인에게 피해를 주었을 때도 그에 상응하는 보상을 해주는 것이 정의롭다는 것이다. 타인에게 피해를 주었음에도 이를 전혀 보상하지 않거나 또는 그 피해보다 적게 보상하는 것은 정의롭지 못한 행위가 된다.

이러한 정의의 원칙은 단지 개인들 사이의 관계에만 적용되는 것이 아니라 국가들 사이의 관계에도 확대 적용될 수 있다. 어떤 국가가 다른 국가에 피해를 주었다면 이에 대해 국가적 차원에서 적절한 보상을 해주는 것이 마땅하다. 서구의 열강을 비롯한 제국주의 국가들은 폭력적인 수단을 동원하여 아시아와 아프리카의 많은 국가들을 식민 지배하였으며, 그

---

3 Aristoteles, 이창우 외 공역, 『니코마코스 윤리학』, 이제이북스, 2006, 167-174쪽.

과정에서 많은 식민지 국가들이 제국주의 국가의 원료 공급지와 상품 판매지로 전락하였다. 식민지 국가와 국민들은 자원을 강탈당하고, 노동력을 착취당하였으며, 심지어 제국주의 전쟁에 동원되기도 하였다. 이로 인해 식민지 국가의 전통 문화가 파괴되었고, 경제 발전도 지체되었다.

따라서 식민 지배를 통해 식민지 민중을 착취하고 부를 축적하였던 제국주의 국가들은 과거의 피해에 대해 보상을 해야 한다. 제국주의 국가들은 자신들이 지배하였던 식민지 국가에 대한 역사적 책임을 져야 하며, 과거 식민지 국가들의 빈곤 문제를 외면해서는 안 된다. 과거 제국주의 국가들에게는 자신들이 지배했던 가난한 식민지 국가들에 대한 원조의 의무가 있는 것이다. 예를 들면 영국은 파키스탄과 방글라데시에 대해, 프랑스는 세네갈과 알제리에 대해, 이탈리아는 소말리아와 에티오피아에 대해, 미국은 필리핀에 대해, 일본은 북한에 대해 원조의 의무가 있는 것이다.

물론 식민 지배를 경험했던 제3세계 국가의 빈곤 문제가 전적으로 과거의 제국주의적 지배 때문에 발생했다고 볼 수는 없으며, 따라서 과거의 제국주의 국가들이 모두 책임져야 하는 것은 아니다. 그러나 제3세계 국가의 빈곤 문제는 상당 부분 과거의 식민 지배와 관련되어 있다고 보아야 한다. 아시아와 아프리카에는 장기간의 내전으로 국토가 황폐화되고, 이로 인해 심각한 식량 문제를 겪고 있는 국가들이 여럿 있는데, 그 내전의 원인을 살펴보면 과거의 식민 지배와 관련되어 있는 경우가 상당히 많다. 제국주의 국가들은 원활한 식민지 지배를 위해 민족이나 인종을 분열시키는 분할 통치를 실시하였으며, 그 과정에서 민족과 인종 사이의 대립과 갈등이 격화되었다. 오늘날까지 빈번하게 발생하고 있는 제3세계 국가의 내전과 분열의 씨앗은 제국주의 국가들이 뿌려 놓은 것이다.

이러한 피해와 보상 차원의 접근법은 단지 제국주의와 식민지 국가들 사이에만 적용되는 것이 아니라 좀 더 확대하여 세계적 차원에서도 적용될 수도 있다. 월러스틴(I. Wallerstein)은 근대화론을 비판하고 '세계 체제론'을 옹호하면서 사회 연구의 적절한 분석 단위는 '민족 국가'가 아니라 '세계 체제'라고 주장한다. 그에 따르면 세계 체제(world system)는 다른 체제로 이행이 가능한 역사적 체제인데, 근대에 형성된 세계 체제인 자본주의적 경제 체제는 중심부가 주변부의 잉여 가치를 착취하는 형태를 취하고 있다.[4] 자본주의적 세계 경제 체제는 16세기 이래 지구상에 존재하게 되었으며, 오늘날 세계는 자본주의적 세계 경제라는 사회적 분업의 틀 안에서 움직이고 있다. 중심부 국가는 시장에서 상품과 서비스의 부등가 교환을 통해 주변부 국가로부터 잉여 가치를 지속적으로 수탈하고 있다. 자본주의 경제 체제는 세계적 차원에서 이루어지는 잉여 가치의 착취를 통해 유지되고 있는 것이다. 이러한 월러스틴의 세계 체제론 관점에서 보면 국가들 사이에는 광범위한 착취가 이루어지고 있다. 따라서 중심부 국가는 주변부 국가의 빈곤 문제를 해결하기 위해 해외 원조에 적극 나서야 할 의무가 있다고 볼 수 있다.

그런데 만약 두 당사자가 피해를 주고받는 관계에 있지 않을 때는 어떻게 해야 하는가? 어떤 국가가 식민지 지배나 착취를 통해 다른 국가에 피해를 준 적이 없다면, 즉 과거의 역사적 부담이나 빚이 없다면, 이런 경우에도 다른 국가에 대한 원조의 의무가 있는가? 이러한 문제와 관련해

4 I. Wallerstein, 배손근 역, 『역사적 체제로서의 자본주의』, 나남, 1986, 133-140쪽.

서는 '보편적인 선행의 의무'라는 관점에서 접근해 볼 수 있다. 레이첼즈(J. Rachels)는 선행의 의무에 대해 다음과 같이 설명한다.[5] 어떤 어른이 길을 가다가 어린 아이가 개울에 빠져 허우적거리고 있는 것을 보았다고 하자. 그 어린 아이는 처음 보는 낯선 아이였으며, 개울은 비교적 얕은 편이어서 그 어른이 신발과 바지가 젖는 불편만 감수한다면 쉽게 구할 수 있는 상황이다. 게다가 그 어른은 특별히 바쁜 일이나 급한 약속이 있는 것도 아니다. 이런 상황에서 우리는 그 어른이 아이를 구해야 한다고 생각한다. 만약 그 아이가 처음 보는 낯선 아이이고 그 아이에게 피해를 주거나 빚을 진 적이 없다고 해서 구하지 않는다면, 그 어른은 비난을 받아 마땅하다고 생각한다. 어떤 사람에게 불행한 일이 발생하는 것을 막을 힘이 우리에게 있고, 그 일을 할 때 그보다 더 중요한 가치가 있는 다른 일이 방해받지 않는다면, 우리는 그 사람을 마땅히 도와야 한다. 이는 물에 빠진 아이를 보았을 경우에 국한되지 않는다. 이는 가난한 사람을 보았을 때도 우리가 마땅히 따라야 할 도덕 원칙이 된다. 우리가 커다란 희생이나 중요한 도덕적 가치의 희생 없이도 빈곤한 사람들을 도울 수 있다면, 우리는 그들을 도와야 하는 것이다.

이처럼 우리는 다른 사람에게 피해를 주지 않을 의무뿐 아니라 선행을 베풀어야 할 의무도 있다. 칸트(I. Kant)는 우리에게 부조의 의무가 있다는 점을 설명하기 위해[6] 유복한 생활을 하고 있는 어떤 사람이 곤경에 처한 다른 사람을 보면서도 그에게 아무 도움도 주지 않는 경우를 예로 들고

---

5 J. Rachels, 김기순 역, 『도덕철학』, 서광사, 1989, 115-117쪽.

6 I. Kant, 백종현 역, 『윤리형이상학 정초』, 아카넷, 2005, 136-137쪽.

있다. 그 사람은 스스로의 노력이나 운명에 의해 유복한 생활을 할 수도 있고 곤궁한 생활을 할 수도 있다고 보면서, 다른 사람들의 행복을 빼앗거나 시기할 마음이 없다. 다만 그는 다른 사람들의 어려움을 돕는 일에 아무런 관심도 없을 뿐이다. 타인의 곤경에 무관심한 이러한 태도는 다른 사람의 권리를 침해하거나 다른 사람을 속이는 태도보다는 사회를 유지하는 데 더 도움이 된다. 그러나 칸트는 이러한 태도가 보편적 자연법칙으로 통용되기를 욕구할 수는 없다고 본다. 그러한 태도를 지닌 사람이 다른 사람의 도움이나 사랑을 필요로 할 경우에는 자기모순에 빠지게 되기 때문이다. 그 사람은 자신이 곤경에 처했을 때 다른 사람으로부터 도움을 받을 수 있을 것이라는 희망을 스스로 박탈하는 모순을 범하게 되는 것이다. 그래서 칸트는 우리가 할 수 있는 한 선행을 베푸는 것이 도덕적 의무라고 보았다.[7]

이처럼 어려운 처지에 있는 사람을 돕는 것은 우리의 보편적 의무라고 볼 수 있다. 우리가 타인에게 피해를 주지 않았다고 할지라도 그 타인이 곤경에 처했을 때는 그를 도와야 할 의무를 갖는 것이다. 즉 낯선 이방인에게도 선행을 베풀어야 할 의무를 갖는 것이다. 따라서 우리는 식량 부족으로 기아에 허덕이고 있는 이방인들에게도 도움의 손길을 내밀어야 한다. 이러한 원조의 의무를 수행할 때 기아 상태에 있는 사람이 친한 이웃인지, 같은 사회의 낯선 구성원인지, 다른 사회의 낯선 구성원인지는 크게 중요하지 않다. 우리는 기아로 인해 절박한 위기에 처한 지구상의 모든 사람을 도와야 할 보편적 의무를 지고 있기 때문이다. 물론 이러한

7 I. Kant, 『윤리형이상학 정초』, 86쪽.

원조 수행 시에 원조의 효율성 등을 고려하여 가까운 이웃을 먼저 도울 수는 있다.[8] 곤경에 처한 사람들 중에서 원조를 통해 좀 더 쉽게 빨리 구할 수 있는 사람을 먼저 구하는 것이 바람직하다. 그렇지만 우리에게 원조의 여력이 있을 때는 멀리 떨어진 낯선 사람들에게까지 도움의 손길을 뻗어야 한다.

2) 해외 원조에 대한 공리주의적 입장

공리주의적 입장은 의무론적 입장에 비해 더 적극적이면서도 강하게 해외 원조의 의무를 주장할 수 있다. '피해에 대한 보상'의 관점은 피해를 본 당사자에게 피해를 준 만큼 보상하는 것이 옳다고 보기 때문에 해외 원조의 대상이나 수준에 일정한 제한이 가해진다. '보편적인 선행 의무'의 관점도 마찬가지다. 이 관점은 어려운 처지에 있는 모든 사람을 도와주는 것이 옳다고 보기 때문에 해외 원조의 대상에 제한을 가하지는 않지만, 기본적으로 가난한 사람들에 대한 '선행'이나 '자선'의 관점에서 접근하므로 소득 재분배나 공적 부조 등을 통한 적극적이면서도 강한 원조를 주장하기는 어렵다.

그런데 벤담(J. Bentham)과 같은 고전적 공리주의자는 '공리의 원리'에 입각하여 더 좋은 결과를 낳는 행위를 옳은 행위로 간주한다. 이때 '더 좋은 결과'란 더 많은 사람들에게 더 많은 행복과 쾌락을 가져다주는 것을 의미한다. 그래서 '최대다수의 최대행복'이 도덕적 판단의 기준이 된다. 사람들에게 고통을 덜어주고 쾌락과 행복을 가져다주는 행위, 즉 사회 전체

8 N. Dower, 「세계의 빈곤」, 22쪽.

의 이익을 증진시키는 행위가 도덕적인 행위의 원칙이 되는 것이다.

이러한 공리주의적 원칙에 비추어 볼 때 우리는 빈곤에 시달리고 있는 사람들을 도와야 한다. 빈곤으로 인해 굶주림과 질병에 시달리고 있는 사람들은 심각한 고통을 겪고 있다. 따라서 물질적으로 풍요롭거나 여유가 있는 사람들이 이들을 돕는다면 그들의 고통을 크게 줄일 수 있다. 물질적으로 풍요롭거나 여유로운 사람들이 자신의 재산 일부를 가난한 사람들에게 기부할 경우 그들이 입는 손실은 별로 크지 않지만, 가난한 사람들이 얻게 되는 이익은 매우 크다. 부유층이 사치스러운 생활에 사용할 돈의 일부를 절약하여 기부한다고 해서 그들이 큰 고통을 받거나 그들의 삶이 심각하게 침해된다고 볼 수는 없다. 반면에 부자들이 내는 기부금은 가난한 사람들을 굶주림과 질병의 고통에서 벗어나게 하여 그들의 삶을 크게 개선하는 효과를 낳는다.

이러한 공리주의 원칙은 한 사회 내부의 구성원들에게만 적용되는 것이 아니라 다른 사회의 구성원들에게까지 확대 적용될 수 있다. 싱어는 이러한 공리주의 관점에서 해외 원조의 의무를 강력하게 주장하면서 다음과 같은 논변을 제시한다.[9] 어떤 사람들은 '행위'(doing)와 '무위'(letting happen)를 구분하면서 원조의 의무를 인정하지 않는 경우도 있다. 예를 들면 '죽이는 것'(killing)과 '죽도록 내버려 두는 것'(allow to die) 사이에는 차이가 있다는 것이다. '아이를 물에 빠뜨려 죽이는 것'과 '아이가 물에 빠져 죽도록 내버려 두는 것', '굶겨 죽이는 것'과 '굶어 죽도록 내버려 두는 것' 사이에는 행위의 동기 등에서 커다란 차이가 있기 때문에 '죽도록

9 P. Singer, 『실천윤리학』(개정판), 264-267쪽.

내버려 두는 것'에는 도덕적 책임이 없다는 것이다. '물에 빠지는 것'이나 '굶주림'은 내가 일으킨 사건이 아니기 때문에 이에 대해 책임을 질 필요가 없으며, 따라서 그들을 도와야 할 의무도 없다는 것이다. 그러나 싱어는 공리주의적 관점에서 '행위'와 '무위' 사이에 결정적인 차이가 있는 것은 아니라고 본다. 왜냐하면 두 경우 모두 '죽음'이라는 비참한 결과를 가져오기 때문이다. 죽을 위기에 처한 절박한 사람들을 보았을 때, 우리가 커다란 희생이나 고통 없이 그들을 도울 수 있음에도 불구하고 그들을 돕지 않는다면 우리는 그들을 죽인 것이나 마찬가지라는 것이다. 다른 사람의 굶주림이나 죽음을 방치하는 행위는 결과적으로 인류 전체의 고통을 증가시키기 때문에 나쁜 행동이 된다.

'최대다수의 최대행복'이라고 말할 때, '최대다수'에는 고통과 쾌락을 느낄 수 있는 모든 인간이 포함된다. 고통을 최소화하고 쾌락을 최대화하는 것이 공리주의적 계산의 기준이므로, 고통과 쾌락을 느낄 수 있는 모든 인간 존재를 계산의 대상에 포함시켜야 한다. 따라서 다른 사회의 구성원들을 계산의 대상에서 제외시키는 것은 공리주의적 원칙에 어긋난다고 보아야 한다. 기아나 다른 절박한 상황에 처한 사람이 있다면, 그가 어떤 민족이나 국가나 인종에 속하는지와는 상관없이 우리는 그 사람의 심각한 고통을 덜어주기 위해 원조를 해주어야 하는 것이다. 물론 멀리 떨어진 사람들보다는 친숙한 주변 사람들의 기아 상태가 우리에게 더 큰 고통을 주며, 따라서 멀리 떨어진 낯선 사람들보다는 가까운 사람들에게 먼저 원조를 해주는 것이 우리에게 더 큰 기쁨을 줄 수는 있다. 따라서 제한된 양의 원조를 할 수밖에 없을 때 주변 사람들에게 먼저 원조를 해주는 것은 공리주의 원칙에 어긋나지는 않는다. 그러나 멀리 떨어진 사람들에게도 원조를 해줄 여유가 있음에도 불구하고 그렇게 하지 않는 것은 공리주의 원칙에 어긋난다.

이처럼 공리주의적 입장은 공리의 원리에 입각하여 매우 적극적이면서도 강하게 해외 원조의 의무를 주장할 수 있다. 공리주의적 입장은 사회나 국가의 경계선에 특별한 의미를 부여하지 않기 때문에 한 국가를 넘어서 세계의 모든 가난한 사람들을 원조의 대상으로 삼아야 한다고 본다. 또한 원조의 수준에서도 인류 전체의 행복이나 이익 증진이라는 관점에서 해외 원조의 양을 크게 늘려야 한다고 본다. 예를 들어 싱어는 UN이 권장한 국민총소득(GNI)의 0.7%보다 더 많은 원조가 필요하다고 본다. 그는 풍요로운 선진국에서 평균 이상의 수입을 얻으면서 살고 있는 사람들은 최소한 자기 수입의 10% 이상을 해외 원조에 기부하는 것이 합리적이라고 주장한다.[10] 그런 사람들은 수입의 10% 이상을 기부해도 사치품 구입비를 줄이면 삶이 크게 열악해지거나 고통이 크게 심화되지 않지만, 세계의 가난한 사람들은 이러한 원조로 커다란 이익을 얻을 수 있기 때문이다.

공리주의적 입장이 해외 원조의 수준을 대폭 증가시킬 것을 주장한다고 해도, 이것이 지구상에서 부의 평등한 분배를 주장하는 세계 평등주의까지로 나아가는 것은 아니다. 만약 부의 평등한 분배를 통해 사회 전체의 쾌락을 증진할 수 있다면 공리주의는 평등주의적 성향을 띨 수 있다. 그러나 공리주의가 항상 평등주의적 성향을 띠는 것은 아니다. 평등주의적 분배가 근로 의욕을 감퇴시키고, 그 결과 사회 전체의 부가 감소하여

10 P. Singer, 『실천윤리학』(개정판), 290쪽.

전체적인 복지 수준이 저하된다면, 공리주의는 일정한 수준에서 제동을 걸게 된다. 적절한 수준에서의 부의 불평등한 분배가 사회 전체의 부를 증가시켜 전체적인 복지 수준을 높일 수 있다면, 공리주의는 평등주의적 분배보다는 일정한 수준에서의 불평등한 분배를 선호할 수도 있다.

3) 해외 원조에 대한 공동체주의적 입장

공동체주의자들은 자아의 정체성이 사회적·역사적 맥락에서 형성된다고 보면서 '특수한 공동체적 가치'와 '연대성'을 강조한다. 따라서 이러한 관점에서는 공동체 구성원들에 대한 공적 부조의 의무를 강하게 인정하는 편이다. 그렇지만 동일한 공동체의 구성원이 아닌 다른 사회의 구성원들에 대한 원조의 의무에 대해서는 대체로 소극적 입장을 취하고 있다. 공동체의 경계가 사회적 책무나 연대감의 범위를 한정하는 결정적 역할을 한다고 보기 때문이다. 여기서는 대표적인 공동체주의자인 샌델(M. Sandel)과 왈처(M. Walzer)의 견해를 살펴보자.

샌델은 자유주의적 자유 개념을 비판하고 공화주의적 자유 개념을 옹호하면서, 공동체 문제에 대한 적극적인 관심과 참여, 공동체적 소속감과 책임감을 강조한다. 그는 상호 부조의 문제와 관련하여 롤스와 같은 자유주의적 입장을 비판하면서 다음과 같이 말한다.[11] 평등주의적 자유주의자는 시민적·정치적 권리뿐만 아니라 사회적·경제적 권리도 옹호하면서 공적 부조와 재분배 정책을 지지한다. 그런데 이러한 권리와 정책이 인간에 대한 동등한 존중의 차원에서 필요하다고 주장한다면, 왜 우리

---

11 M. Sandel, *Democracy's Discontent*, Harvard University Press, 1996, 3-24쪽.

사회의 구성원만이 다른 사회의 구성원들은 갖지 못하는 복지에 대한 요구를 할 수 있는지에 대해 대답하기가 곤란해진다. 평등주의적 자유주의자처럼 인간 존중이라는 보편적 권리 이론의 관점에서 복지권을 인정한다면, 이 복지권이 국내뿐 아니라 외국에까지 확대 적용되어야 하는 문제가 발생하기 때문이다. 이처럼 국내 복지와 해외 원조에 대한 도덕적 요구가 같은 수준에 놓이게 되면 양자 사이에 경계선을 긋기가 어렵다는 문제가 발생한다. 자신이 속한 공동체의 구성원에 대한 관심과 다른 공동체에 속한 사람에 대한 관심은 차이가 날 수밖에 없는데, 자유주의자는 이러한 차이를 설명하기가 어렵다는 것이 롤스와 같은 자유주의적 입장에 대한 샌델의 비판이다.

그렇다면 공동체주의의 관점에서는 소속감이나 연대감을 공유하고 있지 않은 다른 공동체도 원조할 의무가 있다고 보는가? 샌델은 해외 원조 의무가 다른 것들은 공유하지 않아도 우리가 인간임을 서로 공유하기 때문에 발생한다고 본다. 그러나 공동체 내부와 공동체 외부 사이에 관심의 경계선을 긋는 공동체주의적 전략은 내부 구성원에 대한 공적 부조의 의무를 정당화하는 데는 매우 유리하지만, 공동체 외부의 사람들에 대한 원조의 의무를 정당화하는 데는 많은 어려움이 따르게 된다. 이러한 문제를 해결하기 위해 샌델은 하나의 공동체가 아니라 지역 공동체, 국가 공동체, 지구 공동체 등과 같은 다차원적인 공동체를 상정하면서 여러 수준의 유대감을 바탕으로 한 상호 부조와 관심의 정도 차이를 정당화하려고 한다. 그러나 만약 공동체들이 서로 완전히 다른 사회적·문화적·역사적 배경을 바탕으로 형성되었다면—그래서 서로 공유하는 것이 거의 없다면—여기서 공동체적 유대성을 확보하기는 상당히 어려울 것이며,

따라서 원조의 의무를 부과하기도 힘들 것으로 보인다.

왈처는 '단순 평등' 대신에 '복합적 평등'을 주장하면서 상이한 가치들은 상이한 방식으로 분배되어야 하며, 이러한 분배 방식은 역사적·문화적 특수 환경에 의해 규정된다고 본다.[12] 그는 분배의 문제에서는 '성원권'(membership) 보유 여부가 매우 중요한 요소라고 하면서 공동체의 구성원과 이방인 사이에 경계를 긋는다. 그렇다고 왈처가 이방인에 대한 원조의 의무를 부정하는 것은 아니다. 그는 낯선 이방인이 아주 절박한 상태에 있고, 내가 큰 위험이나 희생 없이 그 사람을 도울 수 있는 경우라면, 그 사람을 도와야 할 의무가 있다고 말한다. 즉 성원권과는 상관없이 도움이 필요한 이방인을 도와야 할 의무가 있다는 것이다. 그러나 이것은 인간으로서 지켜야 할 보편적 의무가 있다는 관점에 의거한 것으로 보이며, 따라서 공동체주의의 기본 관점에서는 벗어난 논변이라고 판단된다. 해외 원조의 의무를 정당화하기 위해 보편적 의무와 같은 자유주의적 관점을 끌어들이고 있기 때문이다. 이는 왈처가 기본적으로 공동체주의적 관점을 유지하면서도 자유주의나 다원주의의 성과까지 일정 정도 수용하려는 온건한 공동체주의적 입장을 취하고 있는 데서 비롯되었을 것이다.

4) 해외 원조에 대한 자유주의적 입장

자유주의는 대체로 특수한 공동체의 가치보다는 '보편적인 개인의 권리'와 '자율성'을 강조한다. 그런데 이러한 자유주의 입장은 해외 원조의

12 M. Walzer, *Spheres of Justice,* Basic Books, 1983, 3-30쪽.

문제와 관련하여 두 가지로 나누어 고찰할 필요가 있다. 배타적 사적 소유권을 강하게 주장하는 '자유지상주의적 자유주의'는 국내 부조의 의무를 인정하지 않기 때문에 해외 원조에도 소극적일 수밖에 없다. 반면에 복지권과 같은 사회적·경제적 권리의 보편성을 인정하는 '평등주의적 자유주의'는 국내 부조의 의무를 적극적으로 인정하고 있기 때문에 이러한 의무를 해외 원조의 의무로 확대 적용할 가능성을 열어 두고 있다. 여기서는 노직(R. Nozick)과 롤스(J. Rawls)의 입장을 살펴보자.

자유지상주의자인 노직은 개인에게 배타적인 권리가 있으며, 그 누구도 이를 침해할 수 없다고 주장한다.[13] 그에 따르면 어떤 사람이 정당한 방법으로 재산을 취득했다면 그 사람은 그 재산에 대해 '배타적 소유권'을 갖는다. 국가가 사회 복지를 위해 소득 재분배 정책을 펼치는 것은 개인의 소유권을 침해하는 행위이므로 용납할 수 없다. 국가는 개인의 재산 보호나 계약의 집행과 같은 좁은 기능만을 담당하는 '최소 국가'에 그쳐야 하므로 국가가 가난한 사람들을 위한 복지 정책을 시행해서 는 안 된다. 개인이 사적인 차원에서 자발적으로 가난한 사람을 도와줄 수는 있지만, 개인이나 국가가 가난한 사람들을 도와주어야 할 도덕적 의무는 없다는 것이다. 이러한 노직의 견해를 따를 경우, 동일한 사회의 가난한 구성원들에 대한 복지나 부조의 의무가 없으며, 따라서 당연히 다른 사회의 가난한 구성원들에 대한 해외 원조의 의무도 없게 된다.

그러나 이러한 노직의 주장에 대해서는 다음과 같은 비판이 가해질 수 있다. 배타적 소유권은 정당한 방법으로 재산을 취득할 때 성립하는

13 R. Nozick, 남경희 역, 『아나키에서 유토피아로』, 문학과지성사, 1997, 191-204쪽.

데, 이때 '정당한 방법'이 무엇을 의미하는지가 명료하지 않다. 광범위한 사회적 분업과 협동을 통해 생산이 이루어지고 재화가 축적되는데, 이 과정에서 타인에게 어떠한 피해도 주지 않고 '정당한' 방법으로 재산을 축적할 수 있는가? 무인도에서 고립된 삶을 살지 않는 한 우리는 사회적 상호작용을 통해서 타인에게 영향을 주고, 때로는 피해를 줄 수밖에 없다. 우리는 사회적 삶을 살아가는 과정에서 타인의 도움을 받기도 하고, 타인의 기회를 빼앗기도 하며, 인류의 지적 성과물을 활용하기도 한다. 또한 재산의 '취득' 과정뿐만 아니라 '이전'(移轉) 과정에서도 부등가 교환 등을 통해 부정의가 발생하기도 한다. 비록 노직이 취득이나 이전 과정에서 발생한 부정의를 교정하는 원리를 제시하고 있기는 하지만, 이러한 문제들까지 깊은 관심을 갖고 있지는 않았던 것 같다. 롤스도 천부적인 재능과 같은 선천적인 능력은 우연적이기 때문에 이를 활용한 생산물에 대해 배타적 소유권을 주장할 수 없다고 말하며 노직을 비판한다. 그런데 노직은 천부적 재능을 활용한 생산물에 대한 배타적 소유권을 인정해 주는 것이, 재능이 부족한 다른 사람들을 포함하여 사회 전체에 이익이 된다고 하면서 그 정당성을 주장한다. 그러나 과연 그러한 배타적 소유권을 인정하는 것이 그렇지 않았을 때보다 사회적 약자에게도 더 많은 이익이 된다고 확신할 수 있는가? 자유주의는 '생명권'을 기본권으로 중시하고 있는데, 이러한 생명권을 자유지상주의자들처럼 소극적으로 해석하지 않고 적극적으로 해석한다면, 굶주림으로 인해 생명이 위태로운 상황에 처한 사람은 다른 사람에게 원조를 요구할 권리를 갖게 된다.

평등주의적 자유주의자로 분류되는 롤스는 노직과는 달리 공적 부조와 해외 원조의 의무를 인정한다. 롤스는 칸트의 보편주의와 계약론적 전통을 계승하여 공정한 절차를 통해 보편적인 정의의 원칙을 도출하려고 한다. 롤스에게 있어서 정의는 '공정성으로서 정의'이며, 그것은 절차적 공정성을 의미한다.[14] 만약 계약 당사자들이 자신의 사회적 지위나 능력, 나아가 자신의 특수한 가치관도 모르는 '무지의 베일' 상태에서 특정한 정의의 원칙에 합의를 하게 되면, 그것은 공정성을 확보하게 된다. 원초적 입장에서 사람들은 정의의 제1원칙인 '평등한 자유의 원칙'과 더불어 정의의 제2원칙인 '차등의 원칙'과 공정한 '기회 균등의 원칙'을 선택하게 된다. 여기서 차등의 원칙이란 '최소 수혜자'(the least advantaged)에게 최대의 혜택이 돌아가도록 할 때만 사회적 불평등이 정당화될 수 있다는 것을 의미한다. 롤스는 사회적 가치의 불평등한 분배가 모든 사람에게 이익이 되지 않는 한, 그러한 사회적 가치는 평등하게 분배되어야 한다고 말한다. 이처럼 롤스는 선천적인 능력은 우연적이기 때문에 이에 대한 배타적 소유권을 주장할 수 없다고 보았으며, 또한 최소 수혜자에게 혜택이 돌아가는 방식으로 재화가 분배되어야 한다고 주장한다. 그래서 그는 국가나 사회가 나서서 사회적 약자나 빈곤 계층을 위한 공적 부조나 복지 정책을 실시하는 것이 정의롭다고 보는 것이다.

그러나 롤스는 『정의론』에서 해외 원조의 문제에 대해서는 특별한 언급을 하고 있지 않다. 이 책에서 롤스는 주로 한 사회나 국가에서 통용되어야 할 정의의 원칙에 대해서만 다루고 있지, 다른 사회나 국가로까지 그러한 정의의 원칙을 확대 적용하고 있지는 않다. 같은 사회의 구성원

---

14 J. Rawls, 황경식 역, 『정의론』, 이학사, 2006, 45-52쪽.

에 대한 복지나 부조의 의무가 있다는 점은 인정하지만, 다른 사회의 구성원에 대한 부조나 원조의 의무에 대해서는 언급하고 있지 않는 것이다. 말년의 저작인 『만민법』에 가서야 롤스는 불리한 여건으로 '고통받는 사회'(burdened society)에 대한 원조의 의무를 언급하고 있다.[15] 그런데 이러한 해외 원조의 의무는 『정의론』에서 언급했던 국내적 차원의 공적 부조의 의무를 그대로 확대 적용한 것이 아니다. 『만민법』에서 롤스는—『정의론』에서와는 달리—해외 원조 의무의 정당성 문제에 대한 윤리적·철학적 논거를 제시하지 않은 채,[16] 원조의 대상이나 목표, 수준에 대해서만 언급하고 있을 뿐이다.

앞서 언급했던 것처럼 롤스는 『만민법』에서 '질서정연한 사회'(well-ordered society)에 살고 있는 만민은 불리한 여건으로 인해 '고통받는 사회'에 원조해야 할 의무가 있다고 주장한다.[17] 여기서 '고통받는 사회'란 인적 자본과 기술 수준, 물질적 자원 등이 결여되어 고통스러운 삶을 살고 있는 사회를 가리킨다. 그런데 원조의 목적은 고통받는 사회가 자신들의 문제를 합당하게 그리고 합리적으로 관리할 수 있도록 도와주어서 결과적으로 그들이 질서정연한 사회의 구성원이 되도록 하는 데 있다. 그의 주장에 따르면 원조의 궁극적 목표는 고통받는 사회에 자유와 평등을 확립하는 것이다. 따라서 원조의 의무는 고통받는 사회가 질서정연한 사회, 즉 '입헌적 자유주의 사회'나 이에 가까운 '적정 수준의 사회'를 만

15 J. Rawls, 장동진 외 공역, 『만민법』, 이끌리오, 2000, 65쪽.

16 C. R. Beitz, "Rawls's Law of Peoples", *Ethics*, 110, The University of Chicago, 2000, 688-689쪽.

17 J. Rawls, 『만민법』, 169-191쪽.

들 때까지만 유효하다. 이런 점에서 원조의 의무는 목표와 차단점을 함께 지니고 있다. 롤스는 '세계시민주의'나 '지구적 평등주의'가 세계 도처에 있는 모든 가난한 사람들을 돕는 데 관심을 갖지만, 자신의 '만민법'은 사회 구조나 제도를 개선하여 질서정연한 사회를 만드는 데 관심을 갖고 있다고 주장한다. 롤스가 이렇게 해외 원조의 의무를 사회 구조나 제도의 개선에 국한하는 이유는 기근 문제가 주로 물질적 자원의 부족이 아니라, 정치적·사회적 제도의 결함에 기인한다고 보기 때문이다. 또한 그 사회의 고유한 문화나 역사에 따라 필요한 부의 수준이 달라서 그것을 평준화할 필요는 없다고 보기 때문이다.

그러나 싱어는 이러한 롤스의 모델이 국민 국가에 의거한 '국제적 차원의 모델'이지, '지구적 차원의 모델'은 아니라고 비판한다.[18] 세계화 시대에는 국민 국가 개념을 뛰어넘는 지구적 차원의 사고와 윤리가 요구되는데, 롤스는 여전히 국민 국가의 차원에 머무르고 있고, 따라서 국가들 사이의 문제에만 초점을 맞추고 있지, 지구상의 모든 가난한 사람들의 문제에 초점을 맞추고 있지는 않다는 것이다. 롤스는 『정의론』에서 정의의 원칙을 도출하는 데 우연적인 요소들이 개입하는 것을 막기 위해서 '무지의 베일'을 내세웠는데, 『만민법』에서는 개인이 우연적으로 어떤 국가에서 출생하는가에 따라 발생하는 차이를 막을 장치가 없다. 따라서 자원이 풍족한 국가에 태어난 개인과 자원이 부족하여 열악한 국가에 태어난 개인은 이로 인해 발생하는 빈부 격차와 같은 것을 운명으로 받아들일 수밖에 없는 것이다.

18 P. Singer, 김희정 역, 『세계화의 윤리』, 아카넷, 2003, 226-231쪽.

또한 이러한 롤스의 모델은 절대적 빈곤을 겪고 있는 지구상의 수많은 개인에 대한 직접적인 관심을 표명하지 않고, 단지 사회 체제나 구조에만 관심을 표명하기 때문에 개인에 대한 적극적인 원조가 충분히 이루어지지 않는다는 비판을 받을 수 있다. 롤스의 모델은 부유한 선진국이 져야 할 해외 원조의 부담을 덜어주기는 하지만, 지금 당장 굶어 죽어 가는 지구상의 수많은 가난한 사람들을 방치하는 결과를 낳을 수 있다. 따라서 가난한 국가의 사회 체제나 구조를 개선하는 차원의 원조와 더불어 지구상의 가난한 개인들에 대한 직접적인 원조도 함께 이루어져야 할 것이다.

해외 원조 문제에 대한 롤스의 국제주의적 입장은 현실성을 상당히 고려한 논리라고 여겨진다. 롤스는 자신의 '만민법'이 '현실주의적 유토피아'(realistic utopia)에 입각하여 세워진 국제적 정의관이라고 주장하고 있는데,[19] 해외 원조의 문제에서도 바로 이러한 '현실주의적' 유토피아가 반영되었다고 본다. 즉 이상적인 국제 질서를 추구하되 그것이 국제 관계의 현실을 무시해서는 안 된다는 것이다. 그래서 롤스는 국내 부조의 논리를 해외 원조의 문제에까지 그대로 확장하여 적용하는 것이 이상적이기는 하지만, 현실적이지는 않다고 본 것 같다. 국내와 국외를 같은 사회와 다른 사회로 구분하려는 의식이 우리 머릿속에 여전히 자리 잡고 있다고 보기 때문이다. 그렇지만 이러한 롤스의 입장은 자신이 추구했던 현실주의와 이상주의의 결합에서 후퇴하여, 기존의 국제 관계 질서를 인정하는 현실주의로 경도되었다는 비판을 받을 수 있다.

19 J. Rawls, 『만민법』, 13-43쪽.

5) 세계화 시대와 해외 원조 의무

앞에서 살펴보았듯이 해외 원조의 의무는 피해에 대한 보상이나 보편적 선행의 의무와 같은 의무론, 공리주의, 공동체주의, 평등주의적 자유주의 등 다양한 윤리적 관점에서 그 정당성을 확보할 수 있다. 동일한 사회의 구성원에 대한 부조의 의무마저 부정하는 자유지상주의의 관점을 제외한다면, 대부분의 다른 윤리적 관점은 해외 원조의 의무를 인정하고 있거나 또는 그것을 정당화할 수 있는 근거를 갖고 있다. 동일한 사회의 구성원에 대한 부조의 의무를 인정한다면, 다른 사회의 구성원에 대한 부조나 원조의 의무를 거부하기는 어렵다. 공동체의 구성원이나 주변 사람에 대한 부조의 의무는 이방인이나 다른 공동체의 구성원에 대한 원조의 의무로 확대될 수 있는 것이다.

특히 세계화 시대에는 급속한 삶의 조건 변화 때문에 해외 원조의 의무가 더욱 강화되고 있다고 볼 수 있다. 교통·통신의 발달과 국제적 교류의 증가가 우리의 삶의 영역을 지구적 차원으로 확대하면서 국가들 사이의 경계선을 허물고 있다. 국민 국가를 기반으로 삼았던 우리의 삶은 이제 지구적 차원으로 확대되고 있다. 따라서 사회적 상호작용을 통해 서로에게 영향을 미치는 범위는 자신이 속한 국가에 국한되지 않으며, 세계적 차원으로 확대되었다. 활발한 문화 교류, 다국적 기업의 활동, 지구적인 환경 문제 등에서 볼 수 있듯이 지구촌의 구성원들은 서로에게 때로는 이익을 주기도 하고 때로는 피해를 주기도 하면서 긴밀한 상호작용을 하고 있다. 따라서 사회적 상호작용의 범위를 근거로 부조의 의무 대상을 자신이 속한 국가의 구성원으로 한정하려는 입장은 더 이상 타당하지 않다. 사회적 상호작용이나 협력이 국내 부조나 분배적 정의의 기반이라면, 세계적 차원의 분업과 상호작용이 활발히 이루어지는 세계화 시대의 새로운 조건들은 해외 원조나 국제적 분배 정의를 적극적으로 주장할 수 있는 기반이 된다.[20]

또한 세계화 시대에는 디지털 기술문명의 발달로 시간적·공간적 거리가 급격하게 축소되고 있다. 우리는 인터넷이나 매스컴을 통해 지구 반대편에서 일어나고 있는 기아 문제를 시시각각으로 생생하게 접할 수 있다. 따라서 예전처럼 다른 국가의 빈곤 문제를 인식하거나 그들의 고통을 직접적으로 지각하는 데 곤란을 겪지 않는다. 이러한 측면에서는 국내 빈곤 문제와 해외 빈곤 문제 사이에 별 차이가 없다.

물론 빈곤 계층을 돕기 위한 원조금이 충분하지 않을 경우라면 우리 주변의 가까운 사람들을 먼저 도울 수는 있다. 우리는 주변 사람들과 좀 더 긴밀한 사회적 상호작용을 하고 있으며, 따라서 피해를 주거나 이익을 얻은 정도가 더 많을 수 있기 때문이다. 효율성의 측면에서도 마찬가지다. 주변 사람들에 대한 원조가 더 빠르게, 더 많은 효과를 낼 수 있다. 그렇지만 부유한 국가들의 경제적 능력은 국내 원조를 넘어설 만큼 충분하므로 원조의 범위는 해외까지 확대되어야 한다.

4. 해외 원조의 수준: 국제주의와 세계시민주의

1) 해외 원조의 목적과 수준

세계화 시대에 해외 원조의 문제는 중요한 국제적 관심사가 되고 있다.

---

20 C. R. Beitz, 정종욱 역, 『현대 국제 정치 이론』, 민음사, 1982, 166-173쪽.

유엔아동기금(UNISEF)을 비롯하여 많은 국제 기구가 해외 원조에 나서고 있으며, 국제연합(UN)은 국민총소득(GNI)의 0.7%를 해외 원조에 할당할 것을 권장하고 있다. 해외 원조는 정부나 국제 기구뿐만 아니라 민간 차원에서도 활발하게 이루어지고 있는데, 이렇게 정부나 국제 기구, 민간 단체들이 해외 원조에 나서는 이유를 몇 가지로 구분해 볼 수 있다.[21]

우선 생각해 볼 수 있는 것이 현실주의적 관점이다. 해외 원조를 하는 국가는 자국의 안전을 확보하기 위해, 예를 들어 원조 대상국이 공산주의로 넘어가거나 테러리즘의 유혹에 빠지는 것을 막기 위해 원조를 한다는 것이다. 즉 인도주의와 같은 도덕적 책임감 때문이 아니라, 자국의 이익 증진이라는 관점에서 자국의 국력 증진과 안전을 도모하기 위한 수단으로 원조를 한다는 것이다. 마르크스주의나 종속 이론의 관점에서는 자본주의의 지배적인 중심 국가가 주변 국가나 개발도상국을 착취하거나 통제하기 위해 원조를 한다고 본다. 지배적 국가는 개발도상국으로부터 원료를 수입하고 자국의 상품을 수출하기 위해 원조 대상국을 자신의 체제 속에 편입시키려는 의도로 원조를 한다는 것이다. 자유주의적 국제주의는 해외 원조가 국제적 상호 의존성의 심화와 세계화의 문제를 다루는 데 있어서 국가들의 협력 경향을 반영하고 있다고 본다. 예를 들면 질병이나 환경 문제, 기아 문제 등을 해결하기 위한 국제적 협력 방식들 중의 한 형태라는 것이다. 이에 비해 구성주의 관점은 해외 원조를 국가들 사이의 상호 관계에서 발전한 하나의 규범으로 본다. 해외 원조는 부자 국가가 가난한 국가에서 사는 사람들의 삶의 질을 개선하기 위한 목적으로 이루

21 C. Lancaster, *Foreign Aid: Diplomacy, Development, Domestic Politics*, University of Chicago Press, 2007, 3-4쪽.

어지는 것이며, 원조국의 정치적·경제적 이해관계가 아니라 인도주의적 관심에 바탕을 두고 윤리적·인간적 관심에서 이루어지고 있다는 것이다.

그런데 해외 원조의 의무는 인정하지만, 그 목적이나 수준에 대해서는 윤리적 관점에 따라 차이가 있다. 예를 들면 공동체주의자들은 자신이 속한 공동체의 구성원들에 대한 공적 부조의 의무는 강하게 인정하지만, 다른 사회의 구성원들에 대한 원조의 의무는 약하게 인정한다. 반면에 공리주의자들은 인류 전체 이익의 최대화라는 관점에서 매우 적극적이면서도 강하게 해외 원조를 주장한다. 여기서는 이러한 문제와 관련하여 해외 원조에 대한 국제주의와 세계시민주의의 관점을 구체적으로 검토하면서 그 타당성을 평가하려고 한다.

2) 해외 원조에 대한 국제주의적 관점

(1) 해외 원조에 대한 롤스의 기본 입장

롤스는 『만민법』에서 '질서정연한 사회'(well-ordered society)에 살고 있는 만민은 불리한 여건으로 인해 '고통받는 사회'(burdened society)를 원조할 의무가 있다고 주장한다.[22] 그런데 원조의 목적은 고통받는 사회가 자유와 평등의 질서를 확립하여 질서정연한 사회의 구성원이 되도록 하는 것이다. 따라서 원조의 의무는 고통받는 사회가 질서정연한 사회, 즉 '입헌적 자유주의 사회'나 이에 가까운 '적정 수준의 사회'를 만들 때까지만 유효하다. 롤스가 이렇게 해외 원조의 의무를 사회 구조나 제도의 개선에 국한하는 이유는 기근 문제가 주로 물질적 자원의 부

---

22 J. Rawls, 『만민법』, 169-191쪽.

족 때문이 아니라 정치적·사회적 제도의 결함에서 기인한다고 보기 때문이지만, 그 사회의 고유한 문화나 역사에 따라 필요한 부의 수준이 다르므로 그것을 평준화할 필요는 없다고 보기 때문이기도 하다. 이처럼 롤스는 해외 원조의 의무는 인정하지만, 그 수준은 국내 복지의 수준과는 차이가 있어야 한다고 본다. 해외 원조는 고통받는 가난한 국가를 질서정연한 사회 체제로 만드는 데 목적이 있지, 모든 인류의 복지 수준을 향상시키는 데 있지 않다는 것이다. 이러한 롤스의 입장은 해외 원조 문제에서 국가적 경계를 중시한다는 점에서 '국제주의' 입장이라고 볼 수 있다.

(2) 사회적·경제적 권리의 확장 가능성

롤스는 『정의론』에서 해외 원조의 문제에 대해서는 특별한 언급을 하고 있지 않다. 그 책에서 롤스는 주로 한 사회나 국가에서 통용되어야 할 정의의 원칙에 대해서만 다루고 있지 다른 사회나 국가에까지 그러한 정의의 원칙을 확대 적용하여 국제적 정의 원칙을 구체화하고 있지는 않다. 그렇지만 롤스는 정치적 의무에 관한 이론을 대외 정책에 적용하기 위해서는 정의론을 국제법으로 확대할 필요가 있다고 하면서, 정의의 원칙을 도출하는 데 적용되었던 원초적 입장을 국제적 정의 원칙을 마련하는 데까지 확대 적용하려는 기본 구도를 제시하고 있다.[23] 롤스는 계약의 당사자들을 서로 다른 국가들의 대표자들이라고 생각하고 이들이 무지의 베일 상태에 있다고 가정한다.

---

23 J. Rawls, 『정의론』, 491-493쪽.

> 그들은 자신들이 각기 정상적인 인간 생활의 여건 아래서 생활하고 있는 서로 다른 국가들을 대표하고 있음을 알지만, 그들 자신의 사회가 갖는 특정 여건이나 다른 나라와의 비교를 통한 그 능력이나 힘에 대해서는 아무것도 모르며 또한 그들 자신의 사회에 있어서 자기의 지위도 모른다. 또한 이 경우에는 국가의 대표자들이 되는 계약 당사자들이 그들 자신의 이익을 보호하기 위해 합리적 선택을 하는 데에만 충분한 지식이 허용되며, 그들 중에 보다 운이 좋은 사람들이 자신들의 특수 사정을 유리하게 이용할 수 있을 만큼 많은 것을 알지는 못한다. 이러한 원초적 입장은 국가들 간에 공정한데, 그것은 역사적 운명의 우연성과 편파성을 무효화시켜 준다. 국가들 간의 정의는 이렇게 해석된 원초적 입장에서 선택될 원칙들에 의해 결정된다. 이러한 원칙들은 다른 나라들에 대한 공공 정책들을 규제하므로 정치적 원칙들이라 할 수 있다.[24]

이처럼 롤스는 각 국가의 특수한 능력이나 여건을 모른다고 전제하고 각 국가를 대표하는 당사자들이 국제적 정의 원칙에 합의하여 국제법을 만든다고 가정한다. 즉 국제적 정의 원칙을 채택하는 데 있어서 우연성이나 편파성이 개입하는 것을 막기 위해 무지의 베일을 쓰고 있다고 가정하는 것이다. 그리고 그러한 조건에서 합의한 내용이 정의롭다고 본다. 그런데 롤스는 여기서 국제법과 관련된 정치적 원칙들에 대해서만 언급하고 사회적·경제적 원칙들에 대해서는 언급하고 있지 않다. 만약 정의 원칙을 도출하기 위한 원초적 입장의 조건들을 국제적 차원으로 확대 적

---

24 J. Rawls, 『정의론』, 492쪽.

용한다면 정의의 제1원칙과 관련된 정치적 원칙들뿐만 아니라 정의의 제2원칙과 관련된 사회적·경제적 원칙에도 합의에 도달할 가능성이 높다. 그래서 '차등의 원칙'이 채택된다면 지구적 차원에서 최소 수혜자, 즉 사회적 약자나 약소 국가에 대한 적극적인 경제적 지원이 요구된다고 볼 수 있다. 그러나 롤스는 정치적 원칙을 넘어선 다른 원칙에 대해서는 구체적인 언급을 하지 않고 차후의 과제로 미뤄 둔다. 롤스가 국제적 정의 원칙으로서 정치적인 것과 관련하여 언급하고 있는 것은 자결 원칙·자기 방어의 권리·조약 준수의 의무 등으로, 스스로 밝히고 있듯이 통상적으로 널리 알려져 있는 것들에 불과하다. 롤스 '정의론'의 고유한 특징이라고 할 수 있는 '차등의 원칙'을 국제 관계에 적용시키는 문제는 『정의론』에서 보류되고 있다.

롤스는 평등주의적 자유주의자로서 시민적·정치적 권리뿐만 아니라 사회적·경제적 권리를 옹호하여 공적 부조와 평등한 분배 정책을 지지한다. 만약 인간 존중이라는 보편적 권리 이론의 관점에서 복지권을 인정한다면 이것은 국내뿐만 아니라 외국에까지 확대 적용되어야 한다.[25] 롤스는 『정의론』에서 정의의 제1원칙을 설명할 때 기본적인 정치적 권리와 관련하여 평등한 자유의 원칙을 주장한다. 이와 더불어 제2원칙에서는 사회적·경제적 권리와 관련하여 공정한 기회 균등의 원칙과 차등의 원칙을 주장한다. 이렇게 정치적 권리뿐만 아니라 사회적·경제적 권리도 보편적 권리로 인정한다면, 이러한 권리들은 단지 국내 구성원에게만 적용되는 것이 아니라 국외의 다른 사람들에게도 보편적으로 적용되어야 한

25 M. Sandel, *Democracy's Discontent*, 17쪽.

다. 인종이나 국적에 상관없이 모든 사람들이 인간으로서 그러한 권리를 평등하게 갖고 있는 것으로 간주되어야 한다는 말이다.

롤스는 '차등의 원칙'이 박애의 이념을 표현하고 있다고 말한다.[26] 박애의 이념은 민주적 권리 형태로 규정되는 것은 아니고 일종의 마음의 태도이자 행동 방식인데, 차등의 원칙은 사회적 약자를 배려하기 때문에 이러한 박애의 이념에 부합한다는 것이다. 자유의 이념이 제1원칙에, 평등의 이념이 제1원칙과 더불어 제2원칙인 공정한 기회 균등 원칙에 연결된다면, 박애의 이념은 차등의 원칙에 연결된다. "박애의 이상은 때때로 보다 넓은 사회의 성원 간에는 현실적으로 기대하기 힘든 정감이나 감정의 유대를 포함한다고 생각된다."[27]라는 롤스의 언급에서 차등의 원칙은 사회적 약자를 포함한 모든 인간에 대한 보편적 사랑의 이념을 담고 있음을 알 수 있다. 그것은 단지 우리 가족이나 이웃에 그치는 것이 아니라 인류 전체에 대한 사랑이나 유대의 감정을 표현하고 있다. 차등의 원칙은 민주적 권리로 간주되지 않지만, 민주주의의 주요 정신이라고 할 수 있는 박애의 이념을 '불리한 사람들의 복지'에 기여하는 방식으로 표현하고 있다. 이렇게 차등의 원칙이 박애의 정신을 표현하고 있다면, 이것은 단지 내부 구성원에게만이 아니라 인류 전체에도 확대 적용되어야 한다. 특히 경제적인 '복지'의 측면에서 사회적 약자를 배려하는 박애의 정신은 해외 원조에 적극적으로 나서야 하는 근거가 된다.

그러나 롤스는 『만민법』에서 복지권을 포함한 사회적·경제적 권리를

---

26 J. Rawls, 『정의론』, 157-158쪽.

27 J. Rawls, 『정의론』, 158쪽.

보편적인 기본 권리로 인정하지 않고 있으며, 『정의론』의 고유한 특징이라고 할 수 있는 '차등의 원칙'을 국제 사회에까지 확대 적용하지 않고 국내에만 제한적으로 적용시키고 있다. 그가 사회적·경제적 권리를 보편적 권리로 인정하고 또한 '차등의 원칙'이 박애의 이념을 표현한 것으로 보았다면 그러한 권리나 원칙은 국경을 넘어 국제적 차원까지 보편적으로 적용되어야 마땅하고, 해외 원조에 대해서도 국내 부조와 마찬가지로 높은 수준을 요구해야 한다. 그러나 롤스는 해외 원조의 의무가 사회들 간의 경제적·사회적 불평등을 규제하는 분배적 정의 원칙을 따르는 것은 아니라고 말한다.[28] 이처럼 롤스는 『정의론』에서 보편적 권리로 인정했던 것을 『만민법』에서는 그렇게 하지 않았다는 점에서 이론적 일관성을 결여하고 있다고 보아야 한다.[29]

(3) 국제적 정의에서 '무지의 베일'과 우연적 요소

롤스는 『정의론』에서 정의의 원칙을 도출하는 데 우연적 요소가 개입하는 것은 정의롭지 않다고 보았다. 그래서 그러한 우연적 요소의 개입을 막기 위해 원초적 입장의 조건을 설정할 때 '무지의 베일'이라는 장치를 사용하였다. 개인들이 자신의 선천적 능력이나 신분을 모른다고 가정하고 그러한 상황에서 정의의 원칙을 선택하는 것이다. 롤스는 개인의 타고난 능력이나 조건은 우연적이기 때문에 이것에 의해 사회적 가치(선)

---

28 J. Rawls, 『만민법』, 190쪽.

29 롤스가 『정의론』에서 내세운 '차등의 원칙'을 국제적 차원까지 일관성 있게 적용하지 못했다는 비판에 대해서는 다음 저술을 참조하기 바란다. C. R. Beitz, "Rawls's Law of Peoples", 688-694쪽; A. Buchanan, "Rawls's Law of Peoples: Rules for a Vanished Westphalian World", *Ethics*, 110, The University of Chicago, 2000, 698-701쪽.

의 분배에서 서로 차이가 생긴다면 그것은 정의롭지 않다고 본 것이다. 그래서 롤스는 이렇게 말한다. "무지의 베일은 우리가 우리 자신의 특유한 애착과 이해에 맞추어서 우리의 도덕적 관점을 형성하는 것을 저지한다. 우리는 사회 질서를 우리의 처지에서 바라보지 않고 모든 사람들이 동등한 지반 위에서 채택할 수 있는 관점을 취하게 된다."[30] 롤스는 특수한 애착이나 편협한 이해관계에 따라 도덕적 판단을 내리는 것을 막기 위해 '무지의 베일'을 설정한 것이다. 자신의 특수한 관점이나 경향성, 이해관계에서 벗어나 공정한 관점에서 판단을 내림으로써 다른 사람들과 공통의 관점을 공유하기 위한 것이다.

그렇다면 국제적 정의 원칙을 마련하는 데에도 그러한 우연성이나 편향성을 배제하기 위한 시도가 이루어져야 한다. 개인은 특정 사회에 우연히 속하게 되며, 따라서 자기가 속한 사회의 자원이나 사회 구조, 제도에 따라 삶의 수준도 달라진다. 개인은 부자 국가나 사회 제도가 잘 정비된 사회에 태어날 수도 있고, 그렇지 않을 수도 있다. 따라서 국제적 정의 원칙에서도 그러한 우연적 요소를 배제하기 위한 장치를 마련해야 한다. 그러나 롤스는 『만민법』에서 그러한 우연적 요소를 막기 위한 장치를 하지 않고 있다.[31]

롤스는 자유주의자로서 선(좋음)에 대한 정의(옳음)의 우선성 테제를 바탕으로 특수한 애착에 입각한 도덕적 판단을 거부한다.[32] 이러한 입장에 따른다면 공동체성이나 애착심에 근거하여 국경선을 경계로 자국민을

30 J. Rawls, 『정의론』, 661쪽.

31 P. Singer, 『세계화의 윤리』, 227-228쪽.

32 J. Rawls, 『정의론』, 716쪽.

우선시하는 태도는 옳지 않으며, 보편적 가치의 입장에서 모든 사람을 평등하게 대우해야 한다. 따라서 우연성을 배제하지 못하고 특수한 애착에 근거하여 자국민에 대한 공적 부조만 중시하고 다른 나라 사람들에 대한 해외 원조에 대해서는 소극적인 태도는 문제가 있다.

(4) 국제 사회의 구분 기준과 '질서정연한 사회'

롤스는 『만민법』에서 해외 원조의 목적이 '고통받는 사회'를 '질서정연한 사회'로 만드는 것이라고 하면서 그러한 목적이 달성되면 원조는 중단되어야 한다고 주장한다. 만약 국내에 적용되는 분배적 정의 원칙을 국제 사회에까지 확대 적용하면 그것은 명확한 목적이나 차단점을 갖지 않게 되어 옳지 않다는 것이다. 사회들 간의 부와 복지 수준은 다양할 수 있는데, 원조의 목표는 그러한 수준을 조정하는 것이 아니라 단지 고통받는 사회를 질서정연한 사회로 통합시키는 것이다. 모든 질서정연한 사회가 부유한 것이 아니며, 모든 사회가 가난한 것도 아니다. 천연 자원이 부족한 국가라고 할지라도 그 사회의 정치적·문화적 구조가 자유적이거나 적정 수준이라면 질서정연한 사회에 들어갈 수 있다는 것이다.[33]

롤스가 『만민법』에서 제시하고 있는 국제 사회의 구분 기준은 주로 정치적인 요소와 관련되어 있다. 그는 인권 보장, 민주적인 의사 결정 과정, 다른 국가에 대한 공격성 여부 등을 기준으로 국가 형태를 5가지로 구분한다.[34] '질서정연한 사회'로 분류되는 '자유적 만민의 사회'와 '적정 수준

33 J. Rawls, 『만민법』, 170쪽.

34 J. Rawls, 『만민법』, 14-15쪽, 104-105쪽, 145-146쪽, 170쪽.

의 사회'는 인권이 보장되고, 민주적 의사 결정이 이루어지며, 다른 국가에 대해 공격적이지 않다. 다만 적정 수준의 사회는 위계적이기는 하지만 적당한 협의 체계를 갖추고 있어 어느 정도의 민주적 의사 결정이 이루어진다. 반면에 '무법 국가'는 인권이 보장되지 않고, 민주적 의사 결정도 이루어지지 않으며, 다른 국가에 대해 공격적 태도를 취하기도 한다. '고통받는 사회'는 역사적·사회적·경제적 조건이 불리하여 인권 보장이나 민주적 의사 결정 과정이 정착되지 않았으나, 다른 국가에 공격적이지는 않다. '자애적 절대주의 사회'는 인권은 보장되지만, 민주적 의사 결정이 이루어지지 않는다. 하지만 다른 국가에 공격적인 태도를 갖고 있지는 않다.

이처럼 롤스는 경제적 측면보다는 주로 정치적 측면에 맞춰 국제 사회를 구분하고 있다. 거기에는 경제적 여건을 중심으로 한 부국과 빈국의 구분이 없다. 롤스는 인권이 보장되고 민주적인 의사 결정이 이루어지는 사회를 '질서정연한 사회'라고 본다. 따라서 기본적인 정치적 권리가 보장된다면 설사 그 나라가 가난한 국가라고 할지라도 큰 문제가 없다고 간주하여 원조의 대상에서 제외한다. 롤스는 만약 정치적·문화적 여건만 갖추어진다면, 즉 자유민주주적인 사회 구조가 정착된다면 물질적 고통도 완화된다고 보면서 그러한 사회를 '질서정연한 사회'의 범주에 포함시킨다. 롤스는 『정의론』에서 정치적 권리와 더불어 사회적·경제적 권리도 중시했는데, 국제적 정의 문제에서는 정치적 측면만을 중시하고 사회적·경제적 측면은 경시하고 있다.

롤스는 분배적 정의와 관련하여 국내에서 최소 수혜자가 자유롭고 가치 있는 삶을 살 수 있도록 충분한 수단을 갖게 되면 그 간격을 더 이상 줄일 필요는 없으며, 만민의 사회에서도 원조의 의무가 충족되고 만민이 자유적(또는 적정 수준의) 정부를 갖게 된다면 만민 간의 평균적 부의 차이를 다시 좁혀야 할 이유는 없다고 말한다.[35] 롤스는 국내 분배적 정의 문제에서는 최소 수혜자를 배려하는 차등의 원칙을 주장하지만, 국제 관계에서는 질서정연한 사회에 편입되는 것만을 중시하고 있다. 과연 고통받는 사회가 질서정연한 사회가 된다고 해서 그 사회에 살고 있는 사회적 약자들이 가치 있는 삶을 살 수 있는가? 질서정연한 사회는 주로 정치적 측면에서 자유민주주의적 권리들이 보장되는 사회인데, 이것만으로는 사회적 약자들이 충분한 물질적 수단을 갖지 못할 수도 있다.

또한 롤스는 빈부 격차가 사회적 약자들을 열등한 자로 간주하여 자존감을 손상시키기 때문에 불평등을 시정하기 위한 분배적 정의가 필요한데, 원조의 의무가 실현되어 질서정연한 정부가 들어선 이후에도 부국과 빈국 사이에 여전히 남아 있는 빈부 격차 등으로 열등감이나 자존감의 손상을 느끼고 있다면, 이는 정당하지 않은 불만이라고 말한다.[36] 그렇지만 고통받는 사회가 질서정연한 사회가 된다고 해도 다른 국가와의 빈부 격차 때문에 열등감이나 자존감의 손상이 발생할 수 있는데, 그것이 왜 정당하지 않은지에 대해서는 그 이유가 분명하게 제시되지 않고 있다.

(5) 국제 사회에서 부국과 빈국의 문제

롤스는 『만민법』에서 질서정연한 사회가 반드시 부유한 사회일 필요는 없다고 하면서 원조의 의무를 정당한 저축의 수준과 연관시켜 설명한

35 J. Rawls, 『만민법』, 182쪽.

36 J. Rawls, 『만민법』, 181-182쪽.

다.[37] 롤스가 『정의론』에서 이미 언급했듯이 한 사회의 정당한 저축 수준은 질서정연한(입헌민주주의) 사회를 구현하기 위한 정의로운 기본 제도를 유지하는 것과 연관된다. 만약 정당한 기본 제도가 확립된다면 저축은 중지될 수 있는데, 롤스는 그러한 정당한 제도를 확립하는 데 막대한 부가 필요한 것은 아니라고 본다. 다만 그 수준은 그 사회의 정의관이나 문화적·역사적 요인에 의해 결정되며, 따라서 국가들 사이에 동일한 기준이 있지는 않다는 것이 그의 입상이나. 롤스는 해외 원조의 의무가 그러한 정당한 저축의 의무와 유사성이 있다고 본다. 이 두 가지 의무의 공통된 목적은 정당한(또는 적정 수준의) 제도들을 실현하고 보존하는 것이기 때문이다. 그것은 부의 평균 수준 또는 어떤 사회의 부 또는 사회 내 어떤 특별 계층의 부를 증가시키는 것도 아니고, 무제한으로 극대화시키는 것도 아니라는 것이다.

이처럼 롤스는 한 사회의 부는 민주적인 사회 제도를 유지할 수 있을 정도만 갖추어지면 되며, 그 이상은 각 사회의 문화적·역사적 환경에 따라 다르다고 본다. 그러나 롤스가 원조의 의무를 '차등의 원칙'이 아니라 '정당한 저축'과 연관하여 설명하고 있는 것은 문제가 있다. 그것은 롤스가 원조의 의무를 처음부터 정당한 제도를 유지하는 데 있다고 가정하고 출발했기 때문에 그러한 공통점을 추출한 것이다. 만약 원조의 목적을 지구적 차원에서 기아나 빈곤 문제를 해결하는 것으로 설정했다면 원조 의무와 저축 의무는 공통점을 갖지 않는다.

정당한 저축 문제는 '미래 세대를 위해 기존 세대가 얼마나 저축을 해

37 J. Rawls, 『만민법』, 71-72쪽.

야 하는가?'라는 세대 간 정의 문제와 연관되어 있다.[38] 반면에 원조의 문제는 세대 간 문제가 아니라 지금 현 세대에서 기아나 가난의 문제를 해결하는 것과 연관되어 있다. 국가와 국가 사이의 경제적 문제 또는 세계적 차원에서 개인과 개인 사이의 경제적 문제를 다루는 것이기 때문에 이것은 정당한 저축 문제보다는 경제적 권리의 문제를 다루는 '차등의 원칙'과 연관시키는 것이 더 타당하다. 정당한 저축 문제를 국제적 정의 문제에 적용시킨다면 이것은 지구적 차원에서 인류 전체가 미래 인류를 위해서 어느 정도의 저축을 해야 하는가의 문제가 된다.

롤스는 국제적 정의(불평등) 문제와 관련하여 베이츠(C. R. Beitz)와 포기(T. Pogge)의 견해를 비판한다. 베이츠는 국제적 무역과 유통이 활발히 이루어지면서 각 국가가 자급자족적인 체계를 유지하지 않고 지구적 협력 체계를 이루고 있다면, 『정의론』에서처럼 차등 원칙을 지구적 차원으로 확대하여 적용해야 한다고 주장한다. 즉 풍요로운 국가가 자원이 열약한 국가를 위해 자원을 분배해야 하는 지구적 분배 원칙(global distribution principle)이 필요한데, 이것은 국가 간 부의 이전만으로는 불충분하며, 가난한 개인에 대한 지원도 이루어져야 한다는 것이다.[39] 이에 대해 롤스는 다음과 같이 비판한다. "한 나라가 어떻게 살아가는가 하는 문제에서 결정적 요소는 그 나라의 정치 문화(그 나라 구성원의 정치적, 시민적 덕목들)이지 그 나라가 갖고 있는 자원의 수준이 아니기 때문에 천연 자원의 배분의 우연성은 어떤 곤란함도 야기하지 않는다. 그러므로 우리가 베이츠의

38 J. Rawls, 『정의론』, 379-381쪽.

39 C. R. Beitz, *Political Theory and International Relations*, Princeton University Press, 1979, 172-174쪽.

자원 재분배 원칙을 논의할 필요는 없다."[40] 만약 지구적 분배 원칙이 커다란 빈곤이나 불평등을 해소하기 위한 것이라면 의미가 있지만, 원조의 의무가 충족된 이후에도 끝없이 지속적으로 적용되는 것은 옳지 않다는 것이다. 예를 들어 질서정연한 사회가 있는데 한 국가는 산업화하고 저축률을 증대하기로 결정했다. 반면에 다른 국가는 그렇게 하지 않았다. 이 국가는 기존의 부에 만족하면서 목가적이고 여유로운 사회를 선호한다. 만약 이로 인해 나중에 두 사회 간에 빈부 격차가 발생했다면 지구적 평등주의처럼 다른 나라를 위해 원조를 하는 것은 옳지 않다는 것이다.

이처럼 롤스는 사회의 고유한 문화나 역사에 따라 필요한 부의 수준이 다르므로 그러한 부를 평준화할 필요가 없다고 주장한다. 그런데 이러한 문제는 국가들 사이뿐만 아니라 한 국가 내부에서 시민들 사이에서도 발생할 수 있다. 근검절약해서 부를 축적하는 사람과 그렇지 않고 여가를 선호하는 사람 사이에 그런 빈부 격차가 발생할 수 있다. 그렇다면 한 사회 내에서도 사람들의 가치관이나 생활 태도에 따라 필요한 부의 수준이 다르므로 그것을 조정할 필요가 없다. 그런데 롤스는 『정의론』에서 '차등의 원칙'을 바탕으로 그러한 개인적 차이의 측면을 무시하고 부의 수준을 평준화하는 방식으로 조정을 시도하고 있다.

(6) '고통받는 사회'와 정치 문화적 요인

롤스는 '고통받는 사회'의 문제를 해결하는 데 무엇보다도 정치 문화적 요인이 중요하다고 말한다. 어떤 사회가 합당하게 그리고 합리적으

---

40 J. Rawls, 『만민법』, 186쪽.

로 조직되고 통치된다면 자원이 너무 부족하여 그 사회가 질서정연한 사회가 될 수 없는 경우는 세계 어디에도 (한계적인 경우를 제외하고) 없다는 것이다. 자원 빈국들(가령 일본)은 매우 잘 운영되고 있는 반면에, 자원 부국들(가령 아르헨티나)은 심각한 어려움을 안고 있는 경우를 볼 수 있는데, 이러한 차이는 주로 정치 문화나 정치적 덕목 등으로 인해 발생한다는 것이다.[41]

심지어 롤스는 센(A. Sen)의 주장을 근거로 인권을 중시하는 국가는 기근 문제에 봉착하지 않는다고 말한다.[42] 즉 기근 문제는 그 사회의 정치 제도나 정치 문화와 긴밀하게 연관되어 있다는 것이다. 센은 역사적 사례들에 대한 경험적 연구를 통해 식량 감소는 기근의 주된 원인 또는 심지어 부수적 요인조차 될 수 없다고 말한다. 국가가 국민의 복지에 관심을 갖고 있고, 적절한 제도가 마련되어 있다면 식량 생산의 감소가 기근으로 이어지지 않는다는 것이다. 기근이 경제 재난이나 단순한 식량 위기가 아닌 것은 그것이 정치적·사회적 제도의 결함, 식량 생산의 부족량을 시정할 수 있는 정책의 부재로 발생하기 때문이라는 것이다. 따라서 인권을 중시한다면 기근이 발생하는 것을 예방할 수 있다고 그는 주장한다.

그러나 센의 관점과는 달리 민주적이고 인권에 관심이 있는 국가라고 해도 그렇지 않은 국가에 비해 기근 문제를 더 잘 해결하는 것은 아니다.[43] 센은 기근 문제를 해결하기 위해서는 민주주의가 중요하지, 전통적

41 J. Rawls, 『만민법』, 173쪽.

42 J. Rawls, 『만민법』, 174-175쪽.

43 M. Peterson, "Foreign Aid and the Moral Value of Freedom", *Ethical Theory & Moral Practice*, Vol. 7, 2004, 302-305쪽.

인 해외 원조 프로그램이 중요한 것이 아니라고 본다. 재화나 식량, 기술 지원과 같은 해외 원조의 전통적 형태보다는 민주주의 정착이 더 중요하다는 것이다. 그래서 센은 '민주주의가 작동하는' 곳에서는 기근이 없으며, 기근은 비민주주의 국가에서 발생한다고 말한다. 센은 인도의 역사적 경험, 즉 민주화 이전인 1943년과 민주화 이후인 1947년의 인도 모습에 대한 비교를 근거로 그러한 주장을 펼친다. 그러나 그 데이터는 민주주의와 개선된 생활 조건 사이에 연관 관계가 있다는 점만을 보여줄 뿐이며, 민주주의가 생활 조건의 개선을 촉발하는지를, 즉 둘 사이에 인과적 연관 관계가 있는지를 보여주는 것은 아니다. 민주주의가 생활 조건의 개선을 촉발하는 것이 아니라 생활 조건의 개선을 보여주는 지표에 불과할 수도 있다는 말이다. 또한 제3의 요소가 있을 수도 있다. 예를 들면 민주주의와 생활 조건의 개선이 기술에 의해 일어날 수도 있다. 그리고 이와는 반대로 중국처럼 민주주의 발전 없이도 생활 조건의 개선이 이루어진 경우도 있다. 1979년 이후에 중국은 인도에 비해 민주주의가 덜 발달했지만, 인도보다 더 빠른 경제 성장을 이룩하였다. 이것은 센의 테제가 적절하지 않음을 보여준다.

실제로 가난의 문제가 선진 국가나 부자 국가에서도 발생하는 것을 보면 그 문제가 전적으로 사회 제도나 구조에만 달려 있는 것이 아니며, 개인적 차원과도 관련되어 있다고 볼 수 있다. 가난이라는 문제는 개인의 경제적 능력 부족이나 생활 태도 때문에 발생하기도 하니 말이다. 따라서 해외 원조의 목적이 단지 사회 제도나 구조를 개선하는 데에만 집중되어서는 안 되며, 개인에 대한 지원도 중시해야 한다.

3) 해외 원조에 대한 세계시민주의적 관점

(1) 해외 원조에 대한 싱어의 기본 입장

싱어는 공리주의의 '이익 평등 고려의 원칙'을 바탕으로 매우 적극적이면서도 강하게 해외 원조를 주장한다.[44] 공리주의적 입장은 사회나 국가의 경계선에 특별한 의미를 부여하지 않기 때문에 한 국가를 넘어서 세계의 모든 가난한 사람들을 원조의 대상으로 삼아야 하며, 국내 부조와 해외 원조 사이에 중요한 경계나 차이를 설정할 수 없다고 본다. 원조의 수준에서도 인류 전체의 행복이나 이익 증진이라는 관점에서 해외 원조의 양을 크게 늘려야 한다고 본다. 싱어는 『세계화의 윤리』에서 롤스의 입장이 국가의 경계선을 중시하는 '국제주의' 모델이라고 비판하면서 세계화 시대에는 그러한 국가적 경계선의 의미가 약화되었기 때문에 이에 적절한 새로운 세계화의 윤리를 정립해야 한다고 주장하면서 '세계시민주의' 관점을 제시한다. 롤스의 국제주의가 개인들의 복지에 관심을 갖는 것이 아니라 사회 체제나 구조의 개선에 관심을 갖는다면, 싱어의 세계시민주의는 개인들의 복지, 특히 지구적으로 최저 수준에 있는 사람들의 복지 향상에 관심을 갖는다.[45]

(2) 해외 원조의 의무에 대한 강한 전제

싱어는 '얕은 물에 빠진 아이 구하기'라는 비유적 이야기를 통해 우리

---

44 P. Singer, 『실천윤리학』(개정판), 264-291쪽.

45 싱어는 지구적 빈곤 문제를 해결하기 위해 식량 원조가 가장 효과적이라고 보지는 않는다. 왜냐하면 식량 원조는 원조 대상국의 지역 식량 시장을 교란시켜서 더 큰 문제를 낳을 수도 있기 때문이라는 것이다. P. Singer, "Genetically Modified Food and Foreign Aid", *The Brown Journal of World Affairs*, Vol. 14, 2007, 135-136쪽.

가 커다란 희생 없이도 어려운 처지에 있는 다른 사람을 도울 수 있다면 적극적으로 도와야 한다면서 해외 원조의 의무를 강하게 주장한다. 싱어는 「기근, 풍요, 도덕성」에서 풍요로운 서구인들은 가난한 사람들의 상태를 개선하기 위해 돈을 기부해야 할 도덕적 책임이 있다고 말하면서 다음과 같은 도덕적 원칙을 제시했다.[46] "도덕적으로 상응하는(comparable) 중요한 것을 희생하지 않고도 나쁜 일이 일어나는 것을 막을 수 있는 힘이 있다면, 우리는 도덕적으로 그렇게 해야 한다." 이때 '도덕적으로 상응하는 중요한 것을 희생하지 않는다'는 것은 '우리가 막으려고 하는 나쁜 일보다 더 나쁜 일이 일어나지 않는다'는 것을 의미한다. 즉 기근과 같은 어떤 나쁜 일을 막기 위해서 우리가 어떤 행동을 할 때, 그러한 행동이 기근과 같은 나쁜 일보다 더 나쁜 결과를 낳지 않는다면 우리는 기근을 막기 위한 행동에 나서야 한다는 것이다. 이것은 물에 빠진 아이를 구하기 위해 비록 우리의 옷이 진흙투성이가 된다고 할지라도, 이것은 아이가 익사하는 것보다 더 나쁜 것은 아니기 때문에 우리가 아이를 구해야 하는 것과 같은 이치라는 것이다.

싱어는 이러한 도덕적 원칙을 『실천윤리학』에서도 그대로 주장하면서 해외 원조의 의무를 강하게 요구한다. 우리가 막을 수 있는 빈곤에 '도덕적으로 상응하지 않는 중요성'을 가진 것의 예로 그는 유행에 따르는 옷, 값비싼 저녁, 고성능 스테레오, 해외에서의 휴가, 큰 집, 자녀를 사립학교에 보내기 등을 들고 있다. 공리주의자에게는 이러한 것들 중에서 어떤 것도 절대적 빈곤을 감소시키는 것보다 더 중요하지 않다고 그는 주장한

46 P. Singer, "Famine, Affluence, and Morality", *Philosophy and Public Affairs*, vol.1, 1972, 229-243쪽.

다. 그리고 이러한 원칙은 공리주의자가 아닌 사람들도 보편화 가능성의 원리를 지지한다면 받아들일 것이라고 말한다.[47]

그러나 싱어가 제시한 이러한 도덕적 원칙은 이론적으로 볼 때 매우 강한 윤리적 전제를 갖고 있어서 공리주의자가 아닌 사람은 쉽게 받아들일 것 같지 않다.[48] 싱어의 원리에 따르면 우리는 타인의 배고픔을 막기 위해 우리 자신의 부를 포기해야 한다. 우리가 그 사람들을 만난 적도 없고, 우리가 그러한 기아 문제를 불러일으킨 것이 아니라도 말이다. 싱어의 원리를 철저하게 밀고 나가면 기근 구조를 위해 가진 돈 거의 전부를 기부해야 할 도덕적 책임이 우리에게 있는 것이다. 공리주의를 지지하지 않는 사람들은 우리가 낯선 사람들을 위해 그렇게 많은 기부를 해야 하는 이유가 무엇인지 납득이 가지 않을 가능성이 높다.

그래서 피터슨(M. Peterson)은 싱어보다 훨씬 더 약한 윤리적 전제를 바탕으로 해외 원조의 의무를 내세우는 것이 바람직하다고 주장한다. "도덕적으로 중요한(important) 것을 희생하지 않고 나쁜 일이 일어나는 것을 막을 수 있는 힘이 있다면, 우리는 도덕적으로 그렇게 해야 한다"는 것이다.[49] 이 원칙은 '도덕적으로 상응하는 중요한 것을 희생하지 않고'가 아니라 '도덕적으로 중요한 것을 희생하지 않고'이기에 싱어의 원칙보다 훨씬 더 약한 전제를 바탕으로 하고 있다. 우리가 기근과 같은 나쁜 일을 막기 위해 어떤 행동을 할 때, 그 행동이 도덕적으로 나쁘지 않다면 그러한 나쁜 일을 막아야 한다는 것이다. 그런데 만약 기근을 막기 위한 우리

47 P. Singer, 『실천윤리학』(개정판), 272-275쪽.

48 M. Peterson, "Foreign Aid and the Moral Value of Freedom", 293-295쪽.

49 M. Peterson, "Foreign Aid and the Moral Value of Freedom", 294쪽.

의 행동이 기근보다 더 나쁘지는 않지만 그래도 도덕적으로 나쁘다고 판단된다면 우리는 그러한 행동을 하지 않아도 된다는 것이다.

피터슨은 이러한 약한 도덕적 전제는 파레토 원리를 적용한 것으로 볼 수 있다고 말한다. 파레토 원리는 (1) 재화의 재분배를 통해 일부 사람들이 이익을 얻고, (2) 그 누구도 어떠한 손해도 보지 않는다면, 재화는 재분배되어야 한다는 것이다. 그러나 싱어의 강한 전제는 파레토 원리에 의해 지지되지 않는다. 해외 원조를 통해 첫 번째 전제는 충족되더라도, 풍요로운 국가에 살고 있는 사람들은 재화가 재분배되면—상대적으로 적을지라도—복지를 상실하기 때문이다. 싱어의 강한 도덕적 원칙에 따르면 내 자신의 목숨을 희생하지 않고 얕은 연못에 빠진 아이를 구할 수 있다면, 나는 상당한 희생이나 손실이 있더라도 그 아이를 구해야 한다. 그러나 피터슨의 약한 도덕적 원칙의 관점에서 보았을 때 이것은 개인에게 너무 많은 희생이나 손실을 요구하는 것일 수도 있다.

그래서 애피아(K. A. Appiah)도 싱어의 강한 원칙을 대신하여 약한 원칙으로 '긴급 구호 원칙'을 제시한다.[50] 싱어의 원칙은 세상의 나쁜 일 전체를 최소화하기 위해 우리가 할 수 있는 최대의 것을 해야 한다고 말하고 있다는 것이다. 만약 처음에 100달러를 기부했다면 다음번에도 100달러를 기부해야 하는데, 이런 식으로 계속 이어져서 자신을 파산시킬 만큼 많은 기부금을 내는 것은 적절하지 않다는 것이다. 이에 비해 약한 구호 원칙으로서 '긴급 구호 원칙'은 다음과 같다. "만약 우리가 정말로 끔찍한 일을 막을 수 있는 적임자이고, 그렇게 함으로써 우리가 큰 희생을 치

50 K. A. Appiah, 실천철학연구회 역, 『세계시민주의』, 바이북스, 2008, 278-279쪽.

르는 것은 아니라면, 그렇게 하라.” 이것은 우리가 나쁜 일을 막기 위해서 어떤 행동을 할 때 그것이 ‘큰 희생을 치르지 않는다면’ 그러한 행동을 하라는 것이다. 따라서 그에 ‘상응하는 희생’이 아니라고 할지라도 ‘큰 희생’이 따른다면 기근을 막기 위한 행동에 나서지 않아도 된다는 것이다. 애피아는 우리가 무엇을 해야 할 것인가를 결정할 수 있는 싱어의 공리의 원리와 같은 단일한 원칙을 수용하기는 어렵다고 말한다. 우리가 타인에게 어떤 의무가 있는지에 대해 생각할 때는 단 하나의 가치나 척도만 있는 것이 아니라, 다양한 척도나 가치들이 있기 때문이라는 것이다.[51] 사람의 목숨을 살리는 것만을 유일하게 중요한 도덕적 가치로 간주하는 것은 옳지 않다는 것이 애피아의 주장이다.

(3) 공평성: 일상적 수준과 비판적 수준

싱어는 윤리란 이성을 통해 합리적 논의가 가능한 것으로서 도덕적 판단에 대한 정당한 근거를 제시할 수 있어야 하며, 그러한 정당성은 모든 사람에 의해 보편적으로 인정될 때 확보된다고 보았다.[52] 도덕적 판단이 보편성을 확보하기 위해서는 관련된 모든 사람의 이익을 평등하게 고려하는 것이 중요하며, 따라서 싱어는 ‘이익 평등 고려의 원칙’이 윤리 원칙으로서 타당하다고 본다. 여기서 확인할 수 있듯이 싱어는 모든 사람의 이익을 평등하게 고려하는 것, 즉 공평성을 확보하는 것이 윤리 이론에서 아주 중요하다고 주장한다.

---

51 K. A. Appiah, 『세계시민주의』, 283-285쪽.

52 P. Singer, 『실천윤리학』(개정판), 28-35쪽.

싱어는 해외 원조의 문제와 관련하여 우리는 우리가 속한 집단에 특별한 의무가 있는지를 물으면서 그러한 의무가 공평한 관점에서 정당화될 수 있는지 따져 보아야 한다고 말한다.[53] 특정 집단에 대한 특별한 의무가 정당화되기 위해서는 공평한 관점에서 보편화할 수 있어야 한다는 것이다. 즉 실제 상황이나 가상적 상황에서 그런 판단을 함으로써 얻게 될 특정 집단의 이익이나 손해와는 상관없이 기꺼이 그것을 받아들일 수 있어야 한다는 것이다. 싱어는 헤어(R. M. Hare)의 견해를 수용하여 직관적 또는 일상적 수준의 도덕성과 비판적 수준의 도덕성을 구분한다. 공리주의적 관점에서는 일상적 삶에 적용될 도덕적 행위의 기준을 마련하는 것이 때로는 너무 어려울 뿐만 아니라, 잘못된 결정을 내릴 가능성도 있다. 따라서 깊은 생각 없이도 우리가 따라야 할 일련의 원칙이 필요한데, 이것이 직관적 또는 일상적 수준의 도덕적 판단이다. 반면에 우리의 도덕적 직관의 본질에 대해 깊이 생각해 보면서 그것이 공평한 관점에서 이루어졌는지 반성해 보아야 할 때도 있는데, 이것이 비판적 수준의 도덕적 판단이다. 따라서 보편화 가능한 공평한 도덕적 판단이 이루어지기 위해서는 직관적 또는 일상적 수준을 넘어서서 그것에 대해 성찰할 수 있는 비판적 수준으로 나아가야 한다는 것이다.

우리는 일상적 수준에서 멀리 떨어져 있는 가난한 사람들보다는 우리와 가까이 있는 사람들을 먼저 돌봐야 한다고 생각한다. 의심의 여지 없이 우리는 본능적으로 우리와 가까운 사람들을 먼저 돕고 있다. 바로 옆에서 물에 빠진 아이를 구하지 않을 사람은 거의 없지만, 아프리카의 기

53 P. Singer, 『세계화의 윤리』, 200-207쪽.

근 문제는 많은 사람들이 무시하고 있다. 그러나 싱어는 '우리가 보통 어떻게 하고 있는가'가 중요한 것이 아니라 '우리가 어떻게 해야만 하는가'가 중요하다고 보면서, 우리와 얼마나 떨어져 있는지나 어떤 공동체에 속하는 사람인지는 우리의 원조 의무에 결정적 차이를 만들어 내지 않는다고 본다.[54] 싱어는 가족이나 공동체 구성원들처럼 우리와 가까운 이웃을 다소 우선시하고, 그들에 대한 사랑과 우정을 바탕으로 어느 정도의 편향성을 갖는 것을 정당화하는 이유들이 있기는 하지만, 그것이 결정적으로 중요하여 공평성의 관점에서 도출된 원조의 의무를 능가할 정도는 아니라고 주장한다.[55] 비판적 수준에서 생각해 볼 때 이웃—특히 상호작용이 덜한 같은 국민—을 특별히 우대해야 할 이유는 없으며, 오히려 모든 인류를 공평하게 대우하는 것이 더 타당하다는 것이다.

이와 관련하여 애피아는 싱어의 입장이 우리의 일상적인 도덕적 사유를 제대로 포착하지 못한 채 지나치게 이상주의적인 방향으로 흐르고 있다고 비판한다. 애피아는 싱어가 너무 강한 의무를 우리에게 부과한다고 보면서, 우리는 기본적인 의무만을 부담하면 되며 그 이상을 우리에게 요구해서는 안 된다고 말한다.[56] 애피아에 따르면 인간의 기본 의무는 우리와 가장 가까운 사람들—즉 가족, 친구, 민족—을 우리가 편애한다는 사실과 조화되어야 하지, 그것을 거부해서는 안 된다. 멀리 떨어져 있는 가난한 사람에 대한 나의 기본 의무가 무엇이든지 간에 그것은 내 가족, 내 친구, 내 나라에 대한 애정을 넘어설 만큼 크지는 않다는 것이다. 세계

54 P. Singer, 『실천윤리학』(개정판), 275-276쪽.

55 P. Singer, 『세계화의 윤리』, 208-215쪽.

56 K. A. Appiah, 『세계시민주의』, 283쪽.

시민주의는 우리가 이웃들에게 느끼는 감정을 전 세계의 모든 사람에게서도 똑같이 느끼라고 요구하지만, 우리가 수십억 명의 사람들과 모두 친하게 지낼 수는 없다. 이방인을 원조할 강한 의무가 우리에게 있다고 보는 세계시민주의의 주장은 너무 추상적이어서 우리의 일상적인 도덕 판단과 거리가 있다고 애피아는 비판하고 있다.

(4) 세계화의 윤리와 국가석 경계

싱어는 세계화의 윤리(ethics of globalization) 개념을 바탕으로 세계시민주의를 강하게 표방한다. 따라서 그는 국가 중심의 틀을 탈피하여 지구 공동체를 윤리의 기반으로 삼아야 한다고 주장한다.[57] 자신이 속한 국가나 국민을 우선시하는 태도에서 벗어나서 보편적 가치와 인류애를 바탕으로 모든 사람을 세계시민으로서 공평하게 다루어야 한다는 것이다.

싱어는 국가적 경계나 국가의 윤리적 중요성을 강조하는 입장들이 공평성의 관점에서 볼 때 문제가 있다고 비판한다.[58] 왈처(M. Walzer)는 동일한 국가의 구성원은 민족적 혹은 인종적 친족의 확장된 형태로 볼 수 있다고 주장하는데, 싱어는 우리가 민족주의나 인종주의를 거부한다면 국가적 경계를 기준으로 자국민을 특별히 중시해야 할 이유는 없다고 말한다. 또한 국가는 상호작용을 하는 공동체이기 때문에 거기에 속한 구성원들에게 특별한 의무가 있다고 주장하는 사람들도 있지만, 싱어는 국가 공동체의 규모가 크고 구성원들 사이에 직접적인 접촉이 거의 없거나 서

57 P. Singer, 『세계화의 윤리』, 31-38쪽.

58 P. Singer, 『세계화의 윤리』, 216-226쪽.

로 거의 알지 못하는 경우에는 그러한 의무는 약화된다고 말한다. 나아가 그는 세계화 시대에는 지구적 차원에서 상호작용이 활발히 이루어지고 있기 때문에 우리가 국경선에 중요한 의미를 부여할 필요는 없다고 주장한다.[59] 물론 앤더슨(B. Anderson)의 '상상된 정치 공동체' 개념을 수용하여 국민이 직접적인 상호작용을 하고 있지는 않지만, 공동의 제도와 가치에 대한 충성을 공유하고 있는 것으로 간주되고 있기 때문에 자국민에게 특별한 의무가 있다고 주장하는 사람들도 있다. 그러나 싱어는 세계화의 흐름이 우리가 국경에 부여하는 도덕적 중요성을 재고하도록 만들고 있으며, 우리는 국가를 넘어서 지구 전체를 우리의 공동체로 상상할 수도 있기 때문에 자국민에 대한 특별 의무는 약화된다고 말한다.

이와 관련하여 애피아는 국민 국가가 여전히 중요한 의미가 있으며, 따라서 국가에 대한 헌신이나 자국민에 대한 애정을 버리는 것은 옳지 않다고 비판한다. 만약 국민 국가 대신에 세계 국가나 세계 정부를 세운다면, 그것은 막강한 힘을 활용하여 지역적인 욕구를 무시할 수 있으며, 다양한 제도의 발전을 가로막을 수도 있다는 것이다. 그는 또 세계시민주의자 대부분은 그러한 세계 국가나 세계 정부를 추구하지 않고 다양한 정치 체제를 인정하고 있으며, 시민들의 권리 보장과 욕구 충족은 다양한 형태의 국민 국가에서 더 잘 이루어질 수 있다고 주장한다. 세계화 시대에 지구적 차원의 활발한 상호작용으로 국경선의 의미가 약화되고 지구 공동체적 사고가 확산되고 있지만, 그래도 여전히 우리 삶의 주요 기반은 국민 국가이고, 국가 단위의 사고도 널리 퍼져 있기 때문에 자국민

59 P. Singer, 『세계화의 윤리』, 15-16쪽, 193쪽.

에 대한 특별한 의무를 완전히 거부할 수는 없을 것이다.

4) 현실주의와 이상주의 사이에서

롤스는 자신의 '만민법'이 '현실주의적 유토피아'(realistic utopia)에 입각하여 세워진 국제적 정의관이라고 주장하고 있다.[60] 즉 이상주의적인 국제적 정의 원칙을 추구하되, 그것이 현실적 상황을 도외시하지 않는 방향을 추구한다는 것이다. 롤스는 해외 원조의 문제에서도 이러한 관점을 반영하고 있지만, 자신이 추구했던 이상주의와 현실주의의 결합에서 후퇴하여 기존의 국제 관계 질서를 인정하는 현실주의로 경도된 측면이 있다. 롤스는 '차등의 원칙'에 입각하여 지구적 차원의 분배 정책을 추구하기보다는 기존의 국가적 경계선을 기준으로 한 국가적 차원의 지원과 자유주의적 질서로의 편입을 더 중시하고 있다. 따라서 롤스가 현실과 이상을 오가면서 제시하고 있는 '만민법'의 질서는 기존의 자유주의 질서를 옹호하는 경향을 보이고 있다.

롤스가 『만민법』에서 이상주의와 현실주의를 결합시킨 관점은 그의 『정의론』에서도 볼 수 있다. 롤스가 말하는 '반성적 평형'은 우리들의 '숙고된 신념'과 '정의 원칙'을 일치시키려고 한다. 숙고된 신념은 우리가 일반적으로 옳다고 믿는 신념으로서 현실에 통용되는 것이며, 정의 원칙은 원초적 입장에서 도출된 원칙으로서 이성적 판단을 통해 정당화된 것이다. 롤스는 이 양자가 일치하면 좋겠지만, 그렇지 않을 경우에는 때로는 우리의 숙고된 신념을 수정해야 하고, 때로는 정의 원칙을 수정하기 위해 원초적 입

60 J. Rawls, 『만민법』, 13-43쪽.

장의 조건을 변경해야 한다고 말한다. 양자가 불일치할 때 둘 중에 어느 것을 수정해야 하는지는 어려운 문제인데, 이것은 결국 '실천적 지혜'에 맡겨져 있다고 볼 수 있다. 그런데 롤스는 원초적 입장이 진공 상태에서 만들어진 것이 아니라 현실적 여건을 반영하여 만들어진 것이라고 말한다. 따라서 롤스의 이론은 현실주의적 측면이 상당히 강하다고 볼 수 있다.

롤스의 현실주의는 그의 『정치적 자유주의』에서 더욱 강화된다.[61] 그는 『정의론』에서 전개한 자신의 정의론이 자유주의 사회에서 보편적으로 적용되어야 한다고 보는 입장은 잘못된 것이라고 말한다. 그는 자신의 정의론이 자유주의 사회에서 인정되는 여러 정의론 중의 하나의 입장에 불과하다고 말하며 한걸음 물러선다. 서로 양립 불가능하지만 합당한 다양한 교설들의 중첩적 합의에 해당되는 헌법의 본질적 요소들만 준수한다면, 다원적인 자유주의 사회에서 합당한 교설로 인정될 수 있다는 것이다. 결국 그는 『정의론』에서 주장한 '차등의 원칙'이 자유주의 사회에서 정의 원칙으로 반드시 준수되어야 한다는 입장을 포기한 것이다. '차등의 원칙'이 한 사회 내부에 적용되어야 할 정의 원칙으로서의 지위를 상실하게 된 것이다. 따라서 경제적 측면에서 최소 수혜자에게 최대의 혜택이 주어지도록 하는 정의 원칙이 포기된다면 국내 부조뿐만 아니라 해외 원조에서도 적극적인 지원을 주장하기가 어려워진다.

이에 비해 싱어는 상당히 이상주의적인 입장을 옹호한다. 싱어는 '이익 평등 고려의 원칙'을 바탕으로 공리주적 관점에서 자신의 윤리 이론을 전개한다. 이 이론은 쾌락과 고통을 느끼는 모든 존재의 이익을 고려하

61 J. Rawls, 장동진 역, 『정치적 자유주의』, 동명사, 1998, '서문' 14-22쪽.

기 때문에 인간뿐 아니라 동물까지도 윤리적 고려의 대상에 포함시킨다. 특히 싱어는 이러한 공리주의적 관점을 철저하게 밀고 나가서—인종이나 성별이나 소속 국가와 관계없이—모든 인간의 이익을 평등하게 고려할 것을 요구한다. 그에게 중요한 것은 모든 사람이 누리는 전체의 이익을 최대화하는 것이다. 따라서 그 사람이 어느 사회나 어느 국가에 소속되어 있는지는 중요하지 않다. 오히려 제한된 자원을 어떻게 분배하여 고통을 감소시키고 이익을 증대시킬 수 있는지가 중요한 것이다.

그래서 싱어는 해외 원조의 문제에도 아주 적극적인 태도를 보인다. 이익 평등 고려의 원칙에서 볼 때 물질적으로 고통을 받는 사람이 어느 국가의 국민인지는 중요하지 않으며, 누구의 고통이 더 큰지를 우선 고려하여 물질적 지원을 해 주어야 한다. 경제적 부조나 지원이 물질적 고통을 더 크게 받는 사람에게 우선적으로 제공되어야 고통을 감소시키고 이익을 최대화할 수 있다는 것이다. 싱어는 우리의 통상적인 감정에 호소하기보다는 냉철한 이성에 호소한다. 그는 '윤리'란 이성적인 논변을 통해 정당성을 확보할 수 있어야 한다고 본다. 따라서 일상적 감정에 따라 우리 이웃이나 우리 국민을 우선적으로 지원해야 한다는 생각은 옳지 않다고 본다. 이성의 판단에 따라 공리주의 원칙을 냉철하게 적용한다면 우리 이웃이나 우리 국민을 우선 지원해야 할 합당한 윤리적 근거가 없다는 것이다. 물론 부족한 재원을 효과적으로 사용하기 위해 운송 비용과 같은 경제적 측면을 고려하여 멀리 있는 사람보다는 가까이 있는 사람을 우선 지원하는 것이 옳을 수도 있다. 그렇지만 여기서 고려되어야 하는 것은 이익의 최대화 원칙이다. 그는 모든 사람의 이익을 '평등하게' 고려할 것을 주장한다. 따라서 철저하게 이성적 논변에 의존하여 공리주의 원칙을 관철하려는 싱어의 입장은 급진주의적이며 이상주의적 경향을 띠게 된다.

롤스가 '현실주의적 유토피아'를 표방하지만 현실주의에 가깝다면, 싱어는 급진주의적인 이상주의에 가깝다. 롤스의 '국제주의'가 기존의 현실을 중시한다면, 싱어의 '세계시민주의' 또는 '지구적 평등주의'는 새로운 이상을 중시한다. 현실과 이상 중에서 어느 것을 더 중시하느냐에 따라 해외 원조의 문제에 대한 입장 차이가 생긴 것이다. 비록 우리가 현실을 무시할 수는 없지만 윤리가 이성적 논변을 통해 정당성을 확보하려는 것이라면, 우리는 이상을 추구하면서 그러한 이상이 실현되기 위한 현실적 조건들을 개선하려고 시도해야 할 것이다.

제5장

미래 세대: 정의로운 저축과 출산의 의무

1. 미래 세대 문제의 기본 쟁점

자원 고갈, 지구 온난화, 환경 오염 등이 심각해지면서 미래 세대에 대한 윤리적 책임의 문제가 대두하고 있다. 우리는 미래 세대를 위해 자원을 낭비하지 말고 절약해야 할 책임이 있는가? 우리는 생태계를 어느 정도까지 보존하여 미래 세대에게 물려주어야 하는가? 이것은 세대 내부의 정의 문제가 아니라 세대 간의 정의 문제라고 할 수 있다. 그리고 이와 관련하여 좀 더 근본적인 질문도 있다. 우리는 미래 세대를 출산해야 할 의무가 있는가?

세대 간 정의론의 중요한 특징은 아직 존재하지 않는 미래 세대의 문제를 다룬다는 점이다.[1] 기존의 정의론이 국내적 차원이 되었든지 국제적 차원이 되었든지 간에 대체로 이미 존재하고 있는 존재자들을 대상으로 하고 있다면,[2] 미래 세대와 관련된 정의론은 아직 존재하지 않는 존재자들을 대상으로 하고 있다. 특히 미래 세대는 우리가 어떤 정책이나 행위를 선택하느냐에 따라 장차 존재할 수도 있고 존재하지 않을 수도 있으며, 미래 세대의 구성원이나 그 숫자도 바뀔 수 있다. 이미 존재하고 있는 일정한 숫자의 존재자들을 대상으로 하는 정의론과 아직 그 존재나 숫자가 결정되지 않은 존재자들을 대상으로 하는 정의론은 차이가 있으

---

1 여기서 세대 간 정의는 현재 함께 살고 있는 세대들 사이의 정의가 아니라 현재 살고 있는 세대와 아직 태어나지 않은 미래 세대 사이의 정의를 다루는 의미로 사용된다. 김현섭, 「세대 간 정의의 의무는 무엇인가?」, 『처음 읽는 윤리학』, 동녘, 2020, 619-620쪽.

2 기후 위기를 해결하기 위해서는 자본주의 체제의 변화가 요구된다는 마르크스주의적 접근도 주로 현 세대 내부의 불평등 문제에 초점을 맞추고 있다. M. Empson, 「체제 변화가 필요한 이유」, 『기후 위기, 불평등, 재앙』, 책갈피, 2021, 18-27쪽.

며, 따라서 윤리적 고려 사항에서도 차이가 있게 된다.

미래 세대와 관련된 정의론에서 우리가 답해야 할 주요 물음은 다음과 같다. 첫째, 우리는 미래 세대를 출산해야 할 의무가 있는가? 둘째, 우리에게는 아직 존재하지 않는 미래 세대에 대한 책임이나 의무가 있는가? 그러한 책임이나 의무가 있다면, 그것은 누구에 대한 책임이나 의무를 의미하는가? 셋째, 만약 미래 세대에 대한 책임이나 의무가 있다면, 그 수준은 어느 정도이어야 하는가? 현 세대는 자기 세대에 대한 책임과 마찬가지로 미래 세대에게도 똑같은 수준의 책임을 지는가? 아니면 현 세대에 대한 책임의 수준보다 낮아도 되는가?[3]

2. 출산의 의무: 출산주의와 반출산주의

1) 출산의 의무를 둘러싼 쟁점들

근래에 우리 사회에서는 인구 감소, 지역 소멸, 미래 세대에 대한 책임 등의 문제와 관련하여 출산이 사회적 어젠다로 부각되고 있다. 이와 관련하여 다음과 같은 근본적인 물음을 제기할 수 있다. 출산의 도덕적 의무가 있는가? 만약 그러한 의무가 있다면 어느 정도까지 출산을 해야 하는가?

출산의 의무와 관련해서는 (1) 출산은 좋은 것이기에 도덕적 의무라는 출산주의적 입장, (2) 출산은 해악이라는 반출산주의적 입장, (3) 출산은

3 이와 관련된 주요 논의로는 미래의 이득과 현재의 비용을 처리하는 방식과 연관된 시간 할인 문제 등이 있다. E. A. Posner & D. Weisbach, 이은기 역, 『기후변화 정의』, 서강대학교출판부, 2014, 220-223쪽.

좋은 것도 아니고 나쁜 것도 아니라는 중도주의적 입장 등이 제시될 수 있다. 우리에게는 미래 세대를 출산할 의무가 부여되는가? 이것은 '새로운 존재자를 만드는 것'과 관련된 문제로서 '기존의 존재자'나 앞으로 '존재할 수밖에 없는 존재자'에 대한 도덕적 의무와는 별개의 문제이다.

그런데 새로운 존재자를 만드는 것, 즉 출산의 문제와 관련하여 베너타는 출산은 해악이라고 하면서 반출산주의 입장을 강력하게 주장하고 있다. 반면에 파피트는 반출산주의를 옹호하는 것은 아니지만 출산의 의무를 정당화하는 기존의 이론들을 분석하면서 그 한계를 지적하고 있다.

2) 베너타의 반출산주의 논변

베너타(D. Benatar)는 『태어나지 않는 것이 낫다』에서 새로운 존재자를 만들어야 할 의무, 즉 출산의 의무와 관련하여 반출산주의(anti-natalism)의 입장을 취하고 있다. 그의 주장을 살펴보기에 앞서 출산의 의무를 인정하는 주요 입장을 정리해 보면 다음과 같다. 우선 (1) 출산의 범위와 관련하여 ⓐ 어떤 수(some)의 아이를 가질 의무가 있다는 입장, ⓑ 가능한 한 많은(as many) 아이를 가질 의무가 있다는 입장이 있다. 다음으로 (2) 출산의 정당화와 관련하여 ⓐ 새로 존재하게 되는 아이에게 이익이 된다는 입장, ⓑ 다른 사람들의 이익, 공리, 신의 명령 등에 의거하는 입장이 있다. 예를 들어 출산이 부모, 가족, 부족, 국가 등의 이익이나 욕구 충족에 기여한다는 것이다. 그런데 베너타는 그중에서 특히 (2)-ⓐ 주장에 대해 강하게 비판한다.[4]

4　D. Benatar, 이한 역, 『태어나지 않는 것이 낫다』, 서광사, 2019, 140-150쪽.

그는 고통(해악)과 쾌락(이득) 사이에는 중대한 차이가 있다고 보는 '비대칭성'(asymmetry) 논변을 바탕으로 출산의 의무를 부정한다. 그는 이를 주장하기 위해 다음과 같은 네 가지 경우를 상정한다.[5] 시나리오 A는 어떤 사람 X가 출생하여 존재하는 경우이고, 시나리오 B는 어떤 사람 X가 출생하지 않아서 존재하지 않는 경우다. 이때 고통의 존재나 부재, 쾌락의 존재나 부재가 X에게 미치는 영향을 다음 표와 같이 네 가지로 구분할 수 있다.

시나리오 A (X가 존재함)	시나리오 B (X가 존재한 적이 없음)
(1) 고통의 존재 (나쁨)	(3) 고통의 부재 (좋음)
(2) 쾌락의 존재 (좋음)	(4) 쾌락의 부재 (나쁘지 않음)*

*(4)에서 '나쁘지 않음'은 (2)보다 나쁘지 않다는 의미임.

이 표에서 (1)~(4)의 의미는 다음과 같다.[6]

(1) 고통의 존재는 나쁘다(bad).

(2) 쾌락의 존재는 좋다(good).

(3) 고통의 부재는 좋다(good). 설사 그 좋음이 어느 누구에 의해서도 향유되지 않는다고 하더라도.

(4) 쾌락의 부재는 나쁘지 않다(not bad). 그 부재가 박탈이 되는 누군가가 존재하지 않는다면.

5 D. Benatar, 『태어나지 않는 것이 낫다』, 68쪽.

6 D. Benatar, *Better Never to Have Been: The Harm of Coming into Existence*, Oxford University Press, 2006, 30쪽.

시나리오 A처럼 고통과 쾌락의 '존재'와 관련해서는 (1), (2)처럼 '나쁨'과 '좋음'이라는 대칭성이 성립한다. 하지만 시나리오 B처럼 고통과 쾌락의 '부재'와 관련해서는 (3), (4)처럼 '좋음'과 '나쁘지 않음'이 되어 대칭성이 아니라 비대칭성이 성립한다. 시나리오 A처럼 출산을 하는 경우에는 '나쁨'과 '좋음'이 함께 있지만, 사람들 대다수의 삶은 매우 나쁘므로 출산은 해악이 된다. 반면에 시나리오 B처럼 출산을 하지 않는 경우에는 '좋음'과 '나쁘지 않음'이 함께 있기 때문에 출산하지 않는 것은 항상 선행이 된다. 그래서 베너타는 시나리오 B처럼 아이를 출산하지 않은 것이 더 좋다고 주장한다.

그런데 (1), (2) 진술은 쉽게 받아들일 수 있지만 (3), (4) 진술이 타당한지에는 논란의 여지가 있다. 그래서 베너타는 몇 가지 근거를 들어 (3), (4) 진술의 타당성을 입증하려고 시도하는데 그중 하나가 다음과 같은 설명이다. '고통스러운 삶을 살게 될 사람들을 존재하도록 만드는 일을 피해야 할 의무가 있지만, 행복한 삶을 살게 될 사람들을 존재하도록 만들 의무는 없다는 주장을 우리가 받아들이고 있는데 그 이유는 바로 (3), (4) 때문이다.' 그는 이러한 해악(고통)과 이득(쾌락)의 비대칭성이 직관적으로는 낯설게 보이지만, 실제로는 우리가 통상적으로 널리 수용하고 있는 입장이라고 주장한다. 그리고 이러한 비대칭성을 받아들이게 되면 새로운 존재자가 출생하여 존재할 경우에는 (1) 또는 (2), 즉 '나쁨' 또는 '좋음'의 상태에 있게 되고, 새로운 존재자가 출생하지 않아서 존재하지 않을 경우에는 (3) 또는 (4), 즉 '좋음' 또는 '나쁘지 않음'의 상태에 있게 된다. 따라서 두 가지 경우를 비교하여 계산한다면 전자의 경우보다는 후자의 경우, 즉 출산하는 것보다는 출산하지 않는 것이 더 좋다는 것이다. 존재하는 것에는 나쁜 점이 있지만, 존재한 적이 없는 것에는 나쁜 점은 전혀 없기 때문에 모든 것을 고려할 때 비존재(non-existence), 즉 출산하지 않는 것이 더 좋다는 것이다.

하지만 베너타의 이러한 비대칭성 논변은 고통의 회피를 중시하는 소극적 공리주의를 기반으로 하고 있기에 문제점이 있다. 시나리오 B처럼 고통을 느낄 수 있는 존재가 아예 없는 경우에 고통의 부재를 좋다고 보아야 할 이유가 없으며, 또한 쾌락을 느낄 존재가 아예 없는 경우에 쾌락의 부재를 쾌락의 존재보다 나쁘지 않다고 보아야 할 이유도 없기 때문이다. 고통이나 쾌락을 느낄 수 있는 존재가 없는 경우에 고통의 부재나 쾌락의 부재는 모두 좋은 것도 아니고 나쁜 것도 아닌 것, 즉 가치 중립적인 것으로 평가되어야 한다. 따라서 이러한 평가에 따른다면 고통의 부재와 쾌락의 부재 사이에는 대칭성이 성립하기에 베너타의 비대칭성 논변은 타당하지 않게 된다.

또한 새로운 존재자가 출생하여 쾌락이 고통보다 더 많은 삶을 살 경우에는, 즉 행복한 삶을 살 경우에는 출생하지 않는 경우보다 더 좋다는 비판이 베너타에게 제기될 수 있다. 행복을 증진하는 것을 중시하는 적극적 공리주의자는 고통의 최소화뿐만 아니라 쾌락의 최대화에도 관심을 가지기 때문에 사람들을 존재하게 만드는 것이 행복을 증진시킨다면 사람들을 존재하게 할 의무가 있다고 본다. 이에 대해 베너타는 '삶의 질'을 결정하는 것은 쾌락과 고통의 비율뿐만 아니라 우리가 겪는 고통 자체이기도 하다고 주장한다. 만약 고통이 상당히 커서 그것이 일정한 한계점을 넘으면 매우 많은 쾌락이라도 그러한 고통을 보상해 줄 수 없다는 것이다. 아무도 존재하지 않아서 고통과 쾌락을 겪지 않는 세계가, 누군가가 존재해서 고통과 쾌락을 겪는 세계보다 더 좋다는 것이다. 그래서 그는 출산은 해악이기 때문에 출산하지 않는 것이 더 좋다는 반출산주의를 주장하게 된다.

이러한 베너타의 주장과 관련하여 맥누송(E. Magnusson)은 그의 논변이 갖고 있는 내재적 문제점을 지적한다.[7] 베너타의 핵심적인 주장인 고통과 쾌락의 '비대칭성' 논변이 실제로는 '삶의 질' 논변에 의거하고 있으며, 따라서 '삶의 질' 논변의 타당성 여부가 독립적으로 판단된다면 비대칭성 논변은 그의 주장에서 특별한 역할을 하지 않게 된다는 것이다. 복잡한 비대칭성 논변과는 상관 없이 삶의 질 논변, 즉 '쾌락이 많더라도 고통이 있는 삶은 나쁘다'는 단순한 논변의 수용 여부에 따라 반출산주의 주장의 타당성 여부가 판단될 수 있다는 것이다. 이러한 맥누송의 비판에 따른다면 반출산주의와 관련해서는 존재론적으로 어떤 세계가 바람직한지가 근본적인 문제가 된다. 이와 관련하여 (1) '쾌락이 고통보다 많은 세계', (2) '쾌락도 고통도 없는 세계', (3) '고통이 쾌락보다 많은 세계'가 있다고 가정해 보자. 여기서 베너타는 '쾌락도 고통도 없는 세계'가 '쾌락이 고통보다 많은 세계'보다 더 좋다고 주장하고 있다. 하지만 이러한 주장에 반대하여 '쾌락이 고통보다 많은 세계'가 '쾌락도 고통도 없는 세계'보다 더 좋다고 볼 수도 있다. 그리고 심지어 '고통이 쾌락보다 많은 세계'가 '쾌락도 고통도 없는 세계'보다 더 좋다고 볼 수도 있다. 고통과 쾌락을 느낄 수 있는 어떤 존재자도 없는 세계보다는 비록 고통이 크지만 그래도 고통과 더불어 쾌락도 느끼는 존재자가 있는 세계가 더 좋다는

---

7 E. Magnusson, "How to reject Benatar's asymmetry argument", *Bioethics*, 33, 2019, 674-683쪽.

견해도 있기 때문이다.

베너타는 무감각의 세계가 쾌락이 많은 세계보다 더 좋다고 하면서 출산은 바람직하지 않다고 보지만, 싱어와 같은 적극적 공리주의자는 쾌락과 고통이 없는 무감각의 세계보다는 쾌락이 고통보다 많은 세계가 더 좋다고 하면서, 쾌락을 증진하는 출산은 바람직하다고 본다. 싱어의 입장에 대한 자세한 논의는 뒤의 제3절 3항 '선호 공리주의와 미래 세대'에서 이루어진다. 물론 이러한 싱어의 견해와 관련하여 싱어가 자신이 내세운 선호 공리주의의 입장을 일관되게 적용하고 있지 않다는 비판이 제기될 수도 있다. 그리고 '선호와 관련된 가치'와 선호와 무관한 '본질적 가치'가 서로 어떤 관계에 있는지를 밝혀야 할 과제도 남아 있다. 하지만 싱어가 주장한 것처럼 출산의 도덕적 의무 문제가 어떤 세계가 더 좋은지에 대한 존재론적인 근본 문제로 귀결되어 가치 판단적인 선택의 문제가 된다면 베너타가 비대칭성 논변을 바탕으로 분석적으로 내세운 반출생주의 주장은 그 의의나 타당성이 약화된다고 볼 수 있다.

3) 출산 의무론에 대한 파피트의 회의적 논변

파피트는 『이성과 인격체』에서 미래 세대의 존재와 관련하여 '불행한 아이를 낳아서는 안 되지만, 그렇다고 행복한 아이를 최대한 낳아야 하는 것도 아니다.'라는 주장을 정당화할 수 있는 이론을 찾으려고 한다. 이것은 불행한 아이를 낳아서는 안 된다는 것, 그렇다고 행복한 아이를 최대한 많이 낳아야 하는 것도 아니고, 행복한 아이를 낳지 말아야 한다는 것도 아니며, 행복한 아이를 적절한 수준에서 낳아야 한다는 것이다. 파피트는 우리의 상식이나 직관에 부합하는 이러한 주장을 뒷받침할 수 있는 윤리 이론을 찾아야 한다고 하면서 미래 세대와 관련된 기존의 윤리 이론들을 검토한다. 파피트는 이러한 주장이 '비대칭성'(asymmetry)이라는 특성을 갖고 있기 때문에, 즉 불행한 아이를 낳지 말아야 한다고 하면서 다른 한편으로는 행복한 아이를 최대한 많이 낳는 것에는 반대하고 있기 때문에 그러한 주장을 정당화할 수 있는 윤리 이론을 찾기가 어렵다고 보면서 기존의 윤리 이론들이 갖고 있는 문제점들을 여러 측면에서 비판한다.[8]

첫째, 파피트는 미래 세대에 대한 책임과 관련하여 권리 이론과 같이 '개체 영향 원리'(the Person-Affecting Principle)에 의거하는 윤리 이론은 '비동일성 문제'(Non-Identity Problem)에 부딪친다고 본다. '개체 영향 원리'란 어떤 정책이나 행위가 특정한 사람들에게 미치는 영향을 기준으로 그 정책이나 행위가 좋은지 나쁜지를 평가하는 것이다. 파피트는 이러한 개체 영향 원리에 의거할 때는 '비동일성 문제'에 부딪치기 때문에 미래 세대에 대한 책임을 묻기 어렵다고 본다.

'비동일성 문제'란 어떤 사회 정책을 선택하느냐에 따라 태어나게 될 사람들이 달라지게 되고, 따라서 그렇게 선택된 사회 정책이 특정한 사람들에게 더 좋거나 더 나쁘다고 말할 수 없게 되는 문제이다. 비동일성 문제는 우리가 선택한 사회 제도나 정책에 따라 존재하게 될 사람들이 달라지기 때문에 발생한다. 우리가 특정한 동일한 사람들에게 미치는 영향을 기준으로 사회 정책들의 좋고 나쁨을 평가해야 한다는 입장을 취한다면, 각각의 사회 정책에 의해 서로 다른 사람들, 즉 동일하지 않은 사람

8 D. Parfit, *Reasons and Persons*, Oxford University Press, 1987, 351-417쪽.

들이 태어나서 존재하게 될 경우에는 그 정책들에 대해 좋고 나쁨을 평가할 수 없게 되는 것이다. 우리는 미래 세대에 대해 책임을 지는 것이 합리적인 태도라고 보지만, 개체 영향 원리에 입각해서는 그러한 책임을 정당화하기 어렵게 된다.

둘째, 파피트는 '비개체적 원리'에 의거하는 고전적 공리주의는 '당혹스러운 결론'(the Repugnant Conclusion)에 이르게 되는 문제점을 갖고 있다고 본다. 앞에서 언급한 '비동일성 문제'를 해결하기 위해서는 특정한 개체가 아니라 사람들 일반에게 미치는 영향을 중시하는 '비개체적 원리'를 받아들여야 하는데, 그러한 비개체적 원리를 대표하는 이론이 공리주의이다. 고전적 공리주의는 비개체적 총합 원리에 의거하여 비동일성 문제를 해결할 수 있지만, 다른 한편으로 아이를 더 많이 낳아야 한다는 '당혹스러운 결론'에 이르게 된다는 것이다.

고전적 공리주의는 쾌락의 총량만을 중시하기 때문에 사람들의 수가 늘어나는가 줄어드는가는 상관하지 않는다. 쾌락의 총량을 증진할 수 있다면 사람들의 수를 늘려도 되고 줄여도 되는 것이다. 두 가지 정책이 동일하지 않은 서로 다른 수의 사람들을 산출하여 그들에게 영향을 준다고 할지라도 그것은 중요하지 않다. 동일한 사람들인가 그렇지 않은가는 중요한 문제가 아니며, 어떤 사람들이 존재하든지 간에 그 사람들이 누리는 쾌락의 총량만이 중요한 문제가 된다. 따라서 고전적 공리주의의 입장에 따르면 사람들의 수가 늘어나더라도 쾌락의 총량을 증가시킬 수 있다면 그것은 좋은 것이다. 하지만 그 논리에 따른다면 다음과 같은 결론에 이른다. 만약 매우 행복한 수많은 사람들이 살고 있는데 여기에 약간의 쾌락은 누리지만 삶의 질은 매우 낮은 더 많은 사람들이 추가된다면 그것은 쾌락의 총량을 증가시키므로 좋은 것이다. 고전적 공리주의의 원리에 따르면 우리는 쾌락의 총량을 증가시키기 위해 삶의 질이 매우 낮은 사람들이라고 할지라도 그 수를 계속 늘려 나가야 하며, 이를 위해서는 아이를 최대한 많이 낳아야 한다. 하지만 그러한 결론은 우리의 직관이나 상식에 비추어 볼 때 받아들이기 어려운 '당혹스러운 결론'이다.

셋째, 파피트는 비개체적 평균 원리에 의거하는 평균 공리주의는 소수의 행복한 사람들만이 존재하는 것이 더 좋다거나 또는 고통의 총량이 늘어나는 것을 허용하는 '불합리한 결론'(the Absurd Conclusion)에 이른다는 문제점을 갖고 있다고 본다. 평균 공리주의는 고전적 공리주의가 함축하는 당혹스러운 결론을 피할 수는 있다. 지금 살고 있는 사람들이 상당히 행복한 삶을 살고 있는데 여기에 거의 살 만한 가치가 없는 삶을 살게 될 사람들이 추가되는 경우라면, 비록 사람들이 누리게 될 행복의 총량은 증가한다고 할지라도 행복의 평균은 감소한다. 평균 공리주의적 입장에서는 그러한 삶을 살게 될 사람들을 추가적으로 낳는 것이 사람들의 삶의 평균을 떨어뜨리기 때문에 좋지 않으며, 따라서 그러한 사람들을 추가적으로 더 낳아야 할 의무는 없다.

하지만 평균 공리주의는 다음과 같은 '불합리한 결론'을 함축하고 있다. 만약 평균 이하의 삶을 사는 사람들이 아이들을 낳는다면 그 아이들도 평균 이하의 가난한 삶을 살게 되므로 사회 전체의 평균 생활 수준을 낮추게 된다. 따라서 가난한 사람들은 아이를 낳는 것이 바람직하지 않기 때문에 그들의 출산을 제한해야 한다. 반면에 높은 생활 수준을 누리는 부유한 사람들은 아이의 출산이 사회 전체의 평균 생활 수준을 높이므로 아이를 낳는 것이 바람직하다. 그래서 소수의 행복한 사람들만이 존재하는 것이 더 좋다는 '불합리한 결론'에 이르게 된다. 또한 고통의 총량이 늘어나더라도 고통의 평균이 줄어들기만 한다면 이를 허용해야 한다는 불합리한 결론에 이르게 된다. 예를 들어 선량한 10명의 사람이 50년 동안 커다란 고통을 겪는 사회와 선량한 1,000만 명의 사람이 49년 동안 커다란 고통을 겪는 사회를 비교한다면 평균 고통은 전자가 더 크므로 후자가 더 나은 사회가 된다. 그런데 우리의 상식이나 직관에 비추어 볼 때 고통의 총량이 증가한다면, 그리고 그러한 고통이 다른 것에 의해 보상을 받지 못한다면, 평균 고통이 저하된다고 할지라도 그러한 고통의 총량 증가는 나쁘다고 보아야 한다.

넷째, 파피트는 '단순 추가'(mere addition)의 경우를 고려하면 평균 공리주의는 패러독스에 빠지게 되는 문제점을 갖고 있다고 본다. 그는 이러한 논변을 위해 다음과 같은 네 가지 사회를 가정해 보자고 한다.[9]

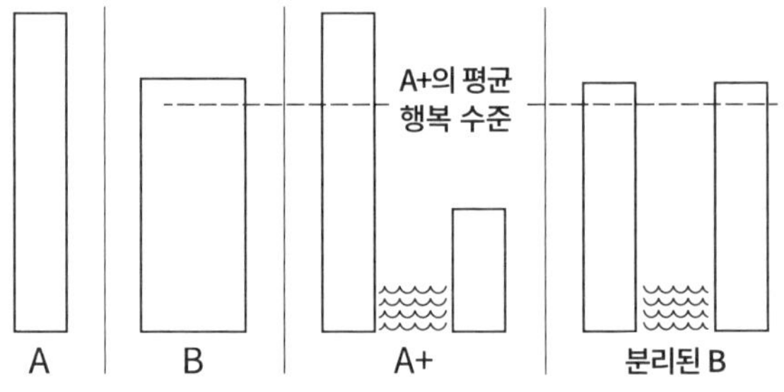

9 D. Parfit, *Reasons and Persons*, 419쪽.

· A 사회는 사람들의 삶의 질이 높아서 평균 행복이 높은 사람들로 구성된 사회이다.
· B 사회는 A 사회보다는 사람 수는 많지만 평균 행복은 더 낮은 사회이다.
· A+ 사회는 A 사회에 사람이 단순하게 추가되어 사람 수는 A 사회보다 더 많지만 평균 행복은 더 낮은 사회이다.
· '분리된 B' 사회는 서로 분리된 두 집단으로 구성되어 있으며 인구 수와 평균 행복은 B 사회와 같은 사회이다.

우선 평균 공리주의의 원리에 따라 A와 B 사회를 비교해 보자. 그러면 (1) B 사회는 A 사회에 비해 평균 행복이 낮기 때문에 나쁘다고 보아야 한다.

다음으로 A 사회와 단순 추가된 A+ 사회를 비교해 보자. 단순 추가(mere addition)란 기존의 사회에 살 만한 가치가 있는 삶을 살게 될 사람이 추가로 존재하게 되지만, 그들의 삶이 기존의 다른 사람들에게는 영향을 주지 않는 경우이다. 기존의 A 사회와 여기에 사람들이 단순하게 추가된 A+ 사회가 있다고 하자. 그런데 A+ 사회는 단순 추가로 인해 삶의 평균 수준이 A 사회보다는 더 낮다. 그렇다고 우리는 단순 추가된 A+ 사회가 A 사회보다 더 나쁘다고 볼 수 있는가? 평균 공리주의에 따르면 삶의 평균 질이 낮아진다면 더 나빠진 것이므로 A+ 사회가 A 사회보다 더 나쁘다고 보아야 한다. 하지만 이것은 우리가 받아들이기 어려운 불합리한 견해이다. 평균 공리주의의 원리에 따른다면 가장 좋은 사회는 아담과 이브 두 사람만 사는 사회이다. 만약 아담과 이브는 존재하지 않고 그 대신에 그들보다는 덜 행복한 수많은 사람들이 존재한다면, 그 사회는 아담과 이브만 존재하는 사회보다 나쁘다. 파피트는 수많은 사람들이 존재하는 사회에서는 그 누구의 삶도 아담과 이브의 삶만큼 좋지 않기 때문에 그 사회를 나쁘다고 간주하는 것이—수용하기는 어렵지만—불합리하지는 않다고 말한다.

하지만 아주 행복한 삶을 사는 아담과 이브 두 사람만이 존재하는 세상과 여기에 '단순 추가'하여 그들보다는 덜 행복한 삶을 살지만 수많은 사람들이 아담, 이브와 함께 존재하는 세상이 있다면 후자가 전자보다 삶의 평균이 낮다는 이유로 더 나쁘다고 말할 수 없다. 우리의 도덕적 직관이나 상식에 비추어 볼 때 아이의 출산이 평균 행복을 떨어뜨린다는 이유로 아이를 낳아서는 안 된다거나 소수의 행복한 사람들만이 존재하는 세상이 더 좋다는 결론을 우리는 받아들이지 않을 것이기 때문이다. 따라서 (2) 단순 추가된 A+ 사회는 기존의 A 사회보다 더 나쁘다고 볼 수 없다.

다음으로 A+와 '분리된 B' 사회를 비교해 보자. 파피트는 A+ 사회는 두 집단 사이에 불평등이 존재하지만 '분리된 B' 사회는 두 집단 사이에 불평등이 존재하지 않기 때문에 평등(Equality)의 원리에 입각해서 볼 때 '분리된 B' 사회가 더 좋다고 본다. 그리고 A+ 사회에서는 추가된 집단이 삶의 질이 낮지만 '분리된 B' 사회에서는 추가된 집단이 삶의 질이 높기 때문에 최소극대화(Maximin)의 원리에 입각해서 볼 때 '분리된 B' 사회가 A+ 사회보다 더 좋다고 본다. 따라서 (3) 이런 기준들을 고려할 때 '분리된 B+' 사회가 A+ 사회보다 더 좋다고 볼 수 있다.

다음으로 B와 '분리된 B' 사회를 비교해 보자. 파피트는 평등의 원리나 최소극대화 원리 등 여러 기준을 고려할 때 B 사회는 '분리된 B+' 사회와 다르지 않다고 본다. 따라서 (4) 이런 기준들을 고려할 때 B 사회는 '분리된 B+' 사회만큼 좋다고 볼 수 있다.

이제 위에서 언급한 (2), (3), (4)를 서로 연계하여 살펴보자.

(2) A+ 사회는 A보다 나쁘지 않다.(A ≦ A+)

(3) '분리된 B'는 A+보다 더 좋다.(A+ < '분리된 B')

(4) B 사회는 '분리된 B' 사회만큼 좋다.('분리된 B' = B)

이렇게 (2), (3), (4)의 관계를 비교한다면 다음과 같은 주장을 도출할 수 있다.

(5) B 사회는 A 사회보다 더 좋다.(A < B)

그런데 앞에서 보았던 (1)의 주장은 'B 사회는 A 사회보다 더 나쁘다(B < A)'였다.

따라서 (1)과 (5)를 비교해 보면 B는 A보다 나쁘지만 동시에 나쁘지 않다고 하는 양립 불가능한 주장이 되는 것이다. 그래서 파피트는 단순 추가의 경우를 고려할 때 평균 공리주의는 패러독스에 빠진다는 점에서 불합리하다고 비판한다.

그런데 만약 이러한 패러독스에 빠지지 않기 위해서 (1)의 주장을 포기하고 (2), (3), (4)에 근거하여 (5)의 주장을 받아들인다면 우리는 '당혹스러운 결론'에 부딪치게 된다. 우리는 A와 B 사회의 관계와 유사하게 B와 C 사회의 관계에 대해 생각해 볼 수 있다. 이때 C 사회는 B 사회보다 사람 수가 2배가 많으면서 B 사회보다는 덜 행복한 경우이다. 이러한 관계는 Z 사회까지 계속 이어질 수 있다. 이때 가장 좋은 결과는 Z 사회가 될 것이다. Z 사회는 거의 살 만한 가치가 없는 삶을 살고 있는 엄청나게 많은 인구를 가진 경우이다. 이는 최대한 더 많은 사람을 낳아야 하는 것을 의무로 부여한다는 점에서 우리에게는 '당혹스러운 결론'이 된다.

지금까지 살펴보았듯이 파피트는 미래 세대에 대해 다루고 있는 여러 윤리 이론들이 '비동일성 문제'나 '당혹스러운 결론', '불합리한 결론', '단순 추가 패러독스' 등의 문제점을 갖고 있다고 비판하였다. 파피트는 그러한 문제점들을 해결할 수 있는 새로운 이론을 발견해야 하지만 그러한 일은 쉽지 않아서 자신의 이론적 시도는 실패했다고 말한다. 미래 세대와 관련하여 위와 같은 여러 문제점을 모두 해결할 수 있는 그럴듯한 윤리 이론을 만든다는 것이 쉽지 않다는 것이다.

그렇다면 미래 세대와 관련하여 파피트가 제시한 그러한 논변들은 설득력이 있는 타당한 근거를 갖고 있는가? 파피트는 기존의 미래 세대 이론을 검토할 때 스스로 밝히고 있듯이 두 가지 접근 방식을 활용하고 있다. 하나는 우리의 '직관'에 호소하는 방식으로, '낮은 길'이라고 부른다. 다른 하나는 도덕적 언어의 의미나 도덕적 추론의 본성을 따져 보는 메타 윤리학적인 '분석'으로, '높은 길'이라고 부른다. 파피트는 자신이 메타 윤리학적인 방식만을 취한 것은 아니며, 종종 직관에 호소하는 낮은 길의 방식도 취했다고 말한다. 낮은 길과 높은 길 사이에 있는 다양한 형태의 논증을 탐구해 보았다는 것이다.

이처럼 파피트는 메타 윤리학의 분석적 방법뿐만 아니라 때로는 상식에 의존하는 직관적 방법도 활용하고 있다. 그렇다면 파피트가 미래 세대 논변을 전개하면서 의거하고 있는 직관이나 상식은 어떤 것인가? 그리고 그러한 직관이나 상식을 타당한 근거로 받아들일 수 있는가? 파피트가 의거하고 있는 직관이나 상식은 서로 일관성이 있는가? 우리는 파피트의 논변이 설득력이 있는지를 따져 볼 때 그러한 질문들을 던질 수 있다.

예를 들어 '단순 추가 패러독스'의 논변을 살펴보자. 파피트는 (2) A+ 사회는 A보다 나쁘지 않다는 주장을 펼칠 때는 평균 행복을 중시하는 평균 공리주의의 원리가 아니라 우리의 직관이나 상식에 의거한다. 소수의 행복한 사람들만 사는 것보다는 덜 행복하지만 많은 사람들이 함께 사는 것이 그래도 더 좋다는 것이다. 그런데 그러한 직관이나 상식은 행복의 총량을 중시하는 고전적 공리주의의 논변과 가깝다고 할 수 있다.

그리고 그가 (3) '분리된 B'는 A+보다 더 좋다는 주장을 펼칠 때는 불평등보다는 평등이 좋다는 '평등의 원리'와 최악의 경우를 우선 고려하여 더 좋은 경우를 선택하려는 '최소극대화 원리'에 의거한다. 그런데 우리가 그러한 평등의 원리와 최소극대화 원리를 상식이나 직관에 의해 자연스럽게 받아들인다면 그 주장은 타당하겠지만, 그러한 원리들은 상당한 정당화가 요구되는, 그래서 논란이 될 수 있는 특정한 입장이라고 간주한다면 파피트의 주장은 타당성이 약화된다.

또한 파피트는 (4) B 사회는 '분리된 B' 사회만큼 좋다는 주장을 펼칠 때 평등의 원리, 최소극대화 원리 등 여러 기준에 의거한다. 그런데 B 사회가 '분리된 B' 사회보다—평등의 원리나 최소극대화 원리에 비추어 볼 때 동등하다고 할지라도—다른 측면에서는 더 좋지 않다고 볼 수도 있다. 예를 들어 '분리된 B' 사회에서 두 집단이 정치적·문화적 차이로 인해 갈등을 겪고 있다면, 그 두 집단이 통합되어 있는 상태보다는 서로 분리되어 있는 상태가 더 좋을 수도 있다. 따라서 분리된 상태보다는 통합된 상태가 더 좋다는 상식이나 직관이 타당한지는 따져 보아야 할 또 다른 문제다.

이처럼 파피트는 평균 공리주의의 문제점을 지적하는 논변을 펼치면서 때로는 여러 상식과 직관에 의거하고 있는데, 그러한 상식이나 직관이 타당한지는 논란의 여지가 있다. 파피트는 상식이나 직관에 의거할 때는 이에 대해 엄밀한 분석적 방법을 더 이상 적용하지 않고, 이를 자연스러운 당연한 논거로 활용하고 있다. 그렇지만 이와 관련하여 우리는 '상식이나 직관으로 간주하여 당연하게 받아들여도 되는 것과 엄밀한 분석이 요구되는 것을 어떻게 구분할 수 있는가?'라는 질문을 던질 수 있다.

나아가 파피트의 미래 세대 논변과 관련하여 우리는 또 다른 문제들을 제기하면서 그 논변의 타당성을 검토할 필요가 있다. 파피트는 비동일성 문제를 해결하기 위해서는 '비개체적 원리'에 의거해야 한다고 주장하면서 그러한 비개체적 원리를 대표하는 입장으로 주로 공리주의를 분석하고 있다. 하지만 비개체적 입장을 취하고 있는 윤리 이론에는 롤스(J. Rawls)의 계약론에 입각한 '정당한 저축의 원칙'이나 요나스(H. Jonas)의 책임 원칙 등도 있다. 따라서 비개체적 원리에 의거하고 있는 다른 윤리 이론에도 파피트가 제기한 '당혹스러운 결론'이나 '불합리한 결론'과 같은 문제점들이 함축되어 있는지 살펴보아야 한다. 그리고 파피트는 평균 공리주의가 아주 행복한 소수의 사람들만이 존재하는 것이 더 좋으며, 덜 행복한 아이를 낳아서는 안 된다는 '불합리한 결론'에 이른다고 비판한다. 하지만 과학 기술의 발전 등으로 미래의 사람들이 현재보다 더 행복한 삶을 살 가능성도 있으며, 현재의 사람들이 아이를 낳고 싶은 강한 욕구가 있을 수도 있다. 따라서 이러한 점들을 고려한다면 평균 공리주의가 그러한 '불합리한 결론'에 도달한다는 파피트의 주장이 과연 타당한지도 검토해 보아야 한다.

3. 미래 세대에 대한 책임: 공리주의적 논변

이 절에서는 미래 세대에 대한 책임과 관련하여 고전적 공리주의와 평균 공리주의가 어떤 입장을 취하고 있으며 그 문제점은 무엇인지를 파피트(D. Parfit)의 논의를 중심으로 좀 더 심도 있게 검토해 보자. 그리고 선호 공리주의의 입장을 취하고 있는 싱어(P. Singer)가 그러한 고전적 공리주의나 평균 공리주의의 문제점들을 성공적으로 해결하고 있는지도 살펴보자.

1) 고전적 공리주의와 미래 세대

미래 세대에 대한 책임의 문제와 관련하여 고전적 공리주의가 지닌 장점들 중의 하나는 '비동일성 문제'를 해결할 수 있다는 것이다. 비동일성 문제는 어떤 행위를 평가할 때 그 행위가 누구에게 좋은 것인가 또는 나쁜 것인가와 관련된 것으로, 미래 세대에 영향을 미치는 우리의 행위를 평가할 때 발생한다. 파피트(D. Parfit)는 미래 세대와 관련된 주제를 다루면서 이러한 비동일성 문제를 본격적으로 제기하였다.

파피트는 어떤 사람의 동일성 또는 정체성은 임신 시기와 연관되어 있다고 보면서 시간 의존 주장(the Time-Dependence Claim)을 내세운다.[10] 어떤 사람이 특정 시기의 한 달 이내에 임신되지 않았다면 그 사람은 결코 존재하지 않았을 것이라는 주장이다.[11] 예를 들어 부모가 2020년 5월에

---

10 D. Parfit, *Reasons and Persons*, 355쪽.

11 파피트가 임신과 관련하여 한 달을 중요한 시기로 간주한 것은 태아의 동일성이나 정체성을 결정하는 데 수정란이 중요한 역할을 한다고 보았기 때문일 것이다. 수정란은 정자와 난자가 결합하여 형성되는데 이때 난자는 수정되지 않은 채 한 달이 지나면 다른 난자로 대체된다. 물론 수정란을 형성하는 데 정자도 중요한 역할을 하기 때문에 한 달 이내라고 할지라도 시간에 따라 난자와 결합하는 정자가 달라진다면 다른 수정란이 형성된다고 볼 수도 있다. 따라서 파피트가 주장한 임신 시점의 한 달이라는 기간이 태아의 동일성 형성 과정에서 결정적이지 않다는 반론도 가능하다. 그러나 파피트가 제기한 '비동일성 문제'와 관련된 맥락에서는 우리가 선택한 정책이나 행위가 임신 시기에 영향을 주고 이로 인해 원래와는 다른 사람이 태어날 수 있다는 것이 중심적인 문제이며, 어떤 사람의 동일성이나 정체성이 규정되는 시기가 임신을 전후로 구체적으로 언제인지는 중심적인 문제가 아니다.

임신하여 태어난 아이가 철수라고 한다면, 같은 부모가 2020년 8월에 임신하여 태어난 아이는 철수와 동일한 사람이 아니라는 것이다. 즉 같은 부모라도 임신 시기가 서로 다르다면 태어나게 될 두 아이는 동일한 사람이 아니라는 것이다.

파피트는 부모가 임신 시기를 결정할 때 사회 정책이 많은 영향을 준다고 본다.[12] 여러 사회 정책들 중에서 어떤 것을 선택하느냐에 따라 사람들의 삶의 기준이나 삶의 질이 달라질 수 있으며 이로 인해 아이를 낳을지 말지, 아이를 낳는다면 언제 낳을지에 영향을 준다는 것이다. 어떤 사회 정책으로 인해 경제적 상황이 좋지 않게 되거나 태어날 아이의 미래가 어두워질 것이라고 본다면 원래 계획했던 임신 시기를 미루거나 아이를 낳지 않을 수 있다. 또는 다른 사회 정책으로 인해 경제적 상황이 좋게 되거나 태어날 아이의 미래가 밝을 것이라고 본다면 원래 계획했던 임신 시기를 앞당기거나 아이를 더 많이 낳을 수도 있다. 그리고 그 영향이 몇 세대에 걸쳐 계속 이어지면서 사회 전체로 확산된다면 나중에 태어날 사람들은 모두 그러한 사회 정책으로부터 영향을 받게 된다.

현재 우리의 선택은 미래 세대에 많은 영향을 줄 수 있다. 그런데 그러한 선택은 단지 미래 세대의 삶의 질에만 영향을 주는 것이 아니라 근본적으로 어떤 사람이 태어날지에도 영향을 주게 된다. 기존의 정책이나 행위가 유지되었다면 특정한 사람들이 태어나게 되었을 것인데, 변화된 새로운 정책이나 행위에 의해 다른 사람들이 태어날 수도 있다. 우리가 선택한 정책이나 행위에 의해 미래 세대의 구성원 자체가 바뀔 수 있는 것

12 D. Parfit, *Reasons and Persons*, 377-378쪽.

이다. 그래서 변화된 새로운 정책이나 행위에 대해 평가할 때 그것이 누구에게 좋은 것인가의 문제가 발생한다. 새로운 정책이나 행위가 원래 태어날 예정이었던 사람들에게 좋다는 것인지 아니면 변화된 상황에서 태어날 새로운 사람들에게 좋다는 것인지가 논란이 될 수 있다는 말이다.

다음과 같은 상황을 가정해 보자. 어떤 사회가 미래 세대의 삶의 질을 높게 유지할 수 있는 '자원 보전 정책'을 오랫동안 채택하고 있다. 그 정책은 현 세대가 자원을 절약하여 미래 세대에게 남겨 줌으로써 앞으로 태어날 사람들이 풍요로운 삶을 누릴 수 있게 해 준다. 그런데 만약 그 사회가 정책을 변경하여 미래 세대의 삶의 질을 저하시킬 수 있는 '자원 고갈 정책'을 채택하려고 한다. 이 정책은 현 세대가 자원을 최대한 사용하게 함으로써 자원을 고갈시키며, 이로 인해 미래 세대가 사용할 수 있는 자원을 거의 남겨 두지 않는다. 따라서 장차 태어날 사람들은 가난한 삶을 살아야 한다. 그렇다면 자원 보전 정책 대신에 자원 고갈 정책을 선택하는 것은 미래 세대에게 나쁜 것인가? 만약 나쁘다면 구체적으로 미래 세대의 누구에게 나쁘다는 것인가?

우리가 자원 고갈 정책을 선택한다면 사회적 환경이나 삶의 질이 변화하여 부모들의 임신 시기가 바뀌게 되고, 이로 인해 자원 보전 정책을 유지했을 때 태어나게 될 사람들과는 다른 사람들이 태어나게 된다. 즉 변화된 사회 정책에 의해서 사회 구성원 자체가 바뀌게 된다. 그래서 자원 고갈 정책을 선택한다면 원래 태어날 사람들은 태어나지 않게 되므로 그 정책이 그 사람들에게 나쁘다고 말할 수 없게 된다. 태어나지 않은 사람들, 즉 존재하지 않은 사람들에게 어떤 정책이 좋거나 나쁘다고 말할 수 없기 때문이다. 그리고 자원 고갈 정책을 선택함으로써 태어나게 될 새로운 사람들에게도 이 정책이 나쁘다고 말하기 어렵다. 왜냐하면 그 정책이 아니었다면 그 사람들은 세상에 태어나지도 못했을 것이기 때문이다. 비록 자원의 부족으로 가난한 삶을 살아야 한다고 할지라도 그들에게는 새로운 정책으로 세상에 태어나게 된 것이 태어나지 않은 것보다 오히려 더 좋은 것이 될 수도 있다.[13]

이처럼 자원 고갈 정책이 미래 세대의 특정한 사람들에게 미치는 영향만을 고려할 때는 그 정책이 자원 보전 정책에 비해 더 나쁘다고 말할 수 없다. 자원 보전 정책을 지속하면 원래대로 A 집단이 태어나게 되지만, 새로운 자원 고갈 정책을 선택하면 B 집단이 태어나기 때문이다. 어떤 정책을 선택하느냐에 따라 태어나게 될 집단이 다르게 되는 것이다. 자원 보전 정책은 A 집단에게 영향을 주고, 자원 고갈 정책은 B 집단에게 영향을 주므로 두 정책을 비교하여 자원 고갈 정책이 A 집단에게 더 나쁘다고 평가할 수는 없다. 만약 두 정책이 모두 A 집단에게 영향을 주었다면 그 두 정책 중에서 어느 것이 더 좋거나 나쁜지 평가할 수 있겠지만, 이 경우에는 한 정책만이 A 집단에게 영향을 주기 때문에 두 정책 중에서 어느 것이 A 집단에게 더 좋거나 나쁜지를 평가할 수 없는 것이다.

이렇게 어떤 사회 정책을 선택하느냐에 따라 태어나게 될 사람들이 달라지게 되고, 따라서 그렇게 선택된 사회 정책이 특정한 사람들에게 더 좋다거나 더 나쁘다고 말할 수 없게 되는 문제를 파피트는 '비동일성 문제'(Non-Identity Problem)라고 부른다.[14] 이것은 우리가 선택한 사회 정책

13 목광수, 「기후변화와 롤즈의 세대 간 정의」, 『환경철학』 22권, 한국환경철학회, 2016, 37-38쪽.

14 D. Parfit, *Reasons and Persons*, 359쪽.

에 따라 존재하게 될 사람들이 달라지기 때문에 발생하는 문제이다. 이렇게 되면 환경이나 자원 등과 관련하여 미래 세대를 위해 어떤 사회 정책을 채택하거나 피하는 것이 좋은지에 대해 합당한 도덕적 이유를 제시할 수 없게 되며, 미래 세대에 대한 책임을 묻기도 어렵게 된다.

'비동일성 문제'는 어떤 정책이나 행위가 특정한 사람들에게 미치는 영향을 기준으로 그 정책이나 행위가 좋은지 나쁜지를 평가하는 입장을 취할 때 발생한다. 그래서 파피트는 그러한 입장을 '개체 영향 원리'(the Person-Affecting Principle)라고 부른다.[15] 우리는 미래 세대에 대해 책임을 지는 것이 합리적인 태도라고 보지만, 개체 영향 원리에 입각해서는 그러한 책임을 정당화하기 어렵게 된다. 따라서 비동일성 문제를 해결하기 위해서는 개체 영향 원리가 아닌 다른 원리를 모색해 보아야 한다.

파피트는 개체 영향 원리 대신에 다른 원리를 옹호하기 위해 두 가지 의학적 프로그램을 사례로 제시한다.[16] 이것은 서로 다른 두 가지 의학적 상황을 가정한 것이다. (1) 어떤 여자가 현재 태아를 임신하고 있는데 그대로 놓아두면 태아가 장애를 갖고 태어나게 되고, 간단한 치료를 받으면 그러한 장애를 막을 수 있어서 건강한 아이가 태어난다. (2) 어떤 여자가 임신을 계획하고 있는데 지금 임신하면 태아가 장애를 갖게 되고, 두 달 후에 임신하면 그러한 장애가 없는 건강한 태아를 갖게 된다. 이런 상황에 처해 있다면 우리는 어떤 선택을 하는 것이 바람직할까? (1)의 경우에는 간단한 치료만으로도 태아의 장애를 막을 수 있기 때문에 산모가

---

15 D. Parfit, *Reasons and Persons*, 393-395쪽.

16 D. Parfit, *Reasons and Persons*, 367쪽.

치료를 받도록 요구할 것이다. 만약 산모가 치료를 하지 않게 되고, 그래서 장애를 가진 아이가 태어난다면 우리는 산모의 선택이 잘못이라고 비판할 것이다. 그리고 (2)의 경우에 우리는 지금 당장의 임신 계획을 미루고 두 달 후에 임신하는 것이 좋다고 볼 것이다. 지금 임신하면 장애를 가진 아이가 태어나지만 두 달 후에 임신을 하면 건강한 아이가 태어날 것이기 때문이다. 그런데 (1)의 경우에는 치료받기 이전의 장애를 지닌 태아와 치료 이후의 건강한 태아는 동일한 태아이다. 따라서 이런 경우에는 비동일성 문제가 발생하지 않는다. 동일한 태아이기 때문에 그 태아에게는 치료를 하지 않는 것보다는 치료를 하는 것이 더 좋다고 판단할 수 있다. 반면에 (2)의 경우에는 지금 임신하면 갖게 될 장애가 있는 태아와 두 달 후에 임신하면 갖게 될 건강한 태아는 동일한 태아가 아니다. 임신 시기가 두 달이나 차이 나기 때문이다. 따라서 이 경우에는 비동일성의 문제가 발생하기 때문에 개체 영향 원리를 따른다면 임신 시기를 미루는 것이 특정 태아에게 더 좋다거나 나쁘다고 말하기 어렵게 된다.

그렇지만 우리는 (2)의 경우에도 설사 서로 다른 태아, 즉 동일하지 않은 태아가 출생한다고 할지라도 장애가 있는 태아보다는 나중에 임신을 하여 건강한 태아를 갖는 것이 더 좋은 선택이라고 본다. 우리의 도덕적 직관이나 상식에 비추어 볼 때 전자보다는 후자가 더 합당한 선택이라고 생각되기기 때문이다. 파피트는 그러한 두 가지 의학적 프로그램이 도덕적으로 동등한 가치가 있다고 본다.[17] 두 가지 경우 모두 우리의 선택에 의해 장애가 있는 아이가 태어날지 그렇지 않을지가 결정되기 때문이다.

---

17 D. Parfit, *Reasons and Persons*, 368-369쪽.

그래서 (2)의 경우에도 장애가 있는 아이가 태어나지 않도록 적절한 조치가 이루어져야 한다고 주장한다.

우리의 도덕적 직관이나 상식에 비추어 (2)의 경우에도 비록 동일한 아이가 아니라고 할지라도 장애가 있는 아이보다는 건강한 아이가 태어나는 것이 더 바람직하다고 본다면 우리는 개체 영향 원리가 아닌 다른 원리에 의거하고 있다. 앞으로 태어나게 될 서로 다른 아이의 삶의 질을 비교하여 그중에서 삶의 질이 더 높은 아이가 태어나도록 하는 것이 더 좋은 선택이라고 보고 있기 때문에 태어날 아이가 누구인가는 중요한 문제가 되지 않는다. 누가 태어나든지 간에 삶의 질이 더 높은 아이가 태어난다면 더 좋은 선택이 되는 것이다. 이러한 견해는 특정한 개체에 미치는 영향이 아니라 집단이나 사회 전체에 미치는 영향을 기준으로 행위를 평가한다는 점에서 '비개체적 원리'에 의거하고 있다. 이러한 비개체적 원리를 채택하고 있는 입장들 중의 하나는 고전적 공리주의이다.

고전적 공리주의가 채택하고 있는 비개체적 총량 원리(the Impersonal Total Principle)는 다른 여건이 같다면 사람들의 삶을 살 만한 가치가 있게 만드는 것의 총량이 가장 많은 상태가 최선이라고 본다.[18] 고전적 공리주의는 누가 되었든지 간에 사람들이 누리는 쾌락의 총량을 증진하는 것을 좋은 행위로 간주한다. 자원 보전 정책을 유지하면 A 집단이 태어나고 자원 고갈 정책을 선택하면 B 집단이 태어난다고 할지라도, 각각의 정책이 두 집단의 삶에 미치는 영향을 비교하여 더 많은 쾌락을 가져다주는 정책이 더 좋은 정책이라는 평가를 내리는 것이다. 즉 영향을 받는 미래

18 D. Parfit, *Reasons and Persons*, 387쪽.

세대가 누가 되었든지 간에 쾌락의 총량을 더 많이 증진하는 것이 더 좋은 정책이 되는 것이다. 따라서 고전적 공리주의처럼 비개체적 총량 원리를 채택하면 비동일성 문제를 해결할 수 있게 되고, 미래 세대에 영향을 주는 사회 정책에 대해서도 가치 평가를 내릴 수 있게 된다.

고전적 공리주의는 사람들이 누리는 쾌락의 총량만을 중시하기 때문에 사람들의 수가 늘어나는가 줄어드는가는 상관하지 않는다. 쾌락의 총량을 증진할 수 있다면 사람들의 수를 늘려도 되고, 줄여도 되는 것이다. 두 가지 정책이 동일하지 않은 서로 다른 수의 사람들을 산출하여 그들에게 영향을 준다고 할지라도 그것은 중요한 문제가 아니며, 단지 그 사람들이 누리는 쾌락의 총량만이 중요한 것이다.[19]

그런데 이러한 논리에 따른다면 다음과 같은 결론에 이르게 된다. 만약 매우 높은 삶의 질을 지닌 10억 명의 사람들이 살고 있는데, 여기에 약간의 쾌락은 누리지만 삶의 질은 매우 낮은 수십 억 명의 사람들이 추가된다면 그것은 쾌락의 총량을 증가시키므로 좋은 것이 된다. 쾌락의 총량이 늘어나기만 한다면 수백 억 또는 그 이상의 엄청나게 많은 사람들이 추가되어도 좋은 것이 된다. 이렇게 우리는 쾌락의 총량을 증가시키기 위해 삶의 질이 매우 낮은 사람들이라고 할지라도 그 수를 계속 늘려 나가야 하는 것이다. 추가적인 출산으로 인해 태어날 아이들의 삶의 질이 매우 낮다고 할지라도 그들이 약간의 쾌락이라도 누릴 수 있다면 우리는

---

19 파피트는 우리의 선택이 미래 세대의 동일성이나 그 수에 영향을 줄 수 있다고 본다. 그래서 미래 세대에게 영향을 주는 방식으로 (1) 미래 세대의 동일성이나 그 수에 영향을 주지 않고 같은 사람들에게 영향을 주는 것, (2) 미래 세대의 동일성에만 영향을 주고 그 수에는 영향을 주지 않는 것, (3) 미래 세대의 동일성과 그 수에 모두 영향을 주는 것이 있다고 말한다. D. Parfit, *Reasons and Persons*, 355-356쪽.

아이들을 최대한 많이 낳아야 한다.

하지만 그러한 결론은 우리의 도덕적 직관이나 상식에 비추어 볼 때 받아들기 어렵다. 그래서 파피트는 고전적 공리주의가 함축하고 있는 이러한 결론의 문제점을 지적하면서 그것을 '당혹스러운 결론'(the Repugnant Conclusion)이라고 부른다.[20] 쾌락의 총량이 증가하기만 한다면 삶의 질이 매우 낮은 사람들이라고 할지라도 그 수를 최대한 늘려야 한다거나 아이를 최대한 많이 출산해야 한다는 결론을 우리는 받아들이기 어렵다.[21] 그런데 비개체적 총량 원리에 의거하고 있는 고전적 공리주의는 그러한 당혹스러운 결론을 피할 수가 없다. 따라서 그러한 당혹스러운 결론을 피하려면 비개체적 총량 원리를 거부하고 또 다른 원리를 찾아야 한다.

2) 평균 공리주의와 미래 세대

우리는 비참한 삶을 살 아이는 낳지 말아야 할 의무는 인정하면서도 행복한 삶을 살 아이를 낳아야 할 의무는 인정하지 않는다. 이것은 우리가 대체로 갖고 있는 상식적 견해이다. 하지만 고전적 공리주의 입장에서는 이러한 상식적 견해가 비대칭성(asymmetry)의 특징을 갖고 있기 때문에 이를 논리적으로 설명하기 어렵다.[22] 고전적 공리주의 입장에서는 비참한 삶을 살 아이를 낳지 말아야 하는 이유가 자명하다. 아이를 낳을 경우 쾌락보다는 고통이 더 커지기 때문이다. 그렇다면 행복한 삶을 살 아

20 D. Parfit, *Reasons and Persons*, 388쪽.

21 롤스는 고전적 공리주의가 효용 총량의 극대화를 추구하면서 미래에 태어날 아주 많은 인구에 대한 부양의 의무를 현 세대에게 부여한다는 점에서 문제가 있다고 비판한다. J. Rawls, 황경식 역, 『정의론』, 이학사, 2006, 382-383쪽.

22 D. Parfit, *Reasons and Persons*, 391쪽.

이의 경우에는 고통보다 쾌락이 더 커지기 때문에 그런 아이를 낳아야 할 의무가 있다. 고전적 공리주의의 입장에서 대칭적인 주장은 비참한 삶을 살 아이를 낳지 말아야 의무와 함께 행복한 삶을 살 아이를 낳아야 할 의무를 인정하는 것이다.

우리에게 미래 세대에 대한 책임을 부여하기 위해서는 비동일성 문제를 해결하며 당혹스러운 결론을 피하고 비대칭성도 설명할 수 있는 이론이 요구된다. 비동일성의 문제를 해결하기 위한 방안들 중의 하나는 앞에서 보았듯이 비개체적 원리를 받아들이는 것이다. 그런데 비개체적 원리에는 비개체적 총량 원리와 함께 비개체적 평균 원리(the Impersonal Average Principle)가 있다. 비개체적 평균 원리는 다른 여건이 동일하다면 최선의 결과는 사람들의 삶이 평균적으로 가장 좋은 것이라고 보는 입장이다.[23] 고전적 공리주의가 비개체적 총량 원리에 의거하고 있다면 '평균 공리주의'는 비개체적 평균 원리에 의거하고 있다. 평균 공리주의는 우리가 선택한 정책이나 행위가 누구에게 영향을 주는가와는 상관없이 그것이 사람들의 평균 쾌락을 증진시켜 준다면 좋은 행위로 평가한다. 따라서 미래 세대에 영향을 주는 사회 정책이나 행위에 대해 평균 쾌락을 기준으로 가치 평가를 내릴 수 있어 비동일성 문제를 해결할 수 있다.

게다가 평균 공리주의는 고전 공리주의가 갖고 있는 당혹스러운 결론도 피할 수 있다. 평균 공리주의는 고통보다는 쾌락이 많기는 하지만 거의 살 만한 가치가 없는 삶을 사는 수많은 사람을 추가적으로 낳아야 할 의무를 거부할 수 있기 때문이다. 만약 지금 살고 있는 사람들이 상당히

23 D. Parfit, *Reasons and Persons*, 386쪽.

행복한 삶을 살고 있는데 여기에 거의 살 만한 가치가 없는 삶을 살게 될 사람들이 추가되는 경우라면, 사람들이 누리게 될 행복의 총량은 증가한다고 할지라도 행복의 평균은 감소한다. 평균 공리주의적 입장에서 그러한 삶을 살게 될 사람들을 추가적으로 낳는 것은 사람들의 삶의 평균을 떨어뜨리기 때문에 좋지 않으며, 따라서 그러한 사람들을 추가적으로 더 낳아야 할 의무는 없게 된다.

이뿐만이 아니다. 평균 공리주의는 당혹스러운 결론을 피할 수 있으므로 비대칭적 주장도 설명할 수 있다. 만약 지금 살고 있는 사람들이 상당히 행복한 삶을 살고 있는데 여기에 쾌락보다는 고통이 더 큰 비참한 삶을 살게 될 아이가 추가되는 경우라면, 사람들의 수는 늘어나는데 그들이 누리게 될 쾌락의 총량은 감소하므로 평균 쾌락도 감소하게 된다. 따라서 이런 경우에는 비참한 삶을 살게 될 아이를 낳아서는 안 된다. 그리고 만약 지금 살고 있는 사람들이 상당히 행복한 삶을 살고 있는데 여기에 그 수준에는 미치지 못하지만 그래도 행복한 삶을 살게 될 아이가 추가되는 경우라면, 쾌락의 총량은 늘어나지만 쾌락의 평균은 감소하게 된다. 따라서 이런 경우에도 행복한 삶을 살게 될 아이를 낳아야 할 의무는 없게 된다. 그래서 평균 공리주의는 비참한 삶을 살 아이는 낳지 말아야 하지만, 행복한 삶을 살 아이를 낳아야 할 의무도 없다는 비대칭적 주장을 설명할 수 있다.

이처럼 비개체적 평균 원리에 의거하고 있는 평균 공리주의는 비동일성 문제를 해결하고 당혹스러운 결론을 피하며 비대칭적 주장을 설명할 수 있다는 점에서 개체 영향 원리나 비개체적 총량 원리에 비해 장점을 지니고 있다. 하지만 평균 공리주의는 다음과 같은 문제점을 갖고 있다.

첫째, 평균 공리주의를 따른다면 우리는 소수의 아주 행복한 사람들만 사는 것이 더 좋다는 불합리한 결론에 이르게 된다. 만약 평균 이하의 삶을 사는 가난한 국가의 사람들이 아이들을 낳는다면 그 아이들도 평균 이하의 가난한 삶을 살게 되므로 가난한 국가의 인구 증가는 지구에 살고 있는 사람들의 평균 생활 수준을 낮추게 된다. 따라서 가난한 국가의 사람들이 아이를 낳는 것은 바람직하지 않으므로 출산을 제한해야 한다. 이와 반대로 높은 생활 수준을 누리는 부유한 국가의 사람들은 아이의 출산이 지구 전체의 평균 생활 수준을 높이므로 아이를 낳는 것이 바람직하다. 따라서 부유한 국가의 사람들은 가난한 국가의 사람들보다 우선적으로 출산할 윤리적 자격을 갖게 된다.[24]

더 나아가 평균 행복의 증진이라는 논리를 계속 밀고 나가면 다음과 같은 결론에 이르게 된다. 가난한 나라에서는 더 이상 출산을 하지 않게 되는데, 그렇게 되면 차상위 가난한 나라도 평균 행복을 감소시킬 수 있으므로 출산을 하지 않아야 한다. 이러한 논리를 그 다음의 차상위 가난한 국가에도 연쇄적으로 적용한다면 거의 모든 국가가 평균 행복의 증진을 위해 출산을 하지 말아야 한다. 결국 소수의 아주 행복한 사람들만 출산을 하면서 사는 세상이 되는 것이다.[25] 이처럼 평균 공리주의를 입장을 따르게 되면 가난한 사람들을 포함하여 많은 사람들이 사는 세상보다는 소수의 아주 행복한 사람들만이 사는 세상이 더 좋다는 '불합리한 결

24 J. R. DesJardins, 김명식 외 공역, 『환경 윤리』, 연암서가, 2017, 9쪽.

25 물론 세계의 인구가 급감하여 국제적 분업 체계를 유지하지 못함으로써 오히려 미래 세대의 평균 이익이 감소한다면 그때는 출산을 일정한 수준으로 유지하는 것이 바람직할 수 있다.

론'(the Absurd Conclusion)에 이르게 된다.[26] 극단적으로는 지금 살고 있는 아주 행복한 사람들을 제외한 다른 모든 사람을 죽이는 것이 더 좋다는 결론에 이를 수도 있다. 하지만 이러한 결론은 우리의 도덕적 직관에 비추어 볼 때 부적절하다.

특히 '단순 추가'(mere addition)의 경우에는 그러한 불합리한 결론을 더욱 받아들이기 어렵다. 이때 단순 추가란 살 만한 가치가 있는 삶을 살게 될 사람이 추가로 존재하게 되지만 그들의 삶이 기존의 다른 사람들에게는 영향을 주지 않는 경우이다.[27] 만약 기존의 A 사회와 여기에 사람들이 단순하게 추가된 A+ 사회가 있다고 하자. 그런데 A+ 사회는 단순 추가로 인해 삶의 평균 수준이 A 사회보다는 더 낮다. 그렇다고 우리는 단순 추가된 A+ 사회가 A 사회보다 더 나쁘다고 볼 수 있는가? 아주 행복한 삶을 사는 아담과 이브 두 사람만 존재하는 세상과 여기에 단순 추가하여 그들보다는 덜 행복한 삶을 살지만 수많은 사람들이 그들과 함께 존재하는 세상이 있다면, 후자가 전자보다 삶의 평균이 낮다는 이유로 더 나쁘다고 할 수 있겠는가? 우리는 아이의 출산이 평균 행복을 떨어뜨린다는 이유로 아이를 낳아서는 안 된다거나 소수의 행복한 사람들만이 존재하는 세상이 더 좋다는 결론을 받아들이지 않을 것이다. 이는 우리의 도덕적 직관이나 상식에 위배되기 때문이다.

둘째, 평균 공리주의의 입장은 고통의 총량이 늘어나더라도 고통의 평균이 줄어들기만 한다면 이를 허용해야 한다는 불합리한 결론에 이르게

26 D. Parfit, *Reasons and Persons*, 410-412쪽.

27 D. Parfit, *Reasons and Persons*, 420-421쪽.

된다. 예를 들어 다음과 같은 두 가지 지옥 세계가 있다고 가정해 보자.[28] 첫 번째 지옥 세계는 선량한 10명의 사람으로 구성되어 있는데 그들은 50년 동안 커다란 고통을 겪게 된다. 두 번째 지옥 세계는 선량한 1,000만 명의 사람으로 구성되어 있는데 그들은 49년 동안 첫 번째 지옥 세계의 구성원과 같은 정도의 커다란 고통을 겪게 된다. 첫 번째 지옥 세계는 1인당 50년간 고통을 겪지만, 두 번째 지옥 세계는 1인당 49년간 고통을 겪는다. 따라서 평균 공리주의의 입장에서는 평균 고통이 더 낮은 두 번째 지옥 세계가 첫 번째 지옥 세계보다 더 좋은 것이 된다.

그런데 고통의 총량을 비교한다면 이야기가 달라진다. 고통을 겪는 사람들의 수가 매우 많은 두 번째 지옥 세계의 고통 총량이 첫 번째 지옥 세계의 고통 총량보다 980만 배나 많기 때문이다. 그렇다면 사람들이 겪는 평균 고통은 0.98배로 조금 적지만 고통의 총량은 엄청나게 많은 두 번째 세계가 평균 고통은 조금 많지만 고통의 총량은 엄청나게 적은 첫 번째 세계에 비해 더 낫다고 볼 수 있는가? 우리는 대체로 사람들이 겪어야 할 고통의 총량도 고려하여 두 번째 세계보다는 첫 번째 세계가 더 낫다고 볼 것이다. 그런데 평균 공리주의는 삶의 질, 즉 평균 수준만을 고려하기 때문에 고통의 평균이 감소한다면 고통의 총량이 늘어나는 것도 허용한다는 점에서 문제가 있다. 사람들에게 가해지는 고통의 총량이 증가한다면 그리고 그러한 고통이 다른 것에 의해서 보상을 받지 못한다면 그러한 고통의 총량 증가는 나쁘다고 보아야 한다.

셋째, 평균 공리주의적 입장에서는 만약 태어날 아이가 불행한 삶을 살

---

28 D. Parfit, *Reasons and Persons*, 406쪽.

거나, 또는 행복한 삶을 산다고 할지라도 평균보다 낮은 행복한 삶을 산다면 평균 행복은 감소할 것이므로 아이를 낳아야 할 의무는 없다. 그런데 만약 태어날 아이가 평균보다 높은 행복한 삶을 산다면 그런 경우에는 평균 행복을 증진하므로 아이를 낳아야 할 의무가 있다. 하지만 그것을 도덕적 의무로 인정하라는 주장은 받아들이기 어렵다. 고전적 공리주의는 태어날 아이가 약간의 행복이라도 누릴 수 있다면 우리는 그런 아이를 최대한 많이 낳아야 한다는 '당혹스러운 결론'에 이른다는 점에서 문제점이 있다. 그런데 평균 공리주의도—그 정도까지 당혹스러운 것은 아니라고 할지라도—평균보다 높은 행복한 삶을 살 수 있는 아이라면 낳아야 한다는 결론을 함축한다는 점에서 그러한 당혹스러움을 완전히 떨쳐버렸다고 말하기는 어렵다.

3) 선호 공리주의와 미래 세대

그렇다면 고전적 공리주의나 평균 공리주의와 마찬가지로 비개체적 원리에 의거하고 있는 선호 공리주의는 그러한 문제점들을 피할 수 있는가?

선호 공리주의는 다른 공리주의적 입장과 마찬가지로 비개체적 원리에 의거하고 있으며, 따라서 개체적 원리에 의거할 때 발생하는 비동일성 문제를 해결할 수 있다. 선호 공리주의는 어떤 정책이나 행위가 누구에게 영향을 주는지는 상관하지 않으며 그것이 사람들의 이익, 즉 사람들의 선호의 충족을 증진시켜 주기만 한다면 좋은 것으로 평가한다. 이때 이익은 고전적 공리주의처럼 단지 쾌락만을 의미하는 것이 아니라 우정, 자아실현 등 우리가 추구하는 여러 가치들을 포함하는 넓은 의미로 사용된다. 선호 공리주의는 여러 정책이나 행위들을 비교하여 그중에서 사람들의 선호를 더 많이 충족시켜 주는 것을 더 바람직한 것으로 간주하기 때문에 정책이나 행위의 선택과 관련하여 미래 세대에 대한 책임을 부여할 수 있다.

그렇다면 선호 공리주의는 고전적 공리주의가 함축하고 있는 당혹스러운 결론을 어떻게 피할 수 있는가? 평균 공리주의는 태어날 아이가 행복한 아이여서 사회 전체의 행복의 총량을 증가시킨다고 할지라도 그 아이가 평균 이하의 행복한 삶을 살게 된다면 사회 전체의 평균 행복을 감소시키므로 그러한 아이를 낳아야 할 의무는 없다는 논변으로 당혹스러운 결론을 피한다. 선호 공리주의의 입장에서도 그러한 비개체적 평균 원리를 받아들인다면 이와 유사한 논변으로 당혹스러운 결론에 이르는 것을 피할 수는 있다. 선호 공리주의의 입장에서는 태어날 아이가 살아가면서 평균 이하의 이익, 즉 평균 이하의 선호 충족을 가지는 삶을 살게 된다면 사회 전체의 평균 이익을 감소시키므로 그러한 아이를 낳아야 할 의무는 없다. 하지만 선호 공리주의가 이러한 평균 원리에 의거할 경우에는 앞에서 살펴보았던 평균 공리주의가 함축하고 있는 불합리한 결론을 피하기는 어렵다. 자신들의 선호를 충족시키지 못하거나 적게 충족시키는 불행한 사람들과 함께 사는 것보다는 자신들의 선호를 많이 충족시키는 행복한 사람들만 사는 것이 평균 이익을 증진하므로 더 좋은 것이 되기 때문이다.

선호 공리주의가 평균 원리에 의거할 경우에 위와 같은 불합리한 결론을 피할 수 없기 때문인지 싱어(P. Singer)는 기본적으로 '비개체적 총량 원리에 의거하는 선호 공리주의'를 주장한다. 그렇다면 싱어는 총량 원리에 의거하면서도 행복한 아이를 더 낳아야 할 의무가 있다는 당혹스러운 결론을 어떻게 피하려고 하는가? 싱어는 이를 위해 도덕 장부를 기반으로 한 '선호에 대한 차변 견해'(the debit view of preference)를 제시한다.[29] 선호 공리주의에 따르면 현재 살고 있는 사람들이 갖고 있는 선호를 충족시키는 것은 좋은 일이고, 그러한 선호를 좌절시키는 것은 나쁜 일이다. 따라서 사람들이 갖고 있는 기존의 선호들을 더 많이 충족시키도록 최선을 다하는 것이 바람직하다. 그런데 싱어는 도덕 장부 이론을 도입하여 선호는 장차 충족되어야 할 욕구이기 때문에 일종의 부채(-), 즉 빚이라고 보고, 선호를 충족시키는 것을 빚을 갚는 것으로 간주한다. 도덕 장부에서 아직 충족되지 않은 선호는 부채로 간주되어 차변에 기입되는 것이다. 따라서 현재 사람들이 갖고 있는 기존의 선호는 이미 존재하는 빚이기 때문에 그것을 갚아야 한다. 기존의 선호를 최대한 충족시켜서 좌절된 선호의 총량이 감소하도록 해야 한다. 이처럼 기존의 욕구를 충족시키는 것은 도덕 장부에서 부채(-), 즉 빚을 줄이는 것이기 때문에 바람직한 것이다.

이제 선호에 대한 차변 견해의 논리를 앞으로 태어날 아이와 같은 새로운 존재자의 새로운 선호에 적용해 보자. 새로 태어날 아이가 새로운 선호를 갖게 되는 것은 도덕 장부에서 부채(-), 즉 빚이 새로 생기는 것이다. 따라서 새로운 아이가 많이 태어나서 새로운 선호가 많아지면 빚도 그만큼 늘어나게 된다. 만약 우리가 그러한 새로운 선호들을 모두 충족시킨다면 그것은 빚을 모두 갚는 것인데, 이것은 전체적으로 보면 좋은 것도 아니고 나쁜 것도 아니다. 처음부터 빚을 지지 않았다면 그러한 빚

---

29 P. Singer, *Practical Ethics*(3rd ed.), Cambridge University Press, 2015, 114-115쪽; P. Singer, 황경식 외 공역, 『실천윤리학』(제3판), 연암서가, 2013, 208-210쪽.

을 갚을 필요도 없었을 것이다. 그런데 새롭게 빚을 지고 그 빚을 갚은 것이기 때문에 그것은 도덕 장부에서 전체적으로 이익(+)도 아니고 손실(-)도 아니며 영(0), 즉 도덕적으로 중립적이다. 따라서 새로 생긴 선호들을 모두 충족시킨 것은 좋지도 나쁘지도 않은 것이다. 반면에 새로운 선호들을 모두 충족시키지 못하고 욕구의 좌절을 겪게 만드는 것은 나쁜 것이다. 새로운 선호들을 갖게 되었는데 그것이 전혀 충족되지 않거나 그것의 일부만 충족된다면 아직 충족되지 않은 선호, 즉 아직 갚지 못한 빚이 있는 것이다. 이렇게 좌절된 선호가 있다는 것은 도덕 장부에 손실(-)이 있다는 것으로 나쁜 것이다.

그런데 장차 태어날 아이가 갖게 될 새로운 선호들이 모두 충족될 가능성은 매우 낮기 때문에 이는 도덕 장부에서 손실(-)이 될 가능성이 매우 높다. 그리고 설사 여건이 아주 좋아서 그러한 새로운 선호들을 모두 충족시켰다고 할지라도 그것은 도덕 장부에서 영(0)에 그친다. 따라서 새로운 아이를 태어나게 하는 것은 나쁜 것(-)이거나, 또는 좋지도 나쁘지도 않은 것(0)이 된다. 이처럼 아이를 더 많이 낳는 것은 좋은 것은 아니므로 아이를 많이 낳는 것이 도덕적 의무가 되지는 않는다. 이렇게 싱어는 선호에 대한 차변 견해를 바탕으로 자신의 선호 공리주의가 당혹스러운 결론에 이르는 것을 피하고 있다. 그런데 이 견해를 따르면 아이를 아예 낳지 않는 경우에는 새로운 욕구 자체가 만들어지지 않으므로 충족되지 않은 욕구도 없게 된다. 즉 도덕 장부에서 이익과 손실을 계산한다면 영(0)의 상태가 그대로 유지된다. 따라서 아이의 출생으로 충족되지 않은 욕구들이 생기는 것보다는 아이를 아예 낳지 않아 충족할 욕구 자체를 만들지 않는 것이 더 바람직하다는 불합리한 결론을 피할 수는 없다.

물론 여러 여건이 매우 좋아서 새로 태어날 아이의 새로운 욕구들이 모두 충족된다면—그래서 충족되지 않은 욕구가 하나도 남지 않게 된다면—도덕 장부의 계산에서 영(0)이 되므로 그런 경우에는 아이를 낳아도 된다. 하지만 그러한 욕구들이 모두 충족되는 것이 거의 불가능하기 때문에 아이의 출산이 허용되는 경우도 거의 없다고 보아야 한다.

선호 공리주의의 논리에 따를 경우에 아이를 낳는 것이 더 좋은 경우가 있을 수는 있다. 만약 부모가 아이를 낳고 싶은 매우 큰 욕구를 이미 갖고 있고, 그 욕구가 나중에 태어날 아이가 갖게 될 좌절될 욕구들보다 더 큰 경우에는 아이를 낳는 것이 바람직할 것이다. 하지만 그러한 조건들을 모두 갖춘 경우는 아주 드물다. 또한 출산의 의무를 부여하는 그러한 논리가 여러 세대를 거치며 계속 이어지기도 어렵다. 위에서 언급한 부모의 경우에는 출산의 욕구가 이미 존재하고 있기 때문에 그것을 충족시켜 주는 것이 좋다. 하지만 장차 태어날 아이의 경우에는 출산의 욕구가 이미 존재하는 것이 아니라 나중에 성인이 되면서 새롭게 갖게 될 욕구이다. 따라서 그것은 도덕 장부에 빚을 새로 추가하는 것이 되며, 그래서 그 욕구가 충족되지 않고 좌절된다면 빚이 남기 때문에 나쁜 것이 되고, 설사 그 욕구가 충족되어 빚을 모두 갚는다고 해도 그것이 좋은 것도 아니다. 따라서 선호에 대한 차변 견해에 따르면 새로운 미래 세대들이 출산의 욕구를 아예 갖지 않는 것이 대체로 좋은 것이 되기 때문에 여러 미래 세대를 거치게 되면 출산은 거의 이루어지지 않게 된다.

이처럼 싱어는 비개체적 총합 원리에 의거하는 선호 공리주의에 선호에 대한 차변 견해를 결합함으로써 비동일성 문제를 해결하고 당혹스러운 결론을 피할 수 있었지만, 아이를 낳지 않는 것이 더 좋다는 불합리한 결론에 부딪치게 된다. 물론 우리의 삶이 고해(苦海)라는 입장을 받아들인다면, 그래서 우리의 삶에서 고통이 행복을 압도한다면, 아이를 낳아 미래 세대가 계속 이어지도록 하는 것은 세계 전체로 볼 때 고통을 증가시킬 뿐이므로 아이를 낳지 않는 것이 더 좋을 수도 있다.[30] 하지만 우리는 대체로 그러한 비관론적인 세계관을 받아들이지 않고 있으며, 앞으로도 미래 세대가 계속 이어지기를 바라고 있다.

싱어는 자신이 내세운 선호 공리주의가 그러한 불합리한 결론으로 귀결되는 문제점을 인지하고 이에 대응하기 위한 추가적인 논변을 제시한다. 그는 더 이상 출산을 하지 않아 미래 세대가 아예 존재하지 않는 세상보다는 그래도 지속적인 출산을 통해 미래 세대가 존재하는 세상이 더 좋다는 주장을 하기 위해 다음과 같은 우주를 가정해 본다.[31] (1) 선천적 질병으로 인해 행복은 전혀 없고 아주 심한 고통만을 겪다가 조만간 죽게 될 사람들이 살고 있는 '지옥 우주'(Hellish Universe), (2) 더 이상 아이를 낳지 않아서 어떠한 사람도 살지 않는 세상, 더 나아가 고통과 쾌락을 느낄 수 있는 감각적 존재도 전혀 없어서 어떠한 감각이나 선호도 존재하지 않는 세상인 '비감각적 우주'(Nonsentient Universe), (3) 수많은 사람들과 어울려 살아가면서 사랑, 우정, 문화 등을 향유하지만 충족되지 않은 욕구도 존재하는 세상인 '인간 우주'(Peopled Universe). 그렇다면 이러한 세계들 중에서 어느 것이 더 좋은 세계인가? 싱어는 지옥 우주보다는 비감각적 우주가 더 좋으며, 비감각적 우주보다는 인간 우주가 더 좋다고 말

---

30 P. Singer, 『실천윤리학』(제3판), 210쪽; 김현섭, 「세대 간 정의의 의무는 무엇인가?」, 616-617쪽.

31 P. Singer, 『실천윤리학』(제3판), 214-216쪽.

한다. 즉 그러한 세계들의 가치를 서로 비교하면 '지옥 우주 < 비감각적 우주 < 인간 우주'가 된다는 것이다. 그런데 그러한 가치 서열은 싱어 자신도 언급하고 있듯이 선호 공리주의를 바탕으로 매겨진 것이 아니다.

만약 싱어의 선호 공리주의적 입장에 따른다면 지옥 우주보다는 비감각적 우주가 더 좋다고 볼 수 있다. 지옥 우주는 아주 불행한 삶으로 인해 충족되지 않은 선호가 매우 많으며, 이것은 도덕 장부에 많은 빚(-)이 남아 있는 상태이다. 반면에 비감각적 우주는 감각을 지닌 존재가 전혀 없어서 어떠한 선호도 없기 때문에 이는 도덕 장부에서 영(0)인 상태이다. 따라서 많은 빚이 있는 지옥 우주보다는 빚이 전혀 없는 비감각적 우주가 더 좋다고 말할 수 있다. 하지만 선호 공리주의의 논리에 따른다면 비감각적 우주보다 인간 우주가 더 좋다고 보기는 어렵다. 인간 우주에는 수많은 사람이 살고 있으며 거기에는 충족되지 않은 선호가 존재할 수밖에 없으므로 도덕 장부에서 지옥 우주보다는 적을지라도 상당한 빚(-)이 있게 된다. 따라서 상당한 빚이 있는 인간 우주가 빚이 전혀 없는 비감각적 우주보다 더 좋다고 말할 수 없다. 이렇게 선호 공리주의의 논리에 따른다면 가치 서열은 '지옥 우주 < 인간 우주 < 비감각적 우주'가 된다.

그래서 싱어는 인간 우주가 비감각적 우주보다 더 가치가 있다는 주장을 펼치기 위해 선호 공리주의를 넘어서는 가치에 대한 견해를 도입하게 된다. 싱어는 우선 가치의 종류를 두 가지로 구분한다.[32] 그에 따르면 가치에는 '선호 의존적 가치'와 '선호 독립적 가치'가 있다. 이때 선호 의존적 가치는 선호를 가진 존재자들의 선호와 연관되어 있는 가치를 의미하

32 P. Singer, 『실천윤리학』(제3판), 213-214쪽.

며, 선호 독립적 가치는 사람들의 선호와는 무관하게 그 자체로서 가치를 지니는 본질적 가치(intrinsic value)를 의미한다. 싱어는 시지윅(H. Sidgwick)과 같은 쾌락주의적 공리주의자도 쾌락이 선이고 고통이 악이라고 단적으로 말했는데, 그것은 쾌락과 고통이 선호와는 독립된 본질적 가치임을 인정한 것이라고 본다. 쾌락은 그 자체로서 가치를 지닌 좋은 것이며, 그러한 쾌락 증진에 기여하는 것들은 수단적 가치로 좋은 것이 된다. 반면에 고통은 그 자체로서 나쁜 것이며, 그러한 고통 증가에 기여하는 것들은 수단적 가치의 측면에서 나쁜 것이 된다. 이렇게 쾌락과 고통이 본질적 가치를 지니고 있는 것으로 인정하는 측면에서는 고통으로 가득한 지옥 우주보다는 고통도 쾌락도 없는 비감각적 우주가 더 좋은 것이 된다. 그리고 고통도 쾌락도 없는 비감각적 우주보다는 고통에 비해 쾌락이 더 많은 인간 우주가 더 좋은 것이 된다. 물론 인간 우주가 쾌락보다 고통이 더 많은 경우라면 비감각적 우주가 더 좋은 것이 될 수 있다. 그럼에도 불구하고 쾌락과 고통을 본질적 가치로 인정하는 입장이라면 인간 우주가 비감각적 우주보다 더 좋다는 주장을 이끌어 낼 수 있는 논리적 근거가 마련된다. 그래서 싱어는 선호 의존적 가치 이외에도 선호 독립적인 본질적 가치도 인정하는 노선을 채택한 것이다.

이렇게 선호와 무관한 본질적 가치를 인정하는 노선을 채택함으로써 싱어는 선호 공리주의가 갖고 있는 문제점, 즉 미래 세대를 더 이상 낳지 말아야 한다는 비합리적 결론에 이르는 것은 피하는 데 성공한 것처럼 보인다. 싱어도 그러한 노선이 미래 세대에 대한 책임을 부여함으로써 '파티하고 가자'와 같은 정책, 즉 자원 고갈 정책에 반대할 근거를 마련해

준다는 점에서 의의가 있다고 말한다.[33] 하지만 이러한 노선은 선호 공리주의의 기본 입장을 넘어서고 있다는 점에서 이론적 일관성을 훼손하고 있다. 선호 공리주의는 기본적으로 감각을 지닌 존재자들의 선호가 충족되는지의 여부를 기준으로 가치를 판단하는데, 본질적 가치는 그러한 선호와 무관하다는 점에서 새로운 가치 판단의 기준을 도입한 것이기 때문이다. 싱어는 권리 이론이나 의무론을 비판하면서 그러한 이론들을 정당화하기 위해서는 상당히 많은 형이상학적 전제가 요구된다고 말한다. 어떤 행위가 자연적 권리를 침해한다거나 또는 그 자체가 도덕적으로 그르다는 주장은 우리가 쉽게 받아들이기 어려운 개념이나 근거를 전제로 삼고 있다는 것이다.[34] 그래서 싱어는 그러한 이론들에 대한 대안으로 선호 공리주의를 내세운다. 싱어는 우리가 단순한 의사 결정 과정에서 중시하는 것은 나의 선호, 즉 내가 원하는 것을 충족하는 것인데 여기에 다른 사람들의 선호 충족도 중시하여 보편성을 갖추게 되면 우리는 자연스럽게 선호 공리주의에 도달한다고 말한다. 선호 공리주의는 애매하거나 무거운 형이상학적 전제가 없기 때문에 우리가 상식적으로 받아들일 수 있는 입장이라는 것이다.

하지만 싱어는 선호와 무관한 독립적 가치가 있다는 노선을 도입함으로써 선호 공리주의의 기본틀을 벗어나고 있다. 그리고 쾌락이나 고통이 우리의 선호 여부와 무관하게 본질적 가치를 갖고 있다고 주장함으로써 이를 정당화해야 하는 부담을 지게 되었다. 쾌락이나 고통이 그 자체로

33 P. Singer, 『실천윤리학』(제3판), 210-212쪽.

34 P. Singer, 『실천윤리학』(제3판), 43-45쪽.

서 좋다거나 나쁘다는 견해는 우리의 선호를 충족하는 것이 좋은 것이라는 선호 공리주의의 기본 입장보다는 정당화의 부담이 더 크다. 싱어는 권리, 책임, 의무 등을 중시하는 윤리 이론들이 정당화하기 어려운 형이상학적 전제를 바탕으로 하고 있다고 비판하면서 선호를 중시하는 윤리 이론을 내세웠지만, 자신도 정당화하기 어려운 형이상학적 전제를 끌어들이고 있는 것이다. 물론 이러한 형이상학적 전제들 중에서 어느 것이 더 적은 정당화의 부담을 지는지는 추후 따로 따져 볼 문제다.

싱어의 이런 논리는 선호 공리주의의 기본 입장과 선호 독립적 가치가 충돌할 수 있다는 점에서도 문제가 있다. 싱어는 쾌락이나 고통이 선호 독립적인 본질적 가치가 있다고 주장하면서, 인간 우주가 비감각적 우주보다 더 좋은 이유는 전자가 후자보다 쾌락이 더 많기 때문이라고 보았다. 쾌락은 본질적 가치를 지니고 있기 때문에 쾌락이 더 많은 세계가 그렇지 않은 세계보다 더 좋다는 것이다. 따라서 이러한 입장에서는 쾌락의 총량을 증가할 수 있다면 더 많은 아이들을 낳아야 한다. 하지만 선호 공리주의와 선호에 대한 차변 견해를 결합한 싱어의 기본 입장에서는 쾌락의 총량이 더 많은 세계가 그렇지 않은 세계보다 더 좋은 것은 아니다. 더 많은 아이가 태어나서 쾌락의 총량이 증가한다고 할지라도 더 많은 아이의 출산으로 인해 충족되지 않은 선호도 더 많이 늘어나며, 따라서 도덕 장부에서 빚(-)도 늘어나게 되기 때문이다. 쾌락을 본질적 가치로 간주하는 입장에서는 쾌락의 총량 증가가 좋은 것이지만, 선호 공리주의의 기본 입장에서는 충족되지 않은 선호의 증가가 나쁜 것이 되므로 두 입장이 서로 충돌하게 된다는 말이다.

이처럼 싱어는 미래 세대에 대한 책임과 관련하여 공리주의가 갖고 있는 여러 문제에 대응하기 위해 선호 공리주의라는 기본 입장에 선호에 대한 차별 견해, 선호와 무관한 본질적 가치 주장 등을 결합시켰다. 하지만 그러한 문제들을 해결하는 데 성공했다고 보기는 어렵다.

4. 미래 세대를 위한 저축: 계약론적 논변

오늘날 기후 변화, 자원 고갈, 환경 오염과 같은 문제는 공간적으로 세계의 모든 지역에 영향을 주기 때문에 지구적 문제가 되고 있지만 시간적으로도 장차 태어날 미래 세대에게 커다란 영향을 줄 것이기 때문에 세대 간 정의 문제가 되기도 한다. 이러한 세대 간 정의 문제에서 주요 쟁점은 현 세대가 미래 세대에 대해 책임을 져야 하는지, 만약 그러한 책임이 있다면 그 수준은 어느 정도여야 하는지이다. 여기서는 후자와 관련하여 미래 세대를 위해 얼마나 저축을 하는 것이 정의로운지를 롤스의 계약론적 입장을 중심으로 다루려고 한다.

롤스는 공리주의적 입장이 미래 세대를 위한 과도한 저축의 의무를 부과한다고 비판하면서 자신의 계약론적 입장을 바탕으로 정의로운 저축 원칙을 제시한다. 롤스는 원초적 입장에 있는 당사자들이 어느 세대에 속하는지 모른다고 가정하는 무지의 베일을 설정하고 저축의 목표를 정의로운 제도의 유지에 한정하는 방식을 통해 저축의 원칙에 대한 세대 간 합의가 이루어진다고 주장한다. 그는 이렇게 도출된 저축의 원칙은 미래 세대에 대한 책임을 인정하지만, 공리주의처럼 과도한 저축을 요구하지 않는다고 말한다. 여기서는 롤스의 주장처럼 공리주의가 미래 세대를 위한 과도한 저축을 요구하고 있는지, 롤스가 제시한 저축의 원칙이 계약론적 입장에 의거하여 성공적으로 도출되는지를 검토해 보자.

1) 공리주의적 입장과 과도한 저축의 문제

(1) 공리주의적 입장과 저축의 수준

공리주의적 입장은 미래 세대에 대한 책임과 관련하여 비동일성 문제(non-identity problem)를 해결하고 미래 세대를 위한 저축의 의무를 인정한다는 점에서 우리의 도덕적 직관이나 상식에 부합한다고 볼 수 있다. 하지만 공리주의적 입장이 요구하는 저축의 수준이 적절한지는 논란이 된다. 롤스는 세대 간 정의와 관련하여 공리주의가 현 세대에게 과도한 저축의 부담을 지운다고 비판하는데, 여기서는 롤스의 그러한 주장이 타당한지를 여러 공리주의적 입장을 중심으로 살펴보겠다.

고전적 공리주의는 쾌락만이 궁극적 가치를 지니고 있다고 간주하면서 사회 전체 또는 세계에서 순수 쾌락의 총량을 최대화하는 것이 도덕적으로 옳은 행위라고 본다. 이때 순수 쾌락의 총량이란 쾌락의 총량에서 고통의 총량을 뺀 것을 가리킨다. 이러한 고전적 공리주의는 도덕적 고려의 대상을 기준으로 두 가지 견해로 구분된다. 하나는 '전체적 견해'이다. 이것은 순수 쾌락의 총량을 증가시키는 것에만 관심을 가진다. 따라서 그러한 증가가 지금 살고 있는 존재의 쾌락을 늘렸기 때문인지, 아니면 즐거운 삶을 살 존재의 숫자를 추가적으로 늘렸기 때문인지는 상관하지 않는다. 다른 하나는 '사전 존재적 견해'이다. 이것은 이미 존재하거나 존재하기로 결정된 존재들의 순수 쾌락의 총량을 늘리는 것에만 관심을 가진다. 따라서 추가적으로 더 많은 존재를 만들어 순수 쾌락의 총량을 늘리는 것은 가치가 있다고 간주하지 않는다. 만약 고전적 공리주의가 사전 존재적 견해를 취할 경우에는 추가로 태어나게 할 존재자들의 이익을 고려할 필요가 없기 때문에 미래 세대에 대한 책임 문제도 별로 발생하지 않는다. 하지만 전체적 견해를 취할 경우에는 새로 태어날 존재자들의 이익도 모두 고려해야 하기 때문에 미래 세대에 대한 책임의 문제가 발생한다.

고전적 공리주의의 '전체적 견해'는 장차 태어나게 될 사람들을 포함하여 사회 전체의 총효용 또는 이익의 총량을 중시하므로 현 세대는 미래 세대의 이익을 위해 상당한 정도의 저축을 해야 할 의무를 지게 된다. 공리주의적 입장에서는 미래 세대의 행복도 증진할 책임이 있는 것이다. 이때 행복의 증진이 '행복의 전체적인 총량'을 증대시켜야 하는 것인지, 아니면 '행복의 평균적인 양'을 증대시켜야 하는지를 구분해야 한다.[35] 인구가 일정하다고 가정한다면 행복의 총량의 증진과 행복의 평균의 증진은 같은 방향으로 움직힌다. 하지만 미래 세대와 관련해서는 인구의 수가 변수가 될 수 있다. 어떤 입장을 취하는지에 따라 미래에 태어날 인구 수에 대한 견해가 달라지기 때문이다. 인구의 증가나 감소가 변수가 된다면, 행복 총량의 증가가 평균적인 행복의 증가로 이어지지 않는 경우가 발생할 수도 있다. 따라서 행복의 총량을 중시하는 입장과 평균적인 행복을 중시하는 입장을 구분해야 하는 것이다.

파피트(D. Parfit)가 언급하고 있듯이 고전적 공리주의는 기본적으로 '비개체적 총량 원리'에 의거하고 있다. 우리의 선택에 의해 누가 태어나든지 간에 그리고 얼마나 많은 사람들이 태어나든지 간에 사람들이 누리는

35 J. R. DesJardins, 『환경 윤리』, 178-179쪽.

쾌락의 총량을 증진하는 것을 좋은 행위로 간주한다.

고전적인 공리주의는 이익이나 효용의 총량을 증가시키는 데 관심이 있기 때문에 이 논리를 따를 경우 가능한 한 많은 아이를 출산해야 할 의무가 부과되며, 미래의 인구 수는 아주 크게 증가하게 된다. 따라서 고전적 공리주의가 이와 같은 당혹스러운 결론까지 함축한다는 점을 고려한다면 현 세대는 미래에 태어날 엄청나게 많은 사람들의 이익 증진을 위해 아주 많은 저축을 해야 할 의무를 지게 된다. 그리고 설사 그러한 당혹스러운 결론까지 고려하지 않는다고 할지라도 앞으로 수백 년, 수천 년 동안에 태어나게 될 수많은 사람들의 이익 증진을 추구해야 하므로 현 세대는 미래 세대를 위한 자원 절약이나 환경 보호 등을 위해 커다란 희생을 감수해야 한다. 이는 현 세대에 큰 부담이 될 수밖에 없다.

평균 공리주의는 한 사람이 누리게 될 평균 효용이나 평균 이익을 중시한다. 이에 따르면 장차 추가적으로 태어날 사람들이 약간의 행복을 누리는 삶을 살 수 있다고 할지라도 그러한 추가적인 출산이 행복의 평균을 떨어뜨린다면 그러한 사람들을 더 이상 낳아야 할 의무는 없게 된다. 따라서 이러한 점을 고려한다면 평균 공리주의는 고전적 공리주의보다는 상대적으로 적은 숫자의 미래 세대를 도덕적 고려의 대상으로 삼고 있으므로 미래 세대를 위한 저축 부담도 상대적으로 줄어든다고 볼 수 있다.

이처럼 평균 공리주의는 출산에 대한 제한을 통해 우리가 도덕적 고려의 대상으로 삼아야 할 미래 세대의 인구 수를 상당히 줄일 수 있기 때문에 고전적 공리주의보다는 저축의 부담을 줄여 줄 수 있다. 하지만 우리는 고전전 공리주의나 평균 공리주의가 논리적으로 함축하고 있는 당혹스러운 결론이나 불합리한 결론을 받아들이기는 어렵다. 현실에서는 행복한 아이를 더 많이 낳아야 한다거나 또는 상대적으로 덜 행복한 아이를 낳지 말아야 한다는 논리와는 상관없이 출산은 어차피 계속 이어질 것이며, 그 결과 인구가 적절히 유지될 것이다. 이러한 현실을 고려하여 당혹스러운 결론이나 불합리한 결론을 무시하고 미래에도 일정한 비율로 출산이 계속 이루어진다고 가정해 보자. 이런 경우에는 평균 공리주의가 고전적 공리주의보다 더 많은 저축의 부담을 갖게 된다. 고전적 공리주의의 입장에서는 미래 세대의 행복이 조금이라도 증진되면 행복의 총량도 증가하기 때문에 미래 세대가 현 세대보다 덜 행복하다고 할지라도 이를 좋은 것으로 보지만, 평균 공리주의의 입장에서는 행복의 평균을 증가시켜야 하기 때문에 현 세대는 자신들의 행복보다 미래 세대의 행복이 더 커지도록 해야 하며, 따라서 더 많은 저축을 해야 한다.

선호 공리주의는 사람들이 갖고 있는 선호를 얼마나 충족시켜 주는지를 도덕적 판단의 기준으로 삼는다. 싱어(P. Singer)는 선호 공리주의의 전체적 견해를 옹호한다. 그런데 싱어는 선호 공리주의가 함축하는, 미래 세대를 낳지 말아야 한다는 불합리한 결론을 피하기 위해 선호 공리주의의 기본 입장에서 멀어지는 위험을 감수하면서 선호와 무관한 본질적 가치를 인정하는 견해를 추가하였다. 하지만 싱어가 제시한 선호에 대한 차변 견해와 본질적 가치를 인정하는 견해는 상충할 가능성이 있다. 선호에 대한 차변 견해에 따르면 충족되지 않는 새로운 선호로 부채를 증가시키는 미래 세대를 낳지 말아야 하지만, 선호와 독립적인 본질적 가치를 인정하는 견해에 따르면 본질적 가치를 지닌 쾌락을 증진시키기 위해 미래 세대를 낳아야 한다. 따라서 이렇게 상충하는 두 견해를 모두 따른다면 미래 세대를 얼마나 낳아야 하는지를 계산하기가 어려우며, 이로 인해 미래 세대를 위한 저축의 수준도 확정하기 어렵게 된다. 싱어의 의도는 이러한 두 견해를 통합하여 아이를 더 많이 낳아야 하는 것도 아니고 아이를 낳지 말아야 하는 것도 아니며 아이를 적절히 낳아 미래 세대를 계속 유지해야 한다는 주장을 하려고 했던 것이었을지도 모른다.

싱어의 그러한 의도를 고려하여 미래에도 일정한 비율로 계속 출산이 이루어진다고 가정해 보자. 그런 경우에 미래 세대는 일정한 인구를 유지하면서 존재하게 되고, 그 사람들은 살아가면서 선호를 가질 수밖에 없게 된다. 그런데 그 선호는 일종의 부채이기 때문에 그 선호를 가급적 최대한 충족하여 부채를 줄이는 것이 바람직하다. 따라서 미래 세대의 선호가 충족되도록 우리는 저축을 해야 하는데 그 부담은 고전적 공리주의와는 같은 수준이 된다. 고전적 공리주의가 쾌락을 증가시켜야 한다는 부담을 져야 한다면, 선호 공리주의는 선호를 충족시켜야 한다는 부담을 져야 한다는 점에서 유사한 관계에 있기 때문이다.

이처럼 공리주의는 어떤 입장을 취하는지에 따라 미래 세대에 대한 책임의 수준에서 차이가 난다. 여러 공리주의적 입장이 지닌 논리적 함축을 고려한다면 각각의 입장에 따라 기대되는 미래 세대의 인구 수가 서로 다르다. 따라서 그러한 인구 수의 증가나 감소와 같은 변화까지 공리주의적 계산에 포함시킨다면 쾌락의 총량을 중시하는 고전적 공리주의는 다른 공리주의적 입장보다 미래 세대를 위한 저축의 부담이 훨씬 더 커진다. 하지만 공리주의적 입장들이 갖고 있는 당혹스러운 결론이나 불합리한 결론과 같은 논리적 함축을 무시한다면, 그래서 현실적으로 적절한 출산을 통해 미래에도 인구 수가 일정하게 유지된다고 가정한다면, 미래 세대를 위한 저축 부담은 평균 공리주의가 다른 공리주의적 입장보다 더 크다. 그런데 요구되는 저축률 차이에도 불구하고 어차피 미래 세대는 태어나서 존재하게 되고 출산율은 계속 일정하게 유지된다고 가정한다면, 어떤 입장을 취하든지 간에 공리주의는 시간적으로 아주 먼 미래 세대까지 도덕적 고려의 대상에 포함시켜야 하기에 상당히 많은 저축의 부담을 져야 하는 문제점을 갖고 있다.

(2) 시간 선호와 할인의 문제

롤스는 공리주의가 미래 세대를 위해 높은 저축률을 요구함으로써 현 세대에게 너무 많은 부담을 주는데, 이러한 문제를 해결하기 위해 시간 할인을 적용하는 방도가 있기는 하지만, 이 또한 문제가 있다고 본다.[36] 롤스의 언급처럼 미래 세대와 관련하여 할인(discounting)의 문제는 중요하다. 예를 들어 기후 변화에 대한 대책으로 탄소 가스의 배출을 감축하는 비용은 현 세대가 부담하지만 그 혜택은 미래 세대가 누린다. 지금 가스 배출을 감축한다고 할지라도 그 혜택은 현재 사람들이 아니라 미래에 살아갈 사람들이 누린다. 비용과 편익이 짧은 기간 안에 발생한다면 부담자와 수혜자는 같은 세대가 되지만, 그 기간이 수백 년 이상이 된다면 부담자와 수혜자가 다른 세대가 되는 것이다. 따라서 현재의 비용과 미래의 이득을 어떻게 처리해야 할지의 문제가 발생한다. 특히 기후 변화 정책처럼 부담과 혜택이 발생하는 기간이 길 경우에는 할인의 문제가 더 중요하게 된다.

만약 이자율과 같은 투자 수익률이 연 7%인데 1원을 투자한다면 연복

---

36 J. Rawls, 『정의론』, 390-395쪽.

리로 계산하여 100년 후에는 약 1,000배의 수익이 남게 되며, 200년 후에는 약 1,000,000배의 수익이 남게 된다.[37] 따라서 장차 100년 후의 1,000원의 가치는 현재 1원의 가치에 해당하는 것으로 할인이 되며, 200년 후의 100만원의 가치는 현재 1원의 가치에 해당하는 것으로 할인이 된다. 만약 투자 수익률이 연 2%인데 1원을 투자한다면 연복리로 계산하여 100년 후에는 약 7배의 수익이 남게 된다. 따라서 장차 100년 후의 7원의 가치는 현재 1원의 가치에 해당하는 것으로 할인이 된다. 할인율과 할인이 적용되는 기간에 따라 총 할인액에서 커다란 차이가 발생하는 것이다. 이러한 할인이 적용된다면 미래 세대를 위한 저축의 부담이 많이 줄어들게 된다. 투자 수익률이 연 7%일 경우에 100년 후 미래 세대의 복지비로 1,000원이 요구된다면 현 세대는 1원을 저축하면 되고, 200년 후 미래 세대의 복지비로 1,000원이 요구된다면 현 세대는 0.001원을 저축하면 된다. 그리고 투자 수익률이 연 2%일 경우에 100년 후 미래 세대의 복지비로 1,000원이 요구된다면 현 세대는 140원을 저축하면 된다. 따라서 미래 세대를 위한 저축과 관련하여 할인을 적용할지, 만약 할인을 적용한다면 할인율을 어떻게 정할지가 매우 중요한 문제가 된다.

이러한 문제와 관련하여 롤스는 순수한 시간 선호(pure time preference)는 옳지 않다고 보면서 시간 할인에 대해 반대한다. 공리주의적 입장을 따를 경우에 아주 멀리 떨어져 있는 미래 세대까지 책임을 져야 하기 때문에 현 세대의 부담이 매우 크다. 그런데 만약 시간 할인을 적용한다면

37 연복리를 적용하여 투자 수익을 계산하는 방식은 다음과 같다. FV = PV × (1 + r)n. 이때 FV = 미래 가치, PV = 현재 가치, r = 수익률(연이율), n = 투자 기간(연단위)이다. 즉 미래 가치 = 현재 가치 × (1 + 연 수익률)투자 기간.

시간적으로 멀리 떨어져 있는 사람들의 복지를 현재 사람들의 복지보다 낮게 평가하는 방식으로 그러한 부담을 줄일 수 있다. 벤담(J. Bentham)은 멀리 있는 불확실한 쾌락보다는 가까이 있는 확실한 쾌락을 더 선호해야 한다고 주장하면서 시간 할인의 여지를 열어 두고 있다.[38] 공리주의가 사회의 복지를 극대화하는 공리의 원칙을 유지하면서도 여기에 미래 세대의 복지를 낮게 평가하는 시간 선호의 원칙을 결합한다면 높은 저축률의 부담에서 벗어날 수는 있다. 하지만 롤스는 그러한 시도가 시간 선호라는 잘못된 전제에서 출발한 것이기 때문에 문제가 있다고 비판한다. 시간 선호는 근본적으로 윤리적 호소력을 지니고 있지 않기 때문에 그러한 방식으로 공리주의적 원칙을 수정 또는 보완하는 것이 미봉책에 불과하다는 것이다. 램지(F. Ramsey)는 미래의 즐거움과 현재의 즐거움을 비교하여 시간적으로 나중에 누리게 될 미래의 즐거움을 할인하는 것은 도의적으로 정당화하기 어려우며, 이는 정신의 나약함을 반영한 것일 뿐이라고 말한다. 해로드(R. Harrod)는 할인을 하는 것은 약탈 행위를 점잖게 표현한 것에 불과한 것이며, 이성을 감성으로 억누르는 것이라고 비판한다.[39] 롤스도 이러한 윤리적 견해를 받아들여 시간상으로 더 멀리 있다고 해서 미래의 가치를 현재의 가치보다 더 낮게 평가해서는 안 된다고 본다. 시간상의 위치가 서로 다르다고 해서 개인이나 세대를 서로 다르게 취급하는 행위는 정당화될 수 없다는 것이다.

대부분의 윤리학자는 미래 세대가 지니는 동등한 권리나 복지를 존중

38 한면희, 『미래 세대와 생태 윤리』, 철학과현실사, 2007, 101-103쪽.

39 E. A. Posner & D. Weisbach, 『기후변화 정의』, 225-228쪽.

하여 순수한 시간 선호에 대해서는 반대한다. 현재와 시간적으로 멀리 떨어져 있다는 이유만으로 그 가치를 할인해서는 안 된다는 것이다. 따라서 순수한 시간 할인에 반대하면서 세대 간 중립성 원칙을 지키는 것은 옳다고 볼 수 있다. 그런데 순수한 시간 선호를 거부한다고 해서 모든 할인에 반대해야 하는 것은 아니다. 시장 수익률을 고려하여 자본이나 재화의 가치를 적절히 할인하는 것도 타당한 측면이 있기 때문이다.[40] 시장 수익률은 넓은 의미에서 자본 투자 수익률이라고 할 수 있다. 예를 들어 시장에서 1원을 투자했을 때 그 투자에 대한 대가로 나중에 얻게 되는 수익을 비율로 나타낸 것이다. 위의 사례처럼 1원을 투자 수익률 7%로 100년 동안 투자를 한다면 100년 후에는 1,000배의 수익이 발생한다. 따라서 100년 후의 1원의 가치가 현재의 1원의 가치와 동등하다고 볼 수 없기 때문에 적절한 할인율을 적용해야 한다.

이렇게 시장 수익률을 바탕으로 자본에 대해 적절한 할인율을 적용해야만 미래 세대를 위해 자본을 효율적으로 투자하고 운영할 수 있다. 가급적 시장 수익률이 높은 분야에 투자를 하면 할인율을 높일 수 있으며, 이를 통해 미래 세대를 위한 저축의 부담도 줄일 수 있다. 예를 들어 반도체 업종에 투자하는 것이 기계 업종에 투자하는 것보다 수익률이 더 높다면 반도체 업종을 선택하는 것이 더 효율적인 투자가 된다. 또한 소비의 증가로 발생하는 한계 수익의 감소를 고려하면 적절한 할인이 타당할 수 있다. 소비가 증가할수록 추가 소비에 의한 한계 수익은 일정한 비율로 감소한다. 만약 미래에도 경제 성장률이 현재처럼 지속될 것으로 가

40 E. A. Posner & D. Weisbach, 『기후변화 정의』, 228-258쪽.

정한다면 미래 세대는 현 세대보다 훨씬 부유할 것이며, 그 덕분에 재화의 한계 수익도 감소하게 될 것이다. 따라서 그러한 점을 모두 고려하여 미래 세대가 이용할 재화의 가치를 평가할 때 적절한 할인율을 적용시킬 수 있다. 물론 장기간에 걸친 미래의 시장 수익률이나 한계 수익 감소율을 정확하게 추정하기는 어렵기에 적절한 할인율의 결정이 여전히 쉽지 않다는 문제가 있기는 하다.[41]

2) 롤스의 계약론적 입장과 정의로운 저축의 원칙

(1) 롤스의 계약론과 저축의 수준

롤스는 미래 세대에 대한 책임을 인정하지만, 그렇다고 그것이 공리주의처럼 과도한 저축의 부담을 주는 것은 피하려고 한다. 그리고 순수한 시간 선호도 윤리적으로 정당화하기 어렵다고 보면서 시간 할인을 통해 저축의 부담을 줄이는 방식도 받아들이지 않는다. 그래서 롤스는 자신의 계약론적 정의관의 입장을 바탕으로 자신이 어느 세대에 속하는지 모른다고 가정하는 무지의 베일과 정의로운 제도의 유지라는 저축의 목표를 설정하여 그러한 문제를 해결하려고 시도한다.

롤스는 『정의론』에서 고전적인 공리의 원칙이 세대 간의 정의 문제에 대해 잘못된 방향을 제시하였다고 비판한다.[42] 만일 인구수를 변수로 간주하고, 자본이 고도의 한계 생산성을 갖고 있으며, 시간 한계가 매우 멀다고 가정할 경우에 공리주의가 추구하는 효용 총량의 극대화를 위해서

---

41 오병선, 「세대간 정의의 자유공동체주의적 접근」, 『법철학 연구』 6권 2호, 한국법철학회, 2003, 312-314쪽.

42 J. Rawls, 『정의론』, 382-384쪽.

는 현 세대에게 과도한 고율의 저축이 요구되기 때문이다. 롤스는 계약론의 원초적 입장에서 이 문제를 보게 되면 순수한 시간 선호의 태도를 배제하면서도 당사자들이 적절한 저축 원칙을 채택할 수 있다고 주장한다. 그런데 정의의 제2원칙에 대한 두 번째 진술처럼 차등의 원칙만으로는 저축의 원칙을 이끌어 내기 어렵다. 차등의 원칙은 현 세대만을 대상으로 하여 거기에 속한 최소 수혜자의 이익만을 고려하기 때문이다. 또한 후속 세대들이 선행 세대에게 도움을 줄 방법도 없기 때문에 상호 이익을 추구할 수도 없다. 따라서 차등의 원칙은 세대 간 정의 문제를 다루는 데 적절하지 않다. 세대 간 정의 문제의 특징은 세대들이 시간적으로 널리 퍼져 있고 실제적인 경제적 이득이 한 방향으로만 흐른다는 것이다. 롤스는 이러한 사정은 변경될 수 없으므로 여기에서 정의나 부정의의 문제는 발생하지 않으며, 문제는 이를 공정하게 처리하는 것이라고 말한다.

그래서 롤스는 미래 세대에 대한 윤리적 책임, 특히 미래 세대를 위한 저축의 문제와 관련하여 차등의 원칙에 일정한 제한을 설정한다. 즉 롤스는 정의의 제2원칙에서 차등의 원칙에 미래 세대도 고려하는 정의로운 저축 원칙을 제한 사항으로 부과한다. 차등의 원칙이 정당화되기 위해서는 정의로운 저축의 원칙도 충족시켜야 한다는 것이다. 그래서 롤스는 정의의 제2원칙에 대한 최종 진술에서 사회적·경제적 불평등은 정의로운 저축 원칙과 양립하면서 최소 수혜자에게 최대 이득이 되어야 한다고 말한다.[43]

그렇다면 '정의로운 저축의 원칙'(just savings principles)이란 무엇이며, 그것이 요구하는 미래 세대를 위한 저축의 수준은 어느 정도인가? 정의

---

43 J. Rawls, 『정의론』, 400쪽.

로운 저축 원칙은 미래 세대를 위해 어느 정도 저축이 이루어져야 할지를 다루는 것으로서 사회적 최소치를 결정하는 것이다. 차등의 원칙을 적용할 때 현 세대만을 고려하는 것이 아니라 미래 세대까지 포함하여 모든 세대의 최소 수혜자의 장기적인 전망을 고려해야 한다는 것이다. 롤스에 따르면 각 세대는 문화의 장점을 보존하고, 정의로운 제도를 유지해야 하며, 적절한 양의 자본을 축적해야 한다. 저축은 기계나 생산 수단에 대한 순투자에서부터 학문과 교육에 대한 투자에 이르기까지 여러 형태가 있다. 하지만 미래 세대를 위해 얼마만큼 저축을 해야 하는지는 세대 간의 이해관계가 얽혀 있기 때문에 답하기가 어렵다.

그래서 롤스는 차등의 원칙을 이끌어 내기 위해 한 세대의 당사자들에게 적용했던 무지의 베일을 이제 모든 세대의 당사들에게 적용하는 방식으로 저축의 원칙을 이끌어 낸다.[44] 원초적 입장에 있는 당사자들은 자신이 어느 세대에 속하는지, 자기 세대의 문화의 수준이 어느 정도인지 모르는 무지의 베일 상태에 있게 된다. 당사자들은 자신들과 가까운 후속 세대들의 이익에 관심을 갖는 사람들로서 모든 선행 세대들도 따랐기를 바라는 원칙을 저축의 원칙으로 채택한다. 당사자들은 자신이 어느 세대에 속하는지 모르기 때문에 특정 세대에게 과도한 저축의 부담을 주지 않을 것이며, 따라서 이렇게 공정한 조건에서 합의된 저축 원칙은 정의로운 것이 된다.[45]

또한 롤스는 저축의 목표가 정의로운 제도를 유지하는 데 있다고 말한

44 J. Rawls, 『정의론』, 384쪽.

45 J. Rawls, 김주휘 역, 『공정으로서의 정의: 재서술』, 이학사, 2016, 160-162쪽.

다.[46] 그래서 한 사회에서 정의로운 제도가 확립되고 모든 기본적 자유가 실질적으로 실현된다면 요구되는 순수한 저축은 0이 된다는 것이다. 즉 기존의 정의로운 제도를 그대로 유지만 하면 되기 때문에 추가적인 저축이 필요하지 않다는 것이다. 물론 문명이 낮은 수준에 있는 사회 발전의 초기 단계에서는 정의로운 제도를 확립하기 위해 많은 저축이 요구될 수도 있다. 하지만 롤스는 당사자들이 어느 세대에 속하는지 모르기 때문에 초기의 축적 단계에서도 해당 세대에게 과도한 저축률을 부과하지 않을 것이라고 본다. 결국 당사자들은 후속 세대를 위해 저축하고자 하는 것과 선행 세대들에게 자신들을 위해 저축하기를 요구하는 것을 비교하여 적절한 저축률을 채택하게 된다.

(2) 롤스의 계약론적 입장에 대한 비판

롤스는 계약론적 입장에 의거하여 정의로운 저축의 원칙을 주장하였는데, 이에 대해 다음과 같이 비판할 수도 있다. 우선 아직 태어나지 않은 미래 세대가 계약의 주체에 포함될 수 있는지가 논란이 될 수 있다.[47] 계약론은 기본적으로 분배 원칙을 비롯한 도덕적 규범의 정당화 근거를 당사자들의 상호작용을 통한 계약에서 찾고 있다. 그런데 미래 세대는 아직 태어나지 않은 존재이기 때문에 우리와 상호작용을 할 수 없다. 만약 상호작용을 할 수 없는 존재, 즉 계약에 참여할 수 없는 존재에게 우리가 어떠한 의무나 책임도 갖지 않는다면 우리가 미래 세대를 위해 저축을

46 J. Rawls, 『정의론』, 387-389쪽.

47 목광수, 「기후변화와 롤즈의 세대 간 정의」, 45쪽; 오병선, 「세대간 정의의 자유공동체주의적 접근」, 308-310쪽.

해야 할 의무가 있는지에 대해서도 의문이 제기될 수 있다. 우리와 시간적으로 아주 멀리 떨어진 미래 세대가 언젠가는 상호작용의 능력을 갖추더라도 우리 세대는 그들과 직접적으로 상호작용에 들어갈 수는 없다. 그래서 싱어는 만약에 계약 이론이 그러한 방식으로 상호성을 포기한다면 계약론은 그 핵심을 상실하고 껍데기만 남게 된다고 비판한다.[48]

이처럼 미래 세대가 계약에 참여할 수 없다면, 그래서 계약의 주체가 될 수 없다면 우리가 계약의 과정에서 미래 세대를 배려하는 저축의 원칙에 합의해야 하는 이유는 무엇인가? 롤스는 원초적 입장에 있는 계약 당사자들의 특성을 보완하는 방식으로 이 문제에 대응한다. 롤스는 자신의 정의론을 설명하면서 원초적 입장에 있는 당사자들이 상호 무관심적 합리성과 정의감을 지닌 존재로 간주하였는데, 논의를 전개하는 과정에서는 당사자들이 자신의 후손에 대해서도 관심을 지닌 존재라는 특성을 추가하는 등 자신의 이론을 보완하여 설명한다. 원초적 입장의 일반적 여건 중의 하나인 상호 무관심적 합리성은 다른 사람을 시기하지도 않지만, 그렇다고 다른 사람들이 잘되기를 바라지도 않으며 오직 자신의 삶의 전망을 실현하는 데에만 관심을 갖는 것이다. 정의의 원칙을 선택하는 과정에서 당사자들은 오직 자신의 이익에만 관심을 갖고서 합리적 선택을 한다는 것이다. 따라서 당사자가 그러한 특성을 갖고 있다면 다른 사람, 특히 현재 존재하지도 않는 미래 세대에게 관심을 갖고서 그들의 이익을 고려할 필요는 없게 된다. 물론 당사자들이 지니고 있는 정의감을 확대하여 해석한다면 여기에 미래 세대가 도덕적 고려의 대상으로 포

48 P. Singer, 『실천윤리학』(제3판), 125쪽.

함될 수는 있다. 하지만 정의감은 기본적으로 현재 사회를 구성하는 사람들이 권리와 의무를 서로 분담하고 이익을 공유하는 사회적 협동체를 유지하려는 것이다. 따라서 정의감을 아직 존재하지 않는 미래 세대로까지 확대하는 것은 그러한 기본적인 의도에서 벗어난 것이다.

롤스는 계약론이 갖고 있는 그러한 문제점을 보완하고 미래 세대에 대한 저축의 의무를 정당화하기 위해 다음과 같은 몇 가지 근거를 제시한다. 첫째, 롤스는 원초적 입장에 있는 계약 당사자들이 후손에 대해서도 관심을 갖고 있다고 본다. 이는 원초적 입장의 당사자들이 "근접한 후속 세대들에 대해 관심을 갖는 사람들로서 가족의 계통을 대표한다."라는 롤스의 언급을 통해 확인된다.[49] 하지만 이것은 당사자들로 하여금 저축의 원칙을 채택하도록 이끄는 계기가 된다는 점에서 동기적 가정이라고 할 수 있다.[50] 그런데 '세대 간의 정의 문제'를 다루는 『정의론』 제44절에는 이에 대한 추가적인 설명이 없으며, 이에 대한 좀 더 자세한 언급은 제22절 '정의의 여건'에서 이루어진다. 여기서 롤스는 원초적 입장에 있는 당사자들이 제3의 당사자라고 할 수 있는 직계 후손들에 대한 책임과 의무를 갖는지의 문제, 즉 세대 간의 정의 문제가 제기될 수 있다고 말한다. 그는 그러한 책임이나 의무를 무조건적으로 인정하는 것은 계약론적 접근 방식에 적절하지 않다고 보면서 그러한 책임이나 의무를 다른 정의의 원칙들처럼 합당한 조건에서 합의의 방식을 통해 도출하려고 시도한다. 이를 위해 그는 당사자들이 각 가족의 가장들(heads of families)이며, 따라

---

49 J. Rawls, 『정의론』, 384-385쪽.

50 B. Barry, 이용필 역, 『정의론』, 신유, 1993, 236-240쪽.

서 적어도 자신들의 직계 후손들의 복지를 증진시키고자 하는 욕구를 가졌다고 전제한다.[51] 원초적 입장에 있는 당사자들이 후손들의 복지를 고려하는 욕구를 지니고 있기에 이러한 동기 부여를 반영하는 저축의 원칙을 채택한다는 것이다.

그런데 롤스는 정의의 여건에 대해 설명하는 과정에서 원초적 입장은 누구나 공유하면서도 최소한의 제한 조건만을 결합한 것이라고 주장한다. 정의관은 자연적 감정이 광범위한 유대 관계를 전제해서는 안 되며, 이론이 전제하고 있는 조건을 가능한 한 약하게 구성해야 한다는 것이다.[52] 그래서 가급적이면 애정이나 유대감과 같은 자연적 감정을 개입시키지 않도록 원초적 입장의 조건을 설정해야 한다는 것이다. 그래서인지 그는 『정의론』 초판에서 서술하였던 "당사자들은 연속적인 세대들 간의 감정의 유대(ties of sentiment)를 지닌 가족의 계통을 대표하는 것으로 간주된다."[53]라는 문장에서 "감정의 유대"라는 구절을 개정판에서는 삭제하였다. 하지만 개정판에서는 그 대신에 "직계 후손들의 복지를 증진시키고자 하는 욕구"[54]라는 구절이 들어가 있기 때문에 원초적 입장에 있는 당사자들의 특성으로부터 자연적 감정의 흔적을 완전히 제거하고 있지는 못하다. 원초적 입장의 당사자들은 단지 자신의 이익에만 관심을 갖는 존재가 아니라 후손의 이익에도 관심을 갖는 존재가 된 것이다. 롤스는 원초적 입장을 최소한의 조건만으로 설정하려고 했지만, 세대 간 정의 문제

51 J. Rawls, *A Theory of Justice*(Revised Edition), Harvard University Press, 1999, 111쪽.

52 J. Rawls, 『정의론』, 186쪽.

53 J. Rawls, *A Theory of Justice*, Harvard University Press, 1971, 292쪽.

54 J. Rawls, *A Theory of Justice*(Revised Edition), 111쪽.

를 다루기 위해 결국 새로운 조건을 추가한 것이다. 비록 롤스가 원초적 입장의 기본 의도가 흔들리는 것을 막기 위해 "직계 후손의 복지"나 "근접한 후속 세대에 대한 관심"이라고 하면서 그 범위를 제한하고 있기는 하지만, 이는 처음에 설정했던 정의의 여건과는 차이가 있다. 따라서 이는 원초적 입장의 여건을 단순 명료화하려는 기본 취지에서 벗어난 것이다.

이와 관련하여 제3의 당사자, 즉 후손에 대한 관심이 제3의 당사자에 대한 '나의 이해관계'라고 볼 수 있기 때문에 이것이 상호 무관심적 합리성과 상충하지 않는다는 견해도 있다. 하지만 '나의 이해관계'에 후손에 대한 애정과 관심이 들어가는 것을 허용하게 되면 거기에 후손이 아닌 다른 사람들에 대한 애정과 관심이 들어가는 것도 막기 어려우며, 따라서 자기 이익 추구적인 합리적 행위와 이타적인 행위를 구분하기도 어렵게 된다. 미래 세대를 포함하여 타인의 복지에 대한 관심이 자신의 이해관계 속에 포함된다고 주장한다면 타인의 이해관계와 자신의 이해관계가 구분되지 않게 되며, 이는 당초 설정하였던 원초적 입장의 조건을 고려한다면 이론적 일관성을 훼손하고 있다고 볼 수 있다.

둘째, 롤스는 미래 세대에 대한 의무를 이끌어 내기 위해 원초적 입장에 있는 당사자들이 일종의 호혜성의 원칙을 따른다고 가정한다. 그는 '세대들 간의 정의 문제'를 다루는 『정의론』 제44절에서 원초적 입장에 있는 당사자들은 모든 선행 세대들이 따랐었기를 바라는 원칙을 채택한다고 말한다.[55] 그리고 원초적 입장에서 설정한 그러한 조건은 무지의 베일이라는 조건과 함께 당사자들이 모든 세대에 관심을 갖게 된다는 점을

55 J. Rawls, 『정의론』, 385쪽.

보증한다고 말한다. 롤스는 제22절 '정의의 여건'에서 그러한 동기 부여의 조건에 대해 좀 더 자세히 언급한다.[56] 원초적 입장에서 당사자들은 모든 선행 세대들이 따랐었기를 바라는 원칙을 채택한다는 전제를 수용한다면 이를 통해 모든 세대가 결속할 수 있으며, 각 세대의 이해관계를 적절히 고려하는 원칙에 대해서도 합의에 이를 수 있다는 것이다. 즉 그러한 전제를 받아들이면 당사자들은 합당한 조건들로부터 다른 세대들에 대한 의무를 도출하는 데 성공할 수 있다는 것이다.

그런데 정의로운 저축의 원칙은 두 당사자 간의 상호 이익을 추구하는 것은 아니기 때문에 엄밀한 의미에서 호혜성이라고 볼 수는 없다.[57] 롤스는 『정의론』의 초판에서 정의로운 저축의 경우에는 "호혜성(reciprocity)의 원칙"이 갖는 특유한 측면이 있다고 말한다.[58] 세대들이 시간상으로 널리 퍼져 있으며 그들 간에 실제적 교환이 한쪽 방향으로만 이루어지기 때문이다. 롤스는 그러한 특징이 자연적인 것이며 우리가 인위적으로 변경할 수 없으므로 이를 부정의하다고 볼 수 없으며, 문제는 그러한 것들을 활용하는 것이라고 말한다. 롤스는 저축을 통해 모든 세대들이 이득을 볼 수 있다면 저축의 원칙에 합의할 것이라고 본다. 여기서 세대 간의 유일한 호혜적 교환(reciprocal exchange)은 가상적인 교환, 다시 말하면 원초적 입장에서 정의로운 저축 원칙을 작성함에 있어 이루어질 보상적 조정이라는 것이다. 롤스는 『정의론』 개정판에서는 "호혜적 교환" 대신에 "경제

56 J. Rawls, 『정의론』, 184-185쪽.

57 D. Attas, "A Transgenerational Difference Principle", *Intergenerational Justice*, Oxford University Press, 2009, 189-192쪽.

58 J. Rawls, *A Theory of Justice*, 291쪽.

적 교환"(economic exchange)이라는 용어를 사용한다.[59] 비록 롤스가 개정판에서 '호혜적'이라는 표현을 사용하지 않지만, 이전 세대로부터 물려받고 그에 상응하게 후속 세대에게 물려주는 것이 서로에게 이익이 되기에 정의롭다고 본 것이다. 이것은 이익을 주고받는 당사자가 동일하지 않기 때문에 엄밀한 의미에서 호혜적이라고 볼 수는 없다.

호혜성 개념을 두 사람이 서로 주고받는 것이라는 엄밀한 의미가 아니라 다른 사람에게 받고 그 사람이 아닌 제3자에게 주는 것도 포함하는 넓은 의미로 사용할 수도 있다. 하지만 선행 세대와 후속 세대가 이득을 주고 받는 연쇄적인 관계도 지속적으로 유지되기 어려울 수 있다. 특히 최초의 선행 세대는 이득을 받는 것이 없기 때문에 서로에게 모두 이득이 되는 것도 아니다. 계약론은 기본적으로 평등한 당사자들이 상호적인 합의와 협동을 추구하는 것인데, 세대 간 정의에서는 그러한 취지가 반영되기 어렵기 때문에 계약론에서 벗어났다는 비판을 받을 수 있다.[60]

그리고 우리가 이전의 모든 선행 세대가 따랐었기를 바라는 원칙을 정확하게 알기 어렵다는 문제점도 있다. 롤스는 모든 세대가 원초적 입장이라는 공정한 조건에서 저축의 의무에 대해 합의를 한다고 본다. 하지만 실제로 원초적 입장에서 참가하는 것은 현 세대이다. 우리는 미래 세대가 현 세대와 동일한 가치관이나 삶의 태도를 갖고 있는지를 확인할 수 없기에 실제로는 현 세대의 관점만 합의 내용에 반영된다. 롤스는 미래 세대와 관련된 그러한 문제점을 제33절 '평등한 양심의 자유'에서도

---

59 J. Rawls, *A Theory of Justice*(Revised Edition), 254쪽.

60 S. M. Gardiner, "A Contract on Future Generations", *Intergenerational Justice*, Oxford University Press, 2009, 77-118쪽.

스스로 언급하고 있다. 정의의 제1원칙을 정당화하는 논거들은 다음 세대들도 자유의 보호를 바랄 것이라는 주장에 의해 더 강화되지만, 원초적 입장에 있는 당사자들은 자신들의 후손들에 대해서는 자신들에 대해 알고 있는 것만큼 알 수 없으며, 따라서 이 경우에도 그들은 역시 기본적 가치들에 대한 이론에 의존해야만 한다고 말한다.[61] 정의의 제1원칙은 기본적으로 현재 살고 있는 동일한 세대 내에서 구성원들 간의 이해관계를 반영하는 것이고 미래 세대에 의거하는 그러한 논증은 이를 보충하는 것이다. 반면에 저축의 원칙은 기본적으로 현 세대와 아직 존재하지 않는 미래 세대와의 관계를 다룬다. 세대 간 정의에 합의하는 것은 현 세대가 참여하는 정의의 제1원칙이나 차등의 원칙에 합의하는 것과는 차이가 있다. 따라서 현재 존재하지 않는 세대의 이해관계를 계약에 반영하는 데는 한계가 있다.

셋째, 롤스는 저축의 원칙이 정의로운 제도를 유지해야 한다는 자연적 의무로부터 나온다고 본다.[62] 정의로운 제도를 유지하고 발전시키겠다는 자연적 의무를 원초적 입장에서 해석할 경우에 미래 세대를 위한 저축의 원칙이 도출된다는 것이다. 현 세대뿐만 아니라 미래 세대까지 모두 정의롭게 대우할 방도를 모색하게 되면 결국 정의로운 저축 원칙에 합의하게 된다는 것이다.

롤스에 따르면 자연적 의무는 개인의 자발적 동의와는 상관없이 우리가 지켜야 할 보편적인 의무이며, 그러한 의무는 원초적 입장에서 합의를

---

61 J. Rawls, 『정의론』, 280-285쪽.

62 J. Rawls, 『정의론』, 388쪽.

통해 형성된다. 정의의 지지 의무는 그러한 자연적 의무들 중의 하나로서 개인적 차원의 의무이다. 롤스는 『정의론』 제51절에서 그러한 정의의 지지 의무가 원초적 입장에서 채택되는 이유에 대해 언급한다.[63] 정의로운 제도가 현존하고 그것이 우리에게 적용되고 있는 경우에 우리는 그것을 따라야 한다는 것이다. 그리고 그러한 제도가 현존하지 않지만 우리가 조금만 노력하여 그것을 형성할 수 있는 경우라면 정의로운 체제를 확립하기 위해 협력해야 한다는 것이다. 롤스는 정의로운 제도를 지지할 의무가 제도의 안정성을 추구하기 위한 것이며, 다른 사람들도 그러한 제도를 지지하고 유지하려고 노력한다고 본다.

여기서 볼 수 있듯이 정의의 원칙을 바탕으로 정의로운 제도가 먼저 형성되어 있어야 그러한 정의로운 제도를 유지해야 할 의무가 개인에게 주어진다. 정의의 지지 의무가 존재하기 위해서는 정의로운 제도가 먼저 규정되어 있어야 하는 것이다. 따라서 저축의 원칙의 문제에서도 정의의 제2원칙에 정의로운 저축의 원칙이 포함된다는 점이 먼저 규정되어야 하며, 그 이후에 그러한 저축의 원칙이 반영된 정의로운 제도를 지지해야 할 의무도 성립하게 된다. 그런데 그러한 전제를 먼저 규정하지 않으면서 정의로운 제도를 유지하기 위해 저축의 원칙이 제2원칙에 포함되어야 한다고 주장한다면, 이는 선결 문제 요구의 오류를 범하게 되는 것이다.

이러한 문제는 정의의 제2원칙에 포함되는 차등의 원칙과 저축의 원칙 간의 관계에서 발생한 것이라고 볼 수 있다. 원초적 입장에서 현 세대의 당사자들 사이에 차등의 원칙에 대한 합의가 이루어진 후에 그러한 원칙

63 J. Rawls, 『정의론』, 438-442쪽.

이 반영된 정의로운 제도를 안정적으로 유지하기 위해 그러한 제도에 대한 지지의 의무를 부과하는 것이다. 그런데 차등의 원칙이 반영된 정의로운 제도를 미래에도 지속적으로 유지하기 위해서는 거기에 미래의 최소 수혜자들의 이익도 고려하는 저축의 원칙이 추가되어야 한다. 따라서 이러한 논리에 따르게 되면 정의의 지지 의무를 근거로 하여 정의의 제2원칙에 저축의 원칙을 추가하는 것을 정당화할 수는 있다. 하지만 이와 관련하여 정의의 지지 의무가 합의의 당사자인 현 세대까지만 적용되는 것인지 아니면 합의의 당사자가 아닌 미래 세대까지 적용되는지가 논란이 될 수 있다. 만약 정의의 지지 의무가 현 세대가 합의한 정의의 원칙과 이를 반영한 제도에만 적용된다면, 그러한 의무를 근거로 저축의 원칙을 추가하는 것은 적절하지 않다. 현재 존재하는 당사자가 자신의 이익을 고려하여 정의의 원칙에 합의한 것이라면 그 개인에게는 정의의 원칙이 반영된 정의로운 제도를 따라야 할 의무를 부과하는 것이 적절하다고 볼 수 있다. 하지만 그러한 제도가 계속 유지되어 미래 세대까지 적용되어야 한다고 주장한다면, 이는 계약론의 기본 입장에서 볼 때 과도한 주장이 된다. 그런데 롤스는 계약론을 과도하게 적용한 것이라고 볼 여지가 있다고 언급하면서도 세대를 걸쳐서 정의로운 제도를 세우고 이를 유지할 자연적 의무가 있다고 주장한다.[64] 하지만 여기에는 가치관이나 삶의 방식에서 현 세대와 다를 수 있는 미래 세대가 과연 어떠한 정의 원칙이나 제도에 합의할지 확정하기 어렵다는 문제가 여전히 남는다.

롤스는 미래 세대를 위한 저축의 목표는 정의로운 제도를 유지하는 것

64 J. Rawls, 『정의론』, 389-390쪽.

이고, 그러한 목표가 달성된다면 추가적인 순수한 저축은 요구되지 않는다고 하면서, 현 세대에게 과도한 저축의 부담을 준 것이 아니라고 말한다.[65] 그런데 롤스가 세대 간 정의의 문제를 다루는 부분에서 정의로운 제도의 확립과 관련하여 주로 언급하고 있는 내용은 정의의 제1원칙이다. 기본적 자유가 실질적으로 실현되거나 평등한 자유가 충실히 구현된다면 저축의 목표가 달성되었기 때문에 추가적인 저축은 필요가 없게 된다는 것이다. 그리고 롤스는 평등한 자유가 보장되는 정의로운 사회 체제를 확립하는 데는 대단한 부가 필요하지 않다고 본다.

그런데 저축의 원칙은 차등의 원칙을 미래 세대를 포함한 모든 세대로 확대하여 적용하려는 의도에서 형성된 것이다. 따라서 정의로운 저축의 원칙을 바탕으로 적절한 저축률을 결정하려고 한다면 최소 수혜자의 이익 증진을 중요한 판단의 기준으로 고려해야 한다. 저축의 목표가 정의로운 제도의 유지라고 할 때 정의로운 제도는 정치적 권리와 관련된 정의의 제1원칙뿐만 아니라 경제적 복지와 관련된 정의의 제2원칙도 반영하는 것이어야 한다. 따라서 저축의 목표가 모든 세대에 걸쳐서 제2원칙에 포함된 차등의 원칙까지도 충족시켜 주는 것이라고 한다면 도덕적 고려의 범위에 포함되는 미래 세대의 숫자는 매우 많게 되므로 현 세대는 상당한 저축의 부담을 져야 할 수도 있다.[66] 앞으로 계속 이어질 미래 세대를 포함하여 모든 세대에 존재하는 수많은 최소 수혜자들의 이익을 최대화하는 선택을 해야 하기 때문이다.

---

65 J. Rawls, 『정의론』, 385-389쪽.

66 D. Heyd, "A Value or an Obligation? Rawls on Justice to Future Generations", *Intergenerational Justice*, Oxford University Press, 2009, 167-188쪽.

참고문헌

김비환, 「현대 인권 담론의 쟁점과 전망」, 『인권의 정치사항』, 이학사, 2010.

김성수, 「난민의 요건과 출입국관리법상 난민인정에 관한 검토」, 『난민의 개념과 인정 절차』, 경인문화사, 2011.

김철민, 『국제 난민 이야기』, 살림, 2012.

김현섭, 「세대 간 정의의 의무는 무엇인가?」, 『처음 읽는 윤리학』, 동녘, 2020.

김희정, 「한국의 관주도형 다문화주의」, 『한국에서의 다문화주의』, 한울, 2007.

목광수, 「기후변화와 롤즈의 세대 간 정의」, 『환경철학』 22권, 한국환경철학회, 2016.

박정순, 「마이클 왈저의 정의전쟁론: 그 이론적 구성체계와 한계에 대한 비판적 고찰」, 『철학연구』 68집, 철학연구회, 2005.

오병선, 「세대간 정의의 자유공동체주의적 접근」, 『법철학 연구』 6권 2호, 한국법철학회, 2003.

이호택 외, 『여기가 당신의 피난처입니다』, 창비, 2010.

정인섭, 「한국의 난민 수용 실행과 문제점」, 『난민의 개념과 인정 절차』, 경인문화사, 2011.

한면희, 『미래 세대와 생태 윤리』, 철학과현실사, 2007.

황정미, 「한국인의 다문화 수용성 분석: 새로운 성원권의 정치학 관점에서」, 『아세아연구』 53권 4호, 고려대학교 아세아문제연구소, 2010.

「난민의 지위에 관한 협약 및 동 의정서」, 『난민의 개념과 인정 절차』, 경인문화사, 2011.

『한겨레신문』, 「난민신청자 취업 불허는 생존 위협, 정부 꾸짖은 법원」(2013. 10. 12.)

『한겨레21』(제982호), 「국민과 난민 사이: 한국인의 조건」(2013. 10. 21.)

徐京植, 임성모 외 공역, 『난민과 국민 사이』, 돌베개, 2008.

Appiah, K. A., 실천철학연구회 역, 『세계시민주의』, 바이북스, 2008.

Arendt, H., 이진우 외 공역, 『전체주의의 기원1』, 한길사, 2009.

Aristoteles, 이창우 외 공역, 『니코마코스 윤리학』, 이제이북스, 2006.

Attas, D., "A Transgenerational Difference Principle", *Intergenerational Justice*, Oxford University Press, 2009.

Barry, B., 이용필 역, 『정의론』, 신유, 1993.

Barry, B., "A reader's guide", *Free movement*, The Pennsylvania State University Press, 1992.

Beitz, C. R., *Political Theory and International Relations*, Princeton University Press, 1979.

Beitz, C. R., "Rawls's Law of Peoples", *Ethics*, 110, The University of Chicago, 2000.

Beitz, C. R., 정종욱 역, 『현대 국제 정치 이론』, 민음사, 1982.

Benatar, D., 이한 역, 『태어나지 않는 것이 낫다: 존재하게 되는 것의 해악』, 서광사, 2019.

Benatar, D., *Better Never to Have Been: The Harm of Coming into Existence*, Oxford University Press, 2006.

Benhabib, S., 이상훈 역, 『타자의 권리』, 철학과현실사, 2008.

Berlin, I., "Equalit", Hardy, H.(ed.), *Concepts and Categories*, Pimlico. 1999.

Borradori, G., 손철성 외 공역, 『테러 시대의 철학: 하버마스, 데리다와의 대화』, 문학과지성사, 2004.

Brown, G. W., "Seekers and Cosmopolitan Right: A Kantian Response to Jacques Derrida", *European*

Journal of Political Theory, vol.9 no.3, 2010.
Buchanan, A., “Rawls's Law of Peoples: Rules for a Vanished Westphalian World”, *Ethics*, 110, The University of Chicago, 2000.
Carens, J. H., “Migration and morality: A liberal egalitarian perspective”, *Free movement*, The Pennsylvania State University Press, 1992.
DesJardins, J. R., 김명식 외 공역, 『환경 윤리』, 연암서가, 2017.
Dower, N., 김성한 외 공역, 「세계의 빈곤」, 『응용 윤리』, 철학과현실사, 2005.
Empson, M., 「체제 변화가 필요한 이유」, 『기후 위기, 불평등, 재앙』, 책갈피, 2021.
Gardiner, S. M., “A Contract on Future Generations”, *Intergenerational Justice*, Oxford University Press, 2009.
Goodin, R. E., “If people were money...”, *Free movement*, The Pennsylvania State University Press, 1992.
Gray, J., *Liberalism*, Open University Press, 1995.
Gray, J., 손철성 역, 『자유주의』, 이후, 2007.
Heyd, D., “A Value or an Obligation? Rawls on Justice to Future Generations”, *Intergenerational Justice*, Oxford: Oxford University Press, 2009.
Hunt, L., 전진성 역, 『인권의 발명』, 돌베개, 2009.
Jellinek, G. 외, 김효전 역, 『독일 기본권 이론의 이해』, 법문사, 2004.
Kant, I., 이한구 역, 『영원한 평화를 위하여』, 서광사, 1992.
Kant, I., 이한구 편역, 「세계시민적 관점에서 본 보편사의 이념」, 『칸트의 역사철학』, 서광사, 1992.
Kant, I., 백종현 역, 『윤리형이상학 정초』, 아카넷, 2005.
Kymlicka, W., 장동진 외 공역, 『현대 정치철학의 이해』, 동명사, 2006.
Lancaster, C., *Foreign Aid: Diplomacy, Development, Domestic Politics*, University of Chicago Press, 2007.
Locke, J., 강정인 외 공역, 『통치론』, 까치, 1996.
Magnusson, E., “How to reject Benatar's asymmetry argument”, *Bioethics*, 33, 2019.
Mill, J. S., 서병찬 역, 『자유론』, 책세상, 2018.
Nozick, R., 남경희 역, 『아나키에서 유토피아로』, 문학과지성사, 1997.
Parfit, D., *Reasons and Persons*, Oxford University Press, 1987.
Peterson, M., “Foreign Aid and the Moral Value of Freedom”, *Ethical Theory & Moral Practice*, Vol. 7, 2004.
Posner, E. A. & Weisbach, D., 이은기 역, 『기후변화 정의』, 서강대학교출판부, 2014.
Rachels, J., 김기순 역, 『도덕철학』, 서광사, 1989.
Rawls, J., *A Theory of Justice*, Cambridge: Harvard University Press, 1971.
Rawls, J., *A Theory of Justice*(Revised Edition), Cambridge: Harvard University Press, 1999.
Rawls, J., 황경식 역, 『정의론』, 이학사, 2006.
Rawls, J., 김주휘 역, 『공정으로서의 정의: 재서술』, 이학사, 2016.
Rawls, J., 장동진 역, 『정치적 자유주의』, 동명사, 1998.
Rawls, J., 정태욱 역, 「만민법」, 『현대 사상과 인권』, 사람생각, 2000.
Rawls, J., 장동진 외 공역, 『만민법』, 이끌리오, 2000.

Sandel, M., *Democracy's Discontent*, Harvard University Press, 1996.
Sandel, M., 김선욱 외 공역, 『공동체주의와 공공성』, 철학과현실사, 2008.
Singer, P., "Famine, Affluence, and Morality", *Philosophy and Public Affairs*, vol.1, 1972.
Singer, P., "Genetically Modified Food and Foreign Aid", *The Brown Journal of World Affairs*, Vol. 14, 2007.
Singer, P., *Practical Ethics*(3rd ed.), Cambridge University Press, 2015.
Singer, P., 황경식 외 공역, 『실천윤리학』(개정판), 철학과현실사, 1997.
Singer, P., 김희정 역, 『세계화의 윤리』, 아카넷, 2003.
Singer, P., 구영모 외 공역, 『이 시대에 윤리적으로 살아가기』, 철학과현실사, 2008.
Singer, P., 황경식 외 공역, 『실천윤리학』(제3판), 연암서가, 2013.
Talbott, W. J., 은우근 역, 『인권의 발견』, 한길사, 2011.
Taylor, C., *Sources of the Self*, Cambridge: Cambridge University Press, 1989.
Thompson, T., 「이주자 권리 보호와 국가 주권」, 『유엔크로니클』(한국어판 제5호), 에딧더월드, 2014.
Wallerstein, I., 배손근 역, 『역사적 체제로서의 자본주의』, 나남, 1986.
Walzer, M., *Spheres of Justice*, Basic Books, 1983.
Walzer, M., *Thick and Thin: Moral Argument at Home and Abroad*, University of Notre Dame, 1994.
Walzer, M., 정원섭 외 공역, 『정의와 다원적 평등』, 철학과현실사, 1999.
Walzer, M., 송재우 역, 『관용에 대하여』, 미토, 2004.
Walzer, M., 권영근 외 공역, 『마르스의 두 얼굴: 정당한 전쟁과 부당한 전쟁』, 연경문화사, 2007.
Walzer, M., 유홍림 외 공역, 『전쟁과 정의』, 인간사랑, 2009.
Woodward, J., "Commentary: Liberalism and Migration", *Free movement*, The Pennsylvania State University Press, 1992.

찾아보기

ㅎ